Geografia aplicada ao turismo
fundamentos teórico-práticos

O selo DIALÓGICA da Editora InterSaberes faz referência às publicações que privilegiam uma linguagem na qual o autor dialoga com o leitor por meio de recursos textuais e visuais, o que torna o conteúdo muito mais dinâmico. São livros que criam um ambiente de interação com o leitor – seu universo cultural, social e de elaboração de conhecimentos –, possibilitando um real processo de interlocução para que a comunicação se efetive.

Geografia aplicada ao turismo
fundamentos teórico-práticos

Marcos Aurelio Tarlombani da Silveira

Rua Clara Vendramin, 58 . Mossunguê . CEP 81200-170 . Curitiba . PR . Brasil
Fone: (41) 2106-4170 . www.intersaberes.com . editora@editoraintersaberes.com.br

Conselho editorial
Dr. Ivo José Both (presidente)
Drª Elena Godoy
Dr. Nelson Luís Dias
Dr. Neri dos Santos
Dr. Ulf Gregor Baranow

Editora-chefe
Lindsay Azambuja

Supervisora editorial
Ariadne Nunes Wenger

Analista editorial
Ariel Martins

Capa e projeto gráfico
Mayra Yoshizawa

Dados Internacionais de Catalogação na Publicação (CIP)
(Câmara Brasileira do Livro, SP, Brasil)

1ª edição, 2014.

Foi feito o depósito legal.

Informamos que é de inteira responsabilidade do autor a emissão de conceitos.

Nenhuma parte desta publicação poderá ser reproduzida por qualquer meio ou forma sem a prévia autorização da Editora InterSaberes.

A violação dos direitos autorais é crime estabelecido na Lei n. 9.610/1998 e punido pelo art. 184 do Código Penal.

Silveira, Marcos Aurelio Tarlombani da

Geografia aplicada ao turismo: fundamentos teórico-práticos/Marcos Aurelio Tarlombani da Silveira. Curitiba: InterSaberes, 2014.

Bibliografia.
ISBN 978-85-443-0122-7

1. Geografia 2. Turismo I. Título.

14-11323   CDD-338.4791

Índice para catálogo sistemático:
1. Turismo e geografia 338.4791

Sumário

Apresentação | 7
Como aproveitar ao máximo este livro | 9

1. Espaço geográfico e espaço turístico | 13
   1.1 Turismo e espaço: uma abordagem geográfica | 15
   1.2 Um enfoque sistêmico do espaço turístico | 41

2. Paisagens, imagens e turismo | 55
   2.1 Paisagem e turismo | 57
   2.2 Paisagem e imagem dos lugares | 74

3. Fatores geográficos e elementos da atividade turística | 89
   3.1 Mobilidade espacial, lugares e práticas turísticas | 91
   3.2 Fatores espaciais e atratividade turística dos lugares | 105

4. Turismo e representações gráficas: cartografia aplicada ao turismo | 123
   4.1 A representação cartográfica dos lugares turísticos | 125
   4.2 As novas tecnologias e a elaboração de mapas turísticos | 145

5. Turismo e apropriação do território | 159
   5.1 Impactos da apropriação do território pelo turismo | 161
   5.2 Turismo e desenvolvimento sustentável | 185

6. Regiões turísticas do mundo | 201
   6.1 A globalização dos fluxos e dos espaços turísticos | 203
   6.2 Regiões de turismo no mundo | 216

7. Regiões turísticas do Brasil | 231
   7.1 Desenvolvimento do turismo no Brasil: atores e políticas | 233
   7.2 Regiões de turismo e espaços turísticos no Brasil | 244

8. Geopolítica do turismo | 259
    8.1   Turismo e questões geopolíticas | 261
    8.2   Turismo e geopolítica das crises e riscos | 269

Para concluir... | 285
Referências | 289
Respostas | 311
Apêndice | 317
Sobre o autor | 327

Apresentação

Este livro tem o propósito de apresentar contribuições da geografia para a compreensão do turismo. Reconhecemos, evidentemente, que a geografia não detém o monopólio dos estudos sobre o tema; todavia, acreditamos que o turismo está intrinsecamente ligado a ela em virtude do papel central atribuído aos lugares e às relações espaciais (tanto físicas quanto cognitivas), bem como às paisagens e aos territórios apropriados por esse fenômeno que se constitui, ao mesmo tempo, em experiência humana, prática social e atividade econômica.

Os estudos sobre turismo, contudo, evoluíram ao longo do tempo para um campo multi e interdisciplinar – e com isso, é claro, não poderíamos ficar limitados somente a uma abordagem geográfica. Assim sendo, além de definirmos como foco aquilo que entendemos como os principais conceitos da geografia, elegemos um conjunto de contribuições teóricas e de temas aplicados ao turismo, provenientes tanto da geografia quanto de áreas afins, como sociologia, economia, história, administração, política e relações internacionais, entre outras.

Fizemos também esforços para trazer aportes de diversos estudiosos, pesquisadores e instituições que têm se dedicado à produção do conhecimento científico utilizado na compreensão e na análise do significado do turismo no contexto econômico, social, político e ambiental do mundo contemporâneo. Acreditamos que o resultado foi a reunião de um amplo espectro de contribuições, indispensáveis ao entendimento de conceitos básicos da geografia e de tópicos especiais aplicados ao estudo do turismo, como é o caso da análise dos impactos do turismo nos territórios da cartografia e da geopolítica.

Em nenhum momento, no entanto, foi nossa pretensão dar conta de abranger, neste livro, todo o espectro de contribuições sobre o tema. Isso porque, além de reconhecermos o fato de que dentro da própria geografia há vários aspectos e perspectivas de análise do turismo, sabemos que existe também uma multiplicidade de abordagens nas outras disciplinas que se interessam por esse fenômeno como objeto de pesquisa.

Na verdade, nosso objetivo é evidenciar a ligação entre a geografia e o turismo, buscando responder principalmente às seguintes questões: Que conceitos geográficos são necessários para a compreensão do turismo como prática social e como atividade econômica? Qual é a importância da paisagem para o turismo? Quais são as transformações produzidas nos lugares pelo turismo? De que forma a cartografia, como um campo da geografia, pode ser uma ferramenta útil para o turismo? Que fatores geográficos são fundamentais na atividade turística? Quais são as principais regiões turísticas do mundo e do Brasil? Qual é o papel da geopolítica na compreensão do turismo?

Em suma, com base na revisão de obras que incluem, além da produção na geografia, outras áreas do conhecimento técnico e científico, nosso propósito foi reunir e apresentar de forma sistematizada um conjunto de pressupostos teórico-conceituais e de tópicos aplicados que possam servir de apoio aos estudos sobre o turismo. Dessa forma, o livro está dividido em oito capítulos, a saber: Espaço geográfico e espaço turístico; Paisagens, imagens e turismo; Fatores geográficos e elementos da atividade turística; Turismo e representações gráficas: cartografia aplicada ao turismo; Turismo e apropriação do território; Regiões turísticas do mundo; Regiões turísticas do Brasil; e Geopolítica do turismo.

Como aproveitar ao máximo este livro

Este livro traz alguns recursos que visam enriquecer o seu aprendizado, facilitar a compreensão dos conteúdos e tornar a leitura mais dinâmica. São ferramentas projetadas de acordo com a natureza dos temas que vamos examinar. Veja a seguir como esses recursos se encontram distribuídos na obra.

Conteúdos do capítulo
Logo na abertura do capítulo, você fica conhecendo os conteúdos que serão abordados.

Após o estudo deste capítulo, você será capaz de:
Você também é informado a respeito das competências que irá desenvolver e dos conhecimentos que irá adquirir com o estudo do capítulo.

Estudo de caso

Esta seção traz ao seu conhecimento situações que vão aproximar os conteúdos estudados de sua prática profissional.

Síntese

Você dispõe, ao final do capítulo, de uma síntese que traz os principais conceitos nele abordados.

Questões para revisão

Com estas atividades, você tem a possibilidade de rever os principais conceitos analisados. Ao final do livro, o autor disponibiliza as respostas às questões, a fim de que você possa verificar como está sua aprendizagem.

Questões para reflexão

Nesta seção, a proposta é levá-lo a refletir criticamente sobre alguns assuntos e trocar ideias e experiências com seus pares.

Para saber mais

Você pode consultar as obras indicadas nesta seção para aprofundar sua aprendizagem.

I
Espaço geográfico e espaço turístico

Conteúdos do capítulo

» Definição de turismo e critérios usados para definir *turismo* e *turista*.
» Conceito de *turismo* com base no enfoque sistêmico.
» Espaço turístico, território turístico e lugar turístico.
» Transformação e/ou criação dos lugares turísticos.
» Tipologia dos lugares turísticos.
» Elementos que compõem o espaço turístico.

Após o estudo deste capítulo, você será capaz de:

1. entender os conceitos de *turismo* e de *espaço turístico*;
2. identificar os elementos fundamentais do espaço turístico;
3. compreender a essência das relações estabelecidas entre turismo e espaço;
4. entender o processo de criação dos lugares turísticos;
5. compreender os critérios de identificação do nível de "turistificação" dos lugares;
6. analisar o espaço turístico com base no enfoque sistêmico;
7. interpretar a dinâmica que caracteriza a "turistificação" dos territórios.

1.1 Turismo e espaço: uma abordagem geográfica

Neste item do capítulo, abordamos primeiramente a definição de *turismo*, identificando-o como um fenômeno complexo, uma prática social e uma atividade econômica, além de apresentar uma dimensão espacial característica. Na segunda parte, fazemos uma revisão teórica dos conceitos de *espaço*, *território* e *lugar turístico*, com base na abordagem geográfica do turismo, cujo enfoque consiste no modo como ocorre o surgimento dos lugares turísticos. Na terceira parte, apresentamos a proposição de uma tipologia dos lugares turísticos, os quais podem ser identificados no desenvolvimento do turismo em diversas regiões e/ou países do mundo.

1.1.1 Turismo: uma aproximação conceitual

De acordo com Jafari, citado por Beni (1997), em razão da complexidade do turismo – um fenômeno que é, ao mesmo tempo, social, econômico, cultural e espacial –, ele precisa ser estudado com base em uma perspectiva pluridisciplinar. Para J. A. Silva (2004), a essa necessidade corresponde o imperativo de se garantir uma análise que contemple as diversas abordagens do turismo, as quais implicam a consideração desse fenômeno como experiência humana, prática social e atividade produtiva, cujo caráter espacial é intrínseco.

Nesse contexto, tal como assinalado por Boyer (2003), para quem quer escrever a respeito do turismo, o mais difícil é conceituá-lo. De fato, desde a década de 1940 até a de 1980, muitas definições apareceram na literatura, algumas com um caráter mais abrangente, outras com um caráter mais restritivo. No entanto, quase todas são criticadas por apresentar algum tipo de limitação.

Assim, a necessidade de se adotar uma abordagem que pudesse ser universalmente aceita e por meio da qual fosse possível efetuar estudos comparativos e aumentar a credibilidade do turismo esteve na base de múltiplos esforços desenvolvidos por várias entidades, notadamente a Organização das Nações Unidas (ONU), a Organização para a Cooperação e Desenvolvimento Econômico (OCDE), a União Europeia (UE) e a Organização Mundial do Turismo (OMT). Tais esforços permitiram apresentar a seguinte definição: "turismo diz respeito às atividades praticadas pelas pessoas durante as suas viagens e permanências em locais situados fora do seu ambiente habitual por um período consecutivo que não ultrapasse um ano, por motivos de lazer, negócios e outros" (OMT, 2001, p. 40).

Esse conceito se traduz em uma definição técnica, na qual se observam as seguintes delimitações:

» **Duração mínima da estadia**: 24 horas para os visitantes que pernoitam no local visitado.
» **Duração máxima de estadia**: Um ano.
» **Motivos específicos de visita**: Lazer, recreação e férias, visita a parentes e amigos, negócios, saúde, religião e outros.

O uso da expressão *ambiente habitual* destina-se a excluir da definição, por exemplo, viagens dentro do local de residência, aquelas para o local de trabalho ou estudo, as direcionadas a compras diárias e outras atividades do dia a dia em âmbito local.

Ainda de acordo com a OMT (2001), o turismo pode ser classificado em função da origem dos visitantes nos seguintes tipos:

» **Turismo receptivo**: Compreende as atividades dos visitantes estrangeiros que permanecem no país visitado não mais do que 12 meses consecutivos, por motivos de lazer, negócios ou outros.

» **Turismo emissor**: Refere-se às atividades dos residentes de determinado país que viajam para fora dele não mais do que 12 meses consecutivos, por motivos de lazer, negócios ou outros.

» **Turismo doméstico (ou interno)**: Diz respeito às atividades dos residentes que viajam dentro do próprio país, mas para fora do seu ambiente habitual, por um período não superior a 12 meses consecutivos, por motivos de lazer, negócios ou outros.

Esses tipos podem se combinar com outros três (OMT, 2001):

» **Turismo interno**: Engloba o turismo doméstico e o receptivo.
» **Turismo nacional**: Abrange o turismo doméstico e o emissor.
» **Turismo internacional**: Inclui o turismo emissor e o receptivo.

Outra questão muito discutida se refere ao fato de que nem todo tipo de viagem pode ser considerada turismo. A viagem implica a circulação de pessoas realizada entre um lugar e outro e pode ter diversas finalidades, incluindo, por exemplo, um novo emprego, lazer ou mesmo para fixação de residência em outro lugar. Assim, levando-se em conta que o turismo inclui a viagem de pessoas para determinado lugar, todas as formas de turismo incluem viajar um pouco, mas nem toda viagem é turismo (Équipe MIT, 2002).

De fato, uma pessoa pode viajar frequentemente por outras finalidades – o turismo é apenas uma delas. Citamos como exemplo as viagens feitas por motivo religioso ou de saúde. Durante a viagem, a pessoa pode utilizar parte do tempo livre para praticar atividades ligadas ao lazer, fazer passeios ou visitar pontos turísticos do lugar. Portanto, nem todo viajante é turista, apesar de poder vir a sê-lo; isto é, todo viajante é um turista "potencial" que pode se tornar um turista "real" (Knafou, 1996).

Na tentativa de evitar a confusão entre o significado de *viajante* e *turista*, a OMT, em uma conferência realizada em 1963, introduziu o termo *visitante*. No boxe a seguir, apresentamos uma síntese das definições e dos critérios utilizados pela OMT.

> **Definições e critérios para conceituar "turista" (segundo a OMT)**
>
> **Viajante**
> É a pessoa que se move entre dois ou mais países, ou entre dois ou mais lugares dentro do país de residência habitual.
>
> **Visitante**
> Para fins estatísticos, significa "qualquer pessoa que se move para um lugar diferente do lugar de residência habitual, por menos de doze meses, e cujo principal objetivo da viagem não é o exercício de uma atividade remunerada no lugar visitado".
> Para efeito de estatísticas do turismo – e em conformidade com os tipos básicos (turismo receptivo, emissor e doméstico) –, os visitantes podem ser classificados em:
> a. Visitantes internacionais
>   I. Turistas (visitantes que pernoitam)
>   II. Visitantes de um dia (excursionistas)
> b. Visitantes domésticos
>   I. Turistas (visitantes que pernoitam)
>   II. Visitantes de um dia (excursionistas)
> Classificação de turismo segundo o motivo da visita (ou da viagem) e conforme os tipos básicos de turismo (receptivo, emissor e doméstico):
> 1. lazer, recreação e férias;
> 2. visitas a parentes e amigos;
> 3. negócios e motivos profissionais;
> 4. tratamento de saúde;
> 5. religião/peregrinações;
> 6. outros motivos.
>
> Fonte: OMT, 2001, grifo nosso.

O esquema representado na Figura 1.1 mostra que os viajantes incluídos nas estatísticas de turismo são considerados *visitantes*, os quais, por sua vez, dividem-se em *turistas* e *excursionistas*, cujo motivo da viagem estabelece uma das condições básicas para a definição de *turismo*.

Figura 1.1 - Esquema de condições básicas que definem o turismo

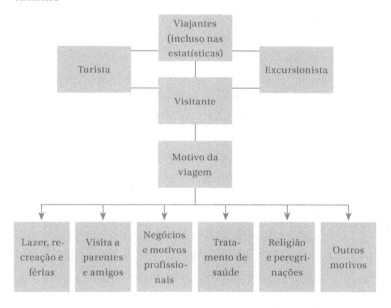

Fonte: Adaptado de OMT, 2001.

Em síntese, considerando as definições e os critérios utilizados pela OMT, podemos entender o turismo como uma prática social que consiste no deslocamento de pessoas limitado no tempo, de tal modo que a viagem não implica mudança permanente do viajante de seu lugar habitual de residência, e que apresenta finalidades diversas – diversão, lazer, descanso, prazer, entretenimento, educação, saúde, cultura e aventura, bem como motivos de ordem profissional ou religiosa.

Para Knafou (1996), o turismo é uma mudança de lugar que ocorre dentro do uso do tempo livre e que se realiza para além do tempo e do espaço cotidianos. Neste ponto, cabe destacarmos que os principais atores do turismo são os turistas. Nas palavras do referido autor, "são os turistas que estão na origem do turismo" (Knafou, 1996, p. 70). Logo, sem turistas não há turismo.

Para a Équipe MIT, o turismo não se resume a uma atividade econômica, uma prática social, um ator, um espaço ou uma instituição: é o conjunto de tudo isso que forma um sistema[i] (Équipe MIT, 2002). O sistema inclui: turistas, lugares, territórios, atividades, negócios, práticas, leis, normas, valores e instituições públicas e privadas. No entendimento dos pesquisadores da Équipe MIT, o turismo é "um sistema formado por atores, práticas e lugares, cuja finalidade é a recreação das pessoas por meio do deslocamento para fora de seus lugares de vida habituais, o que implica no habitar temporariamente em outros lugares" (Knafou; Stock, 2003, p. 45).

Em última análise, essa definição permite entendermos o mundo do turismo de forma independente do cotidiano, no qual se deve ter em conta as práticas turísticas e os vários atores (turistas, trabalhadores do setor, agentes de viagens, hoteleiros, operadores turísticos), Organização das Nações Unidas para a Educação, a Ciência e a Cultura (Unesco), Banco Mundial, governos,

---

i. O conceito de *sistema* surge com a chamada "Teoria Geral dos Sistemas", formulada por Bertalanffy no início da década de 1970 (Christofoletti, 1982). Foi alvo de muitas críticas por parte de filósofos e cientistas sociais, em particular do denominado *sistemismo*. No entanto, desde então o conceito evoluiu e recebeu contribuições valiosas de várias ciências, que vieram a alterar o significado do termo. No turismo, como apontamos mais adiante, o enfoque sistêmico se mostra de grande validade para o entendimento deste como um fenômeno complexo.

organizações não governamentais (ONGs) e organizações da sociedade civil de interesse público (OSCIPs) e as sociedades que habitam nos lugares de destino.

Considerando as práticas turísticas como a essência do turismo, Knafou e Stock (2003) definem os dois elementos fundamentais, que são:

1. **O deslocamento espacial**: Não se trata apenas de deslocamentos atrelados ao exercício de uma atividade, como os ligados a emprego ou mesmo a atividades associadas ao lazer e à recreação[ii] no espaço cotidiano. Nesse sentido, o turismo é um deslocamento espacial que implica uma mudança de lugar e uma mudança do modo de "habitar". Nas palavras dos autores, o turismo implica "habitar temporariamente outro lugar" (Knafou; Stock, 2003, p. 46).

2. **A inserção para "fora do cotidiano"**: Diferentemente das atividades de lazer e recreação, as quais se realizam no espaço-tempo cotidiano, as práticas turísticas acontecem numa temporalidade "fora do cotidiano", o que pressupõe o distanciamento da pessoa de sua residência e de seu espaço de vida habitual. Esse distanciamento varia consideravelmente de uma pessoa para outra, sobretudo em função do grupo ou classe social a que ela pertence (Knafou; Stock, 2003).

---

ii. O turismo é uma das possibilidades de uso do tempo de lazer e do tempo de trabalho, considerando algumas segmentações de mercado, como o turismo de negócios, mas se específica ou se caracteriza como uma prática de lazer. Todavia, de acordo com Knafou e Stock (2003), ao contrário do turismo, que se inscreve no espaço-tempo fora do cotidiano, o lazer também ocorre no espaço-tempo da vida cotidiana. Ainda segundo os referidos autores, o *lazer* é um conceito mais básico e mais sutil do que o *turismo*. A sutileza está na mudança de significado da palavra *lazer*, que, no singular, se refere ao tempo livre das demandas de tempo obrigatórias, particularmente o tempo de trabalho. Já no plural, os lazeres se referem a todas as atividades recreativas realizadas pelas pessoas, tanto no espaço-tempo cotidiano quanto no do turismo (Knafou; Stock, 2003).

A definição de *práticas turísticas* considera também a intencionalidade, as habilidades e a experiência dos atores – turistas –, assim como os eventos que estes são capazes de fazer acontecer. As práticas turísticas não são, portanto, ligadas às práticas da rotina, que se desenrolam na vida cotidiana, tais como as atividades de lazer e recreação, conforme é possível observar no Quadro 1.1. Elas constituem rupturas com as práticas vigentes no cotidiano (rotineiras) e com os locais habituais e familiares (Équipe MIT, 2002; Stock; Duhamel, 2005).

Quadro 1.1 – Práticas sociais e sua inserção no espaço cotidiano e "fora do cotidiano"

Tipo de prática	Espaço cotidiano	Espaço fora do cotidiano
Prática de rotina (trabalho)	Mobilidade ligada ao trabalho	Viagem de negócios
Prática de não rotina (recreação e diversão)	Mobilidade ligada ao lazer	Turismo

Fonte: Adaptado de Stock; Duhamel, 2005.

A ruptura com as rotinas estabelecidas no dia a dia – inserção para "fora do cotidiano" – é o que faz do turismo uma forma de rompimento das pessoas com o espaço de vida rotineira e leva à criação e à sustentação de espaços turísticos característicos, como os complexos hoteleiros, especialmente aqueles instalados à beira-mar (*resorts*), os balneários (urbanização turística), os parques temáticos (como a Disneylândia) e todos os outros tipos de lugares turísticos. Além disso, esse rompimento também faz surgir o mercado turístico, o qual possibilita a realização das práticas turísticas e dá origem às relações entre "visitantes" (turistas) e "visitados" (habitantes dos lugares de destino) (Krippendorf, 1989).

I.I.2 Espaço, território e lugar turístico[iii]: uma abordagem

O entendimento das relações que se estabelecem entre turismo e espaço depende da concepção que se tem de *espaço*. Santos (2002, p. 38) define o termo como "um conjunto indissociável de sistemas de objetos e de sistemas de ações, não considerados isoladamente, mas como o quadro único no qual a história se dá". Para o autor, os objetos constituem as redes técnicas (ruas, avenidas, estradas, prédios, casas, cidades, zonas rurais etc.) e o substrato físico-natural, os quais servem de suporte à vida das sociedades, bem como as ações que compõem o trabalho, a produção e o consumo de mercadorias, além das práticas sociais cotidianas e não cotidianas dos povos (Santos, 2002).

Explorando o sentido geográfico da palavra *espaço*, podemos associá-lo ao de *território*, conceito que vem sendo aplicado no estudo do turismo tanto por geógrafos quanto por outros cientistas sociais. Santos (2002, p. 10) se refere a *território* como o "conjunto de sistemas naturais mais os acréscimos históricos materiais impostos (construídos) pelo homem". Todavia, adverte que "o território não é apenas o conjunto dos sistemas naturais e de sistemas de coisas superpostas", mas deve ser compreendido

---

[iii]. A geografia, tal como outras ciências, utiliza-se de categorias para fundamentar suas análises. Assim, além da definição de *espaço geográfico* – principal objeto de análise da geografia –, existem quatro principais conceitos que se consolidaram como categorias geográficas: *território, região, paisagem* e *lugar*. Todos esses conceitos geográficos são aplicados na análise do turismo, como poderá ser observado ao longo dos capítulos deste livro.

como "o fundamento do trabalho, o lugar da residência, das trocas materiais e espirituais e do exercício da vida" (Santos, 2002, p. 10).

Para Rodrigues (2006, p. 305), "um espaço apropriado torna-se um território, expressão de poder, poder não somente do ponto de vista político, mas expressando também poder no sentido mais simbólico, de apropriação por meio das representações sociais". A perspectiva territorial é, portanto, essencial para a compreensão do espaço turístico como um sistema complexo em constante evolução que combina, de um lado, um conjunto de atores, e, de outro, o território do qual esses atores se apropriam e que usam, ordenam e administram.

Para Knafou (1996), a apropriação do território pelo turismo é caracterizada por diferentes formas de territorialidade. De acordo com suas palavras,

> há diferentes tipos de territorialidade que se confrontam nos territórios turísticos: a territorialidade sedentária dos que aí vivem habitualmente, e a territorialidade nômade daqueles que só passam, mas que não têm menos necessidade de se apropriar, mesmo de modo fugaz, dos territórios que frequentam. (Knafou, 1996, p. 64)

Avançando na discussão sobre a noção de território turístico, Knafou (1996) desenvolve o conceito de *lugar turístico*, o qual constitui um espaço promovido, reconhecido e eleito pelos indivíduos (turistas) para escapar das restrições impostas pelo cotidiano por meio do uso do tempo livre e da mobilidade turística. Daí o autor afirmar que o lugar turístico só existe *pelo* turismo e *para* o turismo, o principal responsável por sua invenção; ou seja, não há lugares turísticos sem turismo.

Ainda de acordo com Knafou (1996), existem três fontes básicas que dão origem aos lugares turísticos e que não podem ser desconsideradas. A primeira são os turistas, que estão na origem do turismo, pois são eles que "descobrem" os lugares, buscam conhecê-los e depois os divulgam para outras pessoas por meio do "boca a boca". Desde sempre esse tipo de fonte tem influenciado a criação e/ou a transformação de lugares turísticos no mundo todo. Atualmente, esse papel é exercido principalmente pelos praticantes de formas alternativas de turismo[iv] – em particular os que praticam o turismo de aventura e o ecoturismo –, pois são eles que estão sempre descobrindo novos lugares, supostamente desconhecidos da maioria das pessoas.

A segunda fonte é o mercado – promotores privados locais e de fora do lugar que atuam nas regiões com potencial turístico, buscando organizar a oferta de uma estrutura e de serviços básicos (meios de hospedagem, restaurantes etc.) apropriados para atender aos turistas. É também por meio do *marketing* turístico e da propaganda (feita igualmente pelos próprios turistas) que esses lugares se consolidam turisticamente.

A terceira fonte constitui-se dos planejadores e promotores "territoriais" do turismo, representados por organismos de governos – locais, regionais, nacionais – por meio da implantação de projetos e planos de turismo e de infraestrutura (aeroportos, estradas, portos etc.) e com a participação de organismos mundiais como a OMT e a Unesco, que contribuem com a promoção

---

iv. A diversificação das práticas turísticas, que caracteriza o turismo no atual contexto de globalização, tem ocasionado a expansão de formas alternativas de turismo, fenômeno denominado no mercado turístico como *segmentação*. De acordo com o Ministério do Turismo (Brasil, 2006), a segmentação é entendida como uma forma de organizar o turismo para fins de planejamento, gestão e mercado. No Brasil, são encontrados os seguintes segmentos de turismo: turismo de aventura, turismo rural, ecoturismo, turismo de negócios e eventos, turismo náutico, turismo de estudos e intercâmbio, turismo cultural, turismo de pesca e turismo de sol e praia.

dos lugares a serem valorizados turisticamente em função do seu patrimônio histórico e cultural[v].

Com base nessas considerações, podemos dizer que os espaços turísticos surgem e evoluem em função de uma dinâmica alimentada pela ação de determinados atores. Nesse sentido, o turismo, do mesmo modo que qualquer outra atividade – como a indústria, por exemplo –, é um elemento atuante tanto na transformação de lugares já existentes quanto na criação de novos. Knafou (1996) se refere a estas duas situações – transformação e criação dos lugares – como "os dois poderes do turismo". Para o citado autor, a invenção do lugar turístico pressupõe um desvio do uso dominante do lugar (o poder subversivo do turismo) e/ou a incorporação de novos territórios para o uso turístico (o poder de conquista do turismo) (Knafou, 1996).

Dito de outro modo, o lugar é criado *pelo* turismo (Figura 1.2), ou o lugar é criado *para* o turismo (Figura 1.3), ou o lugar já existente é transformado com a chegada do turismo (Figura 1.4). Esse processo de "fabricação" dos lugares pelo turismo é o que dá origem aos espaços turísticos. Nas figuras 1.2, 1.3 e 1.4, apresentamos de forma esquemática essas formas básicas de criação do lugar turístico.

---

[v]. As Normas de Quito (Cury, 2004), por exemplo, estabelecidas por ocasião de reunião em 1967 na capital do Equador sobre conservação e utilização de monumentos e sítios de interesse histórico e artístico na América Latina, apresentam as vantagens econômicas e sociais da implantação da atividade turística como uma das principais fontes de renda para muitos lugares.

Figura 1.2 – A invenção do lugar *pelo* turismo

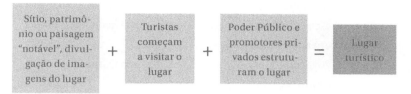

Fonte: Adaptado de Knafou, 1996.

Figura 1.3 – A invenção do lugar *para* o turismo

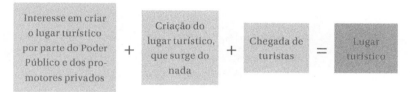

Fonte: Adaptado de Knafou, 1996.

Figura 1.4 – Lugares transformados e orientados para o turismo

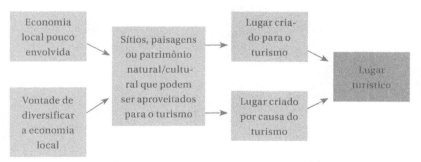

Fonte: Adaptado de Knafou, 1996.

Nos três casos, pode-se perceber que os principais atores responsáveis pela criação e/ou transformação de um território em lugar turístico são os turistas (domésticos e internacionais) e suas práticas, o mercado turístico (promotores privados), as instituições públicas (governos, OMT, World Travel Tourism Council – WTTC, Unesco, Organização Mundial do Comércio – OMC) e os atores locais (residentes, associações etc.), conforme representado na Figura 1.5.

Figura 1.5 – Atores responsáveis pela (re)criação do lugar turístico

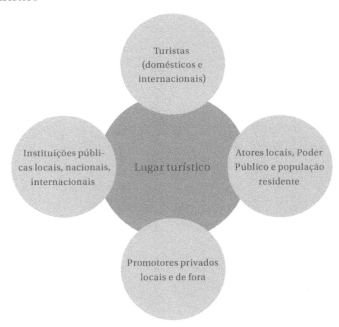

São todos esses atores que vão imprimir características particulares aos espaços turísticos. Aqui nos referimos tanto aos espaços já apropriados pelas práticas e atividades turísticas como

àqueles considerados potencialmente turísticos. Para Knafou (1997), o lugar turístico é criado e/ou recriado principalmente em virtude das situações descritas a seguir:

» Um lugar é transformado em uma "meca" do turismo (doméstico ou internacional) quando ganha destaque na mídia turística e muitas estrelas nos guias de turismo.

» A invenção do lugar turístico pode ocorrer pela atribuição um novo uso para as instalações turísticas já disponíveis no lugar (alojamentos, hotéis, pousadas etc.) por meio da alteração e/ou ampliação desse uso, por exemplo: a construção de hotéis equipados com instalações mais modernas, voltadas ao atendimento de atividades ligadas à recreação ao ar livre, eventos, negócios etc.

» O contrato de turismo configura-se como uma espécie de acordo tácito entre os "visitados" (população residente no lugar) e os primeiros "visitantes" (turistas) que vai determinar o desenvolvimento futuro do turismo em determinado território.

» O espaço turístico é o espaço geográfico transformado em espaço turístico. Dito de outro modo, é aquele que é criado ou produzido para e/ou pelo turismo, que apresenta uma dimensão real e imaginária, que pode ser mapeado e se constitui alvo da ação de empresas locais ou de fora e dos planejadores e promotores territoriais públicos e privados.

» O território turístico é o espaço de domínio da população local (visitados), porém é apropriado, mesmo que de modo fugaz, pelos turistas (visitantes) quando estes o visitam, estabelecendo, portanto, uma relação por vezes antagônica, senão mesmo conflitante, entre grupos diferentemente territorializados.

Ainda segundo Knafou (1997, 1996), podemos identificar três tipos de relação entre território e turismo: territórios sem turismo,

turismo sem territórios e territórios turísticos. O **território sem turismo** seria aquele ainda não apropriado pelo turismo, ou seja, onde a "turistificação" ainda não ocorreu, seja por falta de interesse dos turistas, seja por problemas de acessibilidade, seja por falta de atratividade.

O **turismo sem território** é caracterizado por aqueles lugares que têm existência e oferta reais, embora não sejam "turistificados" por não serem territorializados (apropriados) pelo turista. São espaços-receptáculo nos quais o turista fica isolado da realidade cotidiana do lugar, espaços que não detêm relação histórica e social com o lugar, mas que têm uma espacialidade planejada sob medida para o turista. O autor dá como exemplo de turismo sem território os *"Centers Parcs"* e os *"megaresorts"*. Por fim, há os **territórios turísticos**, lugares inventados e produzidos para e pelos turistas e retomados pelos operadores turísticos (empresas privadas), planejadores e promotores territoriais públicos e privados (Knafou, 1996).

1.1.3 Tipologia de lugares turísticos

Baseados nessas considerações de como se dá o surgimento de um território ou lugar turístico, podemos identificar a existência de duas grandes famílias de lugares turísticos: os lugares modificados pelo turismo e os criados para ou pelo turismo. Dentro dessas famílias, vamos encontrar diversos tipos de lugares turísticos, cuja diferenciação ocorre em função de certas características, tais como: localização (distância dos espaços emissores), condições de acessibilidade (meios de transporte), nível de atratividade (recursos naturais e/ou culturais, imagem do lugar etc.), capacidade de recepção (equipamentos, serviços turísticos etc.)

e organização espacial (função urbana e/ou rural do território, ordenamento urbano e regional etc.).

Na tentativa de construir uma tipologia básica dos lugares turísticos, a Équipe MIT (2002) propõe um modelo baseado em três critérios: a presença ou a ausência da capacidade de recepção do lugar; a presença ou a ausência de população local no lugar; e a presença ou a ausência das funções turística e/ou urbana do lugar. O Quadro 1.2 ilustra tal tipologia.

Quadro 1.2 – Tipologia básica dos lugares turísticos

Tipo	Capacidade de recepção	População local	Funções turísticas e urbanas diversificadas	Exemplos de lugares
Sítio turístico	–	–	–	Praias frequentadas pelos turistas, parques naturais, Castelo de Versalhes (França), Pirâmides do Egito (Egito) e outros
Complexo turístico (*resort*)	+	–	–	Disneyworld Resort (Flórida), Club Mediterranée (em vários países), Center Parcs, hotéis-resort em ilhas e zonas litorâneas etc.
Estação turística	+	+	–	Costa Brava e Benidorm (Espanha), Cannes e Chamonix (França), Acapulco (México) e outros

(*continua*)

(Quadro 1.2 – conclusão)

Tipo	Capacidade de recepção	População local	Funções turísticas e urbanas diversificadas	Exemplos de lugares
Cidade turística	+	+	+	Agadir (Marrocos), Palma de Maiorca (Espanha), Saint-Tropez (França), Rio de Janeiro (Brasil), Veneza (Itália), Paris (França), Londres (Inglaterra), Roma (Itália) e outras

Fonte: Adaptado de Knafou, 1997; Équipe MIT, 2002.

Segundo Knafou (1997), essa tipologia se fundamenta nos dois processos que dão origem aos lugares turísticos, a saber:

1. a invenção ou a criação do lugar para e/ou pelo turismo;
2. a transformação ou o desvio das funções do lugar, na medida em que ocorre sua transformação em lugar turístico, ou melhor, sua "turistificação"[vi].

A seguir, especificamos o que constitui cada um dos tipos de lugares turísticos citados no Quadro 1.2.

» **Sítio turístico**: É um lugar de visita e/ou de passagem, e não de estadia de turistas; ou seja, por onde o turista passa de visita,

---

vi. O termo se refere ao processo de desenvolvimento turístico de um espaço e o resultado dele. É o processo pelo qual se produz (se cria) o espaço turístico, ou seja, pelo qual se dá a apropriação do espaço pelo turismo. A "turistificação" manifesta-se por meio da ocupação gradual do espaço por infraestruturas e serviços turísticos (meios de hospedagem, alimentação, equipamentos de recreação etc.), assim como por meio do crescimento e da concentração dos fluxos turísticos no espaço e no tempo e dos diferentes efeitos sobre o lugar de destino em termos sociais, econômicos e ambientais (Dewailly; Flament, 2000).

mas não permanece, até mesmo porque não tem a função de hospedagem para turistas. Trata-se de um tipo de lugar que pode ter a função anterior transformada (parcial ou totalmente) com a chegada dos turistas, constituindo-se ele próprio uma atração turística, assim como pode ser um lugar criado pelo ou para o turismo. O sítio turístico pode ser definido, portanto, como qualquer ponto turístico visitado no itinerário de uma viagem. Parques naturais, monumentos naturais (Pão de Açúcar, Grand Canyon, Cataratas do Iguaçu) e monumentos histórico-culturais (Torre Eiffel e outros) são alguns exemplos.

» **Complexo turístico (tipo *resort*)**: É um lugar turístico criado para o turismo, em geral controlado por um único ator, normalmente um promotor territorial ou agente imobiliário de fora do lugar (estrangeiro). São lugares fechados ao acesso da população local, planejados por meio de um ordenamento específico de uso e ocupação do solo e cuja função principal é oferecer hospedagem e atividades de lazer e entretenimento. Não há população residente no lugar, com exceção daqueles que prestam serviços ou trabalham no local. São exemplos os vários *resorts* – complexos turísticos que oferecem opções de lazer, hospedagem, gastronomia e serviços – localizados em geral no litoral do Brasil.

» **Estação turística**: Também denominada de *núcleo turístico*, caracteriza-se pela total presença do turismo, que é o fundador do lugar e mantém uma posição dominante nele; é, na verdade, criada pelo turismo e para o turismo. Ao contrário do complexo turístico, a estação turística é um lugar aberto, habitado por uma população permanente cujas atividades não estão necessariamente relacionadas com o turismo, e pode até mesmo evoluir para o *status* de cidade. Seja numa região de montanha, seja numa região à beira-mar, ela é espacialmente ordenada com base em dois princípios fundamentais:

de um lado, na valorização da paisagem, a qual pode ser admirada, pintada ou fotografada, graças a um ordenamento característico (para isso são construídos caminhos, mirantes, trilhas, passarelas etc.); de outro, o ordenamento territorial é orientado para um ponto central, em geral aquelas áreas nas quais vamos encontrar aspectos da vida social do lugar, do qual saem os principais eixos estruturantes (vias de acesso) do lugar turístico, formando uma configuração territorial do tipo radioconcêntrica, muito comum em lugares turísticos de vários países. Podemos mencionar como exemplos as estâncias balneárias localizadas no litoral do Mar Mediterrâneo (Europa) e no litoral do Brasil e as estâncias termais. Também se incluem nesse tipo os grandes hotéis *resort* e hotéis cassino, estes últimos por disponibilizarem uma infraestrutura turística especializada (Las Vegas – Estados Unidos).

» **Cidade turística**: Pode ser classificada em dois tipos:
1. Cidade turística – A função turística é predominante. O lugar só funciona pelo e/ou para o turismo e as atividades antigas praticamente desapareceram ou foram incorporadas à produção turística (Cannes/França, Veneza/Itália, Acapulco/México, Ouro Preto/MG, Angra dos Reis e Paraty/RJ, Gramado/RS, Morretes/PR e outras).
2. Cidade com função turística – Aglomerados urbanos nos quais o turismo já se constitui e/ou tende a constituir uma atividade com importância considerável na economia local, em que os serviços são ofertados tanto para os moradores quanto para os turistas. O turismo fica, em geral, circunscrito a alguns bairros ou pontos turísticos da cidade – Paris (França), Roma (Itália), Londres (Inglaterra), Madri e Barcelona (Espanha), Rio de Janeiro, Salvador, Florianópolis e Foz do Iguaçu (Brasil) e outras.

Visando facilitar o entendimento da tipologia descrita anteriormente, os pesquisadores da Équipe MIT (2002) esquematizam melhor o conteúdo por meio da sua ampliação, dessa vez associando-o ao processo de "turistificação" do lugar. Assim, essa tipologia ampliada é baseada no tipo de lugar, na situação anterior à chegada do turismo, no nível de "turistificação" e na sua função turística[vii], como é possível ver no Quadro 1.3.

Quadro 1.3 – Tipologia ampliada dos lugares turísticos

Tipo de lugar	Situação pré-turística do lugar	Nível de "turistificação" do lugar	Função turística do lugar
Sítio	Nada ou com potencial	Modificação total ou parcial do lugar pelo turismo	Sem função de alojamento ou função relacionada com a frequentação turística; a relação com o lugar se dá por meio de uma visita de passagem
Complexo turístico (*resort*)	Nada	Invenção, criação do lugar do nada (*ex nihilo*)	Espaços monofuncionais; lugar fechado em relação à sociedade local; aplica-se um ordenamento específico de uso e ocupação do solo; controlado por um único ator (em geral promotores imobiliários de fora); a função principal é a estadia com hospedagem e alimentação inclusas, assim como a oferta de serviços de lazer, recreação e entretenimento

(continua)

---

vii. A taxa de função turística de um lugar refere-se à relação entre o número de turistas que podem ser hospedados e o de residentes permanentes. Em outras palavras, significa a relação entre a capacidade total de alojamento turístico (leitos em hotéis, pousadas e segundas residências) e a população total residente no lugar (Équipe MIT, 2002). Ela não deve ser confundida com a taxa de ocupação turística, que diz respeito ao número de leitos ocupados durante determinado período sobre o total de um tipo de alojamento turístico considerado (taxa de ocupação hoteleira, por exemplo).

(Quadro 1.3 - continuação)

Tipo de lugar	Situação pré-turística do lugar	Nível de "turistificação" do lugar	Função turística do lugar
Estação turística	Nada	Invenção, criação do lugar do nada (*ex nihilo*)	Lugar aberto em relação à sociedade local; muitos atores e promotores, tanto locais como de fora; descontinuidade espacial com o ambiente local; função de estadia ou de trânsito, com a presença de alojamentos de diversos tipos
Estação-cidade	Nada	Criação pelo turismo com a diversificação de novas funções associadas ou não ao turismo	O lugar torna-se polifuncional, porém com a função turística muito presente. A função de alojamento é importante, contudo, a taxa de ocupação turística do lugar é variável em função de fatores como a sazonalidade, por exemplo
Cidade-estação	Cidade	Modificação pelo turismo; justaposição de funções urbanas em bairros da cidade; zona central concentra o fluxo de turistas	Presença de diversas funções; função de alojamento é essencial; função turística fica concentrada na zona central da cidade
Cidade ou vilarejo "turistificado"	Vilarejo ou cidade (em geral pequena)*	Modificação do lugar - o turismo se tornou a função principal	Estrutura espacial original modificada pelo turismo; a função de alojamento se localiza tanto na zona central como na periferia; zona central da cidade concentra a maior parte do fluxo de turistas

(Quadro 1.3 – conclusão)

Tipo de lugar	Situação pré-turística do lugar	Nível de "turistificação" do lugar	Função turística do lugar
Cidade turística	Cidade (média e/ou grande)	Locais investidos pelo turismo por meio de circuitos, visitas, diversão, recreação, compras etc.;	Integração da função turística sem mudanças fundamentais da estrutura urbana da cidade; cidade com a função de trânsito e de estadia de turistas (bastante curta); turismo cultural, de negócios e eventos
Vilarejo ou cidade-etapa	Vilarejo ou cidade	Função turística limitada ao trânsito de turistas e como ponto de passagem para visita a outros lugares	Nenhuma modificação fundamental na estrutura urbana

Fonte: Adaptado de Équipe MIT, 2002; Duhamel; Stock, 2003.

*Nota: No Brasil, o IBGE estabelece critérios demográficos para a definição do tamanho (porte) das cidades. As pequenas têm até 100 mil habitantes, as médias entre 100 e 500 mil, e as grandes, mais de 500 mil. Todavia, o mesmo IBGE estabelece uma hierarquia das cidades levando em conta não somente o número de habitantes, mas também a concentração de serviços nelas contidos, ou seja, sua função urbana (IBGE, 2000).

Segundo a Équipe MIT (2002), esses quatro critérios permitem distinguir os diferentes tipos de lugares turísticos que podem ser encontrados ao longo da história do turismo, incluindo o momento presente ou atual. O quadro também indica que é possível construir cenários para aqueles lugares que hoje estão sendo "descobertos" pelo turismo em países do mundo todo, seja de forma espontânea, seja de forma planejada, por meio da implantação de novos roteiros ou novas rotas turísticas. Esse é o caso do Brasil, em que diversos roteiros e rotas turísticas vêm sendo implantados nas últimas duas décadas, notadamente a partir da ação do Estado com a execução da Política Nacional de Turismo (Brasil, 2003).

De fato, o quadro anterior nos ajuda, em grande parte, a compreender a dinâmica que caracteriza os lugares turísticos, pois, com base na tipologia proposta, é possível identificar três aspectos principais que, em geral, caracterizam os lugares turísticos: permanência do caráter monofuncional (quando o lugar apresenta somente uma função turística); modificação da função turística do lugar (quando assume outras funções, as quais normalmente são complementares); e permanência e/ou aumento da diversificação funcional do lugar.

Concluindo, podemos afirmar que os lugares assumem maior ou menor função turística, o que depende da dinâmica que eles apresentam no que se refere ao desenvolvimento do turismo. Essa dinâmica combina duas lógicas: a que diferencia a fase pré-turística dos lugares e a que se relaciona às diferentes fases de desenvolvimento do turismo nesses lugares. Para exemplificar o que são essas fases, recorremos ao modelo TALC[viii] – Ciclo de Vida das Áreas de Turismo, proposto por Butler em 1980. Ele é composto por estágios que se estendem por maior ou menor período à medida que se desenvolve a atividade turística em uma localidade e seu propósito é demonstrar as implicações espaciais do crescimento e do desenvolvimento dos destinos turísticos de um modo geral, conforme mostra o Gráfico 1.1.

---

viii. TALC – *Tourism Area Life Cycle* [Tradução nossa].

Gráfico 1.1 – Modelo de Butler para a evolução hipotética de uma área turística

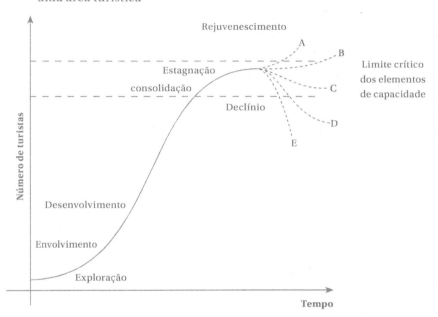

Fonte: Adaptado de Butler, 1980.

Como se pode ver no Gráfico 1.1, o modelo é uma evolução hipotética de uma área turística e apresenta as seis fases, que são descritas a seguir (Butler, 1980):

1. **Exploração**: Um pequeno número de visitantes é atraído pelas características naturais e culturais únicas e peculiares e pela beleza paisagística do lugar. O número é limitado, o acesso é precário e existem poucas instalações turísticas (alojamento, restaurantes etc.).

2. **Envolvimento**: Ocorre o início da participação dos moradores locais, que começam a perceber o aumento do fluxo de

turistas. Há, então, uma reconhecível "temporada turística", a partir da qual a população do lugar realiza investimentos visando fornecer algumas facilidades (hospedagem e alimentação) para os turistas. Então começa a se formar um mercado turístico definitivo.

3. **Desenvolvimento**: A chegada de turistas ao lugar começa a aumentar. A participação e o controle dos equipamentos pelos moradores locais diminuem rapidamente e as facilidades passam a ser criadas e controladas por pessoas e empresas de "fora", que estimulam o crescimento do número de turistas por meio do *marketing*. Há o surgimento de conflitos entre população local e turistas – conflitos que, com o tempo, tendem a aumentar.

4. **Consolidação**: O turismo torna-se parte importante da economia local. O número de turistas é alto e as instalações (hotéis, restaurantes etc.) de alto nível (do tipo cinco estrelas) passam a ser a referência do lugar. Algumas instalações mais antigas passam a ser vistas como de segunda categoria. O foco dos promotores privados consiste em procurar manter a competitividade do lugar em relação a outras destinações.

5. **Estagnação**: A demanda de turistas chega ao apogeu em termos quantitativos. O lugar se coloca entre os destinos mais procurados ou entre os lugares *top* do turismo. Nesse ponto, a atratividade começa a diminuir. Há um processo de desgaste (deterioração) do ponto de vista econômico, social e ambiental.

6. **Declínio/Rejuvenescimento**: Há uma queda na demanda dos turistas pelo lugar, os quais passam a ser atraídos por outros lugares. Os equipamentos e as instalações apresentam sinais de deterioração e abandono e o lugar passa, então, a perder

atratividade e a ficar "fora de moda". O declínio em longo prazo continuará, a menos que sejam tomadas medidas para rejuvenescer ou modernizar por meio do planejamento e da gestão do lugar turístico.

Tomando como base o modelo de Butler (1980), pode-se dizer que o padrão de desenvolvimento do turismo volta-se para uma busca contínua por novos lugares, em um processo sequencial de criação (produção) de novos espaços turísticos.

1.2 Um enfoque sistêmico do espaço turístico[ix]

Vimos que o turismo apropria-se do espaço geográfico e produz diferentes tipos de lugares turísticos – disso decorre a dificuldade de se compreender o que compõe o espaço turístico. De nossa parte, com base na definição de espaço proposta por Santos (2002), já citada no item anterior, propomos analisar o espaço turístico sob a ótica sistêmica, isto é, como um conjunto de elementos inter-relacionados que evoluem de forma dinâmica no tempo. Nessa perspectiva, espaço, tempo e movimento se apresentam como um único corpo (autodependente), capaz de explicar a complexidade proveniente das diversas ações e relações que determinam a criação (produção) do espaço turístico.

---

ix. A noção de *espaço turístico* está entre as muitas que permeiam os estudos da geografia. Existem na abordagem geográfica do turismo diversas contribuições teórico-metodológicas, tais como a dialética, o estruturalismo, o funcionalismo e a fenomenologia, entre outras. Uma síntese das contribuições da geografia para o enfoque do turismo pode ser vista em Castro (2006). De nossa parte, adotamos o enfoque sistêmico por considerar que ele permite analisar as inúmeras relações existentes entre turismo e espaço.

Levando-se em conta a perspectiva sistêmica, podemos identificar as três formas básicas por meio das quais o turismo se difunde no território, a saber: o espaço emissor (região de origem dos turistas), o espaço de deslocamento (região de trânsito) e o espaço receptor (região de recepção dos turistas). Parafraseando Rodrigues (1997), dizemos que no espaço receptor se produz – cria-se – o espaço turístico ou se reformula – modifica-se – o espaço anteriormente ocupado. É nesse espaço onde também se dá o consumo – a apropriação – do território pelo turismo.

Assim, tomamos como pressuposto a necessidade de compreender o espaço turístico não somente como o suporte físico para a realização das práticas turísticas, mas como um espaço-movimento, analisando seus usos no tempo, suas formas e seus graus de apropriação pelo turismo. Disso decorre a necessidade de refletirmos acerca do espaço turístico com base no enfoque sistêmico, considerando todos os elementos que estão em interação recíproca e que não podem ser vistos separadamente (Rodrigues, 1997).

1.2.1 Elementos do sistema turístico

Para Weaver e Lawton (2002, p. 22), "o sistema é um conjunto de elementos inter-relacionados e interdependentes cuja interação forma uma estrutura funcional única". Nesse sentido, o sistema turístico pode ser entendido como um conjunto de aspectos interligados e que sofrem influência recíproca. Leiper (1995), um dos primeiros autores a adotar uma abordagem sistêmica para a compreensão das relações que se estabelecem entre turismo e espaço, define como componentes do sistema turístico os turistas, a Região Geradora de Viagens (RGV), a Região de Rotas de Trânsito (RT), a Região de Destino de Turistas (RDT) e a "indústria turística" (ver Figura 1.6).

Os cinco elementos, segundo o autor, são organizados por meio de conexões espaciais e funcionais. Com as características de um sistema aberto, além de interagirem entre si, eles interagem também com um ambiente envolvente, ou seja, com um ambiente externo mais amplo (físico, cultural, social, econômico, político e tecnológico), conforme mostra a Figura 1.7.

Figura 1.6 – Elementos do sistema turístico

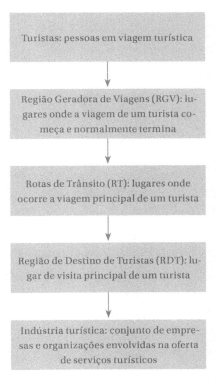

Fonte: Adaptado de Leiper, 1995.

Figura 1.7 – Sistema turístico básico

Fonte: Adaptado de Leiper, 1995.

Com base na abordagem de Leiper (1995), vemos que o sistema turístico se compõe de um conjunto de elementos que estão sempre interagindo, são inter-relacionados e interdependentes e juntos formam uma estrutura funcional e espacial única. Portanto, o enfoque sistêmico possibilita compreendermos a estrutura e o funcionamento do espaço turístico, facilitando a identificação dos elementos que o integram, assim como as relações e as interações estabelecidas entre eles.

Autores como Krippendorf (1989), Beni (1997), Vera Rebollo et al. (1997), Boullón (2002), Knafou e Stock (2003), apenas para citar alguns, também abordam as funções espaciais que devem ser conhecidas e analisadas a partir e por meio da interação funcional dos componentes de um sistema turístico. Beni (1997), por exemplo, propõe o sistema turístico – ou *Sistur*, como é conhecido – como abordagem na análise e compreensão do turismo sob o enfoque sistêmico. Na perspectiva do referido autor, o sistema turístico se situa na categoria de sistema aberto, influenciando e sendo influenciado pelos demais sistemas com os quais se relaciona. Em termos gerais, a análise de Beni (1997), além de considerar as partes, ou subsistemas, que existem no funcionamento do turismo em si mesmo, leva em conta as relações do ambiente externo. Por meio dessas relações, o autor procura mostrar a importância e a influência que outras instâncias, como economia, meio ambiente e sociedade, têm no desenvolvimento do turismo e vice-versa.

Por sua vez, Knafou e Stock (2003) sugerem apreender o turismo como um sistema estruturado com base em atividades, atores, lugares e instituições, estando no centro as práticas turísticas, as quais, conforme já mostramos, são formadas pelos deslocamentos de pessoas para fora do seu espaço de vida cotidiano e ocorrem em função de distintas motivações. Nessa perspectiva, ao abordarem os elementos do sistema turístico, os autores assinalam o que, para eles, constituem as bases das práticas turísticas:

» as empresas que oferecem diversos serviços (agências de viagens, restaurantes e hotéis, empresas de transportes e operadores turísticos);
» as normas e os valores (ideologias, comportamentos sociais etc.);
» as leis que incidem sobre as viagens (impostos, legislação etc.);
» os turistas (que se distinguem pela individualidade e pelas práticas sociais);
» os lugares turísticos com suas características particulares e, como já assinalamos no item anterior deste capítulo, que podem ser de diferentes tipos (sítio turístico, complexo turístico, estação turística e cidade turística);

» a oferta turística (produto turístico) cada vez mais segmentada em tipos de turismo (de sol e praia, cultural, religioso, de negócios, urbano, rural, ecoturismo, de aventura e outros).

Para Knafou e Stock (2003), o sistema turístico envolve ainda os seguintes elementos: as relações sociais não mercantis (pessoas emprestam ou trocam de casa no campo ou na praia, admiram uma paisagem etc.); as instituições sociais (família, amigos etc.); o imaginário dos lugares (construído por relatos de viajantes e turistas, filmes de cinema e programas de televisão); e as imagens de suas paisagens veiculadas pela mídia turística e pelos próprios turistas (revistas, fotos, vídeos, cartões postais, televisão etc.).

Em suma, com base nos autores até aqui referenciados (Leiper, 1995; Beni, 1997; Knafou, 1996; Stock, 2003), podemos afirmar que o turismo pode ser compreendido como um sistema estruturado em: oferta, demanda, infraestrutura geral e turística, atores (públicos, privados, população residente, organismos não governamentais), práticas, atividades, fluxos, territórios, instituições, imaginário turístico, representações sociais (individuais e coletivas), legislação etc. Para concluir este capítulo, apresentamos na Figura 1.8 um esquema como tentativa de representar a complexidade e a dinâmica que caracterizam as relações entre espaço e turismo.

Figura 1.8 – O turismo como um sistema complexo e dinâmico

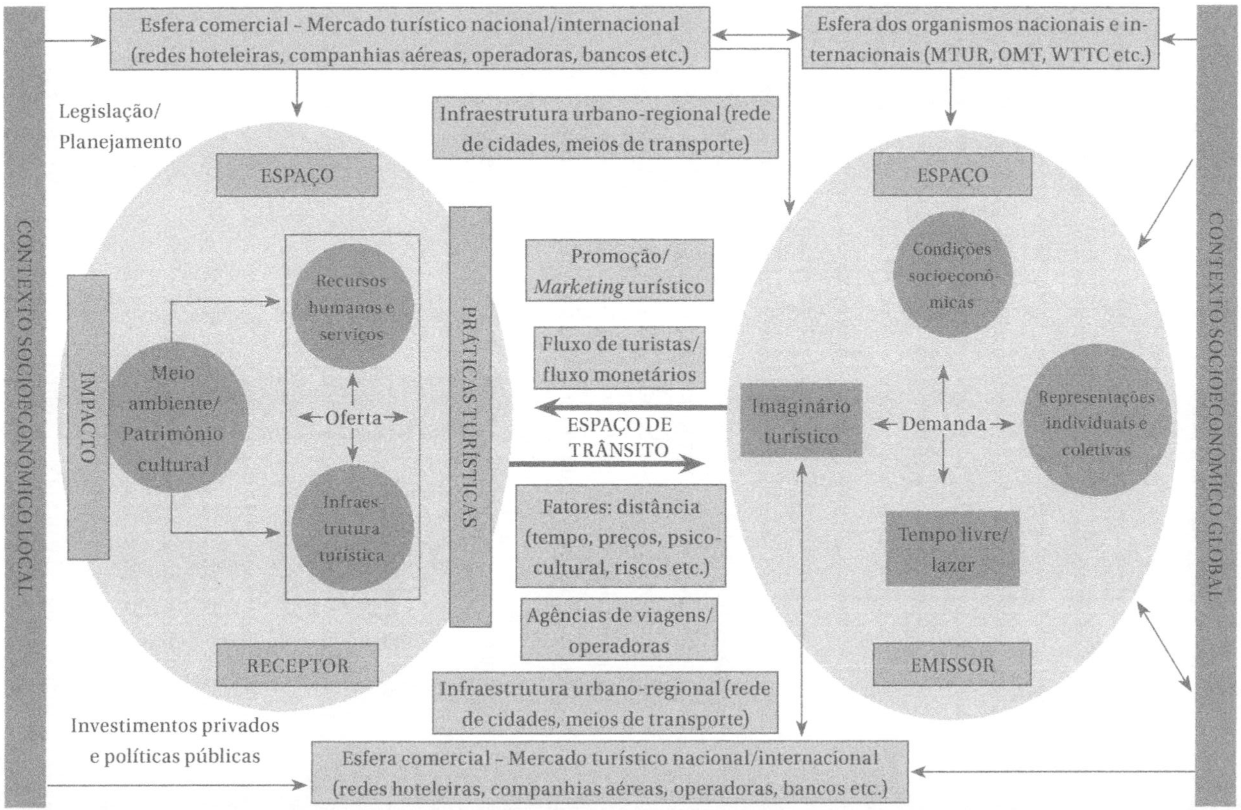

Como pode ser observado, os fluxos turísticos estão no centro do sistema turístico e se estruturam por meio dos deslocamentos (Rotas de Trânsito) de turistas que viajam do espaço emissor (Região Geradora de Viagens) para o espaço receptor (Região de Destino de Turistas). Por sua vez, os turistas constituem o principal componente da demanda turística. A existência da demanda ou procura turística depende de vários fatores, entre os quais podemos destacar: renda pessoal disponível e tempo livre para viajar; distância entre o espaço emissor e o espaço receptor (que determina o tipo de transporte a ser usado, o custo da viagem e o tempo de deslocamento); e nível de atratividade do espaço receptor, definido em função da acessibilidade (meios de transporte, infraestrutura urbano-regional) e dos recursos turísticos (naturais, culturais ou construídos) de que dispõe, da infraestrutura e dos serviços turísticos ofertados, dos impactos causados no meio ambiente do espaço receptor, bem como da imagem dos lugares veiculada por meio da promoção e do *marketing* turístico. Aliás, no capítulo seguinte, abordaremos justamente o tema da imagem dos lugares e sua valorização pelo turismo por meio das paisagens.

Estudo de caso

Um lugar turístico surgido do nada (criado *ex nihilo*): a região turística do litoral do Languedoc-Roussillon – França

Localizada no Sul da França, próxima da fronteira com a Espanha e fazendo divisa com o Mar Mediterrâneo, a Costa de Languedoc-Roussillon recebe muitos turistas nos balneários turísticos que ocupam um conjunto de praias que antes eram desertas. É um espaço com forte atração turística, pois é a segunda região de turismo de sol e praia da França, posicionando-se apenas depois da região da Côte d'Azur. Por que o Languedoc-Roussillion é um espaço turístico criado do nada? Pelas seguintes razões:

a. A ação do Poder Público, de planejadores e promotores territoriais

Na década de 1960, a zona costeira do Languedoc era pantanosa e infestada por mosquitos. Para desenvolver essa área da França e também atender à crescente demanda de turistas, o Estado realizou diversas obras de infraestrutura. Em particular, o governo francês apoiou a construção de estradas, o controle de mosquitos e o saneamento básico. Em 200 quilômetros ao longo da costa foram construídos 12 portos e 7 balneários: Port-Camargue, La Grande-Motte, Cap d'Agde, Gruissan-Plage, Port Leucate, Port-Barcarès e Canet-Saint-Cyprien.

b. Um território apropriado pelo turismo de massa

Todos os anos, entre julho e agosto (estação de verão nas regiões de clima temperado), os balneários da região do Languedoc-Roussillon recebem milhões de turistas (4 milhões em 2010, de acordo com o Institut National de la Statistic et des Études Économiques – INSEE-FR –, dos quais um terço vem de outros países, em especial do Norte da Europa).

c. O exemplo de Port-Camargue

Port-Camargue é um lugar inteiramente voltado para o turismo de sol e praia (também denominado *turismo balneário*) e está localizado perto de um antigo porto, Le Grau-du-Roi. O porto foi escavado no interior da baía e se estendeu para a costa. As praias foram construídas em locais aterrados no mar, assim como marinas (condomínios de apartamentos para período de férias) foram edificadas junto à água do mar. As residências estão assim ligadas às marinas e todos os turistas podem acessar a sua embarcação.

Edifícios altos e áreas de *camping* completam as instalações (alojamentos, áreas de lazer etc.) para os visitantes.

Os balneários foram todos construídos próximos das localidades urbanas antes existentes na região e estão acoplados às marinas, onde as casas têm rampas com ligação direta à água para facilitar a navegação e o acesso dos visitantes aos edifícios reservados para aluguel.

d. O impacto ambiental

Em algumas localidades, muitas construções têm invadido a costa e destruído a paisagem natural, a qual tem sido aos poucos substituída pela urbanização turística (multiplicação das construções de casas e edifícios) à beira-mar. Além disso, a superlotação durante a estação de verão, período de clima quente e seco, tem provocado conflitos de uso da água e aumentado o risco de incêndios florestais. Todavia, alguns espaços naturais que já existiam antes da implantação dos balneários foram preservados no plano de uso e ocupação do solo proposto para a região quando da construção dos balneários, como é o caso do Parque Regional de Camargue, criado em 1970.

e. O contexto atual

A Costa do Languedoc é um espaço turístico interessante porque foi totalmente criado (construído) por planejadores (o Estado francês), em parceria com promotores imobiliários, para acomodar o turismo de massa, e hoje enfrenta sérios desafios ambientais a virtude da superlotação na estação de verão e à urbanização.

Fonte: Elaborado com base em Lecolle, 2008.

Síntese

Neste capítulo, enfocamos as definições e os conceitos básicos relacionados aos fundamentos da geografia aplicados ao turismo, a saber: turismo, turista, viagem, viajante, visitante, práticas turísticas, território, espaço geográfico, espaço turístico, lugar turístico, território turístico, critérios de classificação dos lugares turísticos, tipologia dos lugares turísticos e abordagem do espaço turístico com base no enfoque sistêmico.

Questões para revisão

1. Nas alternativas a seguir, considere as que definem o turismo.
   I. O turismo implica o deslocamento espacial de pessoas.
   II. A viagem e a permanência no lugar de destino são dois dos elementos básicos do turismo.
   III. O deslocamento para o lugar de destino é de caráter temporário e não pode ultrapassar o período de um ano.
   IV. As atividades realizadas durante a viagem estão relacionadas ao lazer, aos negócios ou a qualquer outra finalidade, incluindo o exercício de trabalho temporário no lugar de destino.
   Estão corretas as afirmativas:
   a) I, II, III e IV.
   b) II, III e IV.
   c) I, II e III.
   d) I, III e IV.

2. O turismo pode ser entendido como um sistema que compreende:

I. turistas.
II. lugares e territórios.
III. redes turísticas e mercados.
IV. práticas e atividades.
V. leis, valores e instituições.

Estão corretas as afirmativas:
a) I, II, III e IV.
b) II, III e IV.
c) I, II e III.
d) I, II, III, IV e V.

3. As três fontes básicas que dão origem aos lugares turísticos são:
   a) turistas, governos e território.
   b) turistas, mercado turístico e população local.
   c) turistas, mercado turístico e promotores públicos e privados.
   d) Turismo receptivo, turismo emissor, turismo doméstico.

4. Quais são as principais características que diferenciam os diversos tipos de lugares turísticos?

5. Quais são os cinco elementos que caracterizam o sistema turístico?

Questões para reflexão

1. Identifique e analise os critérios básicos utilizados na definição de uma tipologia dos lugares turísticos.

2. Elabore uma lista dos tipos de lugares turísticos que têm sido criados em países emergentes como o Brasil, identificando qual é o papel dos diversos atores.

3. Explique o que busca demonstrar o modelo do Ciclo de Vida das Áreas de Turismo de Butler.

4. Pesquise e caracterize dez lugares que podem considerados como "meca" do turismo internacional.

Para saber mais

Para aprofundar o entendimento do conceito de *sistema turístico*, indicamos a leitura das seguintes obras:

BENI, M. Análise estrutural do turismo. São Paulo: Senac, 1997.

HALL, C. M. Planejamento turístico: processos, políticas e práticas. São Paulo: Contexto, 2001.

PEARCE, D. G. Geografia do turismo: fluxos e regiões no mercado de viagens. São Paulo: Aleph, 2003.

PETROCCHI, M. Gestão de polos turísticos. São Paulo: Futura, 2001.

2
Paisagens, imagens e turismo

Conteúdos do capítulo

» Significado do termo *paisagem*.
» Tipos de paisagens turísticas.
» Paisagem como recurso turístico.
» Paisagem como patrimônio turístico.
» Avaliação do papel da paisagem na construção dos lugares turísticos.
» Processo de construção da imagem turística dos lugares.

Após o estudo deste capítulo, você será capaz de:

1. identificar a variedade de concepções sobre a definição de *paisagem*;
2. compreender a importância da paisagem como recurso turístico;
3. reconhecer os principais tipos de paisagens turísticas;
4. avaliar o papel da paisagem na atratividade turística dos lugares;
5. entender como ocorre o processo de construção da imagem turística dos lugares;
6. comprovar a importância da imagem turística como elemento motivador dos fluxos turísticos.

2.1 Paisagem e turismo

Neste item do capítulo, abordamos a paisagem como recurso turístico, destacando seu papel na formação da imagem dos lugares criados *para* e *pelo* turismo. Nessa perspectiva, focamos, no primeiro subitem, a definição de *paisagem*, e no segundo, em que medida a paisagem de um lugar se constitui em recurso turístico, assim como sua valorização como patrimônio turístico.

2.1.1 O que é paisagem

Você pôde verificar no capítulo anterior que o turismo é um sistema estruturado no qual atuam vários atores (turistas, agentes de viagens e operadores turísticos, instituições públicas e privadas, populações locais, entre outros) que se apropriam dos territórios, criando e recriando os lugares turísticos. Essa apropriação está estreitamente associada à atratividade de suas paisagens.

De fato, por ser uma prática social marcada pela mobilidade, pela fuga do cotidiano e pela busca de novas experiências, o turismo trabalha muito com a atração exercida pelas paisagens dos diversos tipos de lugares – urbanos, rurais, litorâneos, religiosos, históricos, montanhosos, lacustres e outros. Nas palavras de Yázigi (2002, p. 23), "buscam-se lugares que se revelam pelas paisagens, daí a importância que elas têm de elo entre o estranho e o mundo a ser descoberto".

Estudos mostram que a paisagem constitui importante motivação da viagem turística (Boullón, 1985; Font, 1989; Pires, 2002), na medida em que indica ao turista a tão desejada mudança de lugar, o deslocamento físico (mas também imaginário) para outros lugares diferentes da zona residencial habitual. Nessa perspectiva, a paisagem pode ser considerada um "notável recurso turístico [...] tendo em vista que o turista busca na viagem a mudança de ambiente, o rompimento com o cotidiano, a realização pessoal, a concretização das fantasias, a aventura e o inusitado. Assim, quanto mais exótica for a paisagem, mais atrativa será para o turista" (Rodrigues, 1997, p. 72-84).

Mas o que é *paisagem*? Em sua concepção clássica, o termo aparece relacionado, sobretudo, com uma pintura, isto é, uma porção do espaço considerada de um ponto de vista artístico. Essa concepção, todavia, não é mais consenso entre os estudiosos do tema, principalmente depois que várias disciplinas, tais como História, Arquitetura e Biologia, entre outras, apropriaram-se dessa palavra, incorporando-a em seus estudos.

Assim, focalizado com base em distintas disciplinas, o termo *paisagem* parece multiplicar-se e mudar de sentido. Para alguns, define-se com base em sua percepção e representação, isto é, como uma imagem mental; para outros, com base em sua fisionomia físico-geográfica, ou seja, como um objeto material. Em resumo, podemos dizer que *paisagem*, dada a riqueza que o termo encerra, admite variados pontos de vista: artístico, simbólico, cultural, social, espacial, entre outros.

Considerando as diferentes perspectivas da geografia, podemos definir a paisagem como um complexo sistema de relações (abordagem sistêmica), articulado em pelo menos três componentes interdependentes:

1. **A paisagem espaço-suporte**: Porção do território abarcada pela visão, formada de objetos e apropriada por diferentes grupos sociais.
2. **A paisagem espaço-visível**: Uma vista panorâmica, uma vista de um lugar.

3. **A paisagem-representação ou espaço percebido:** Cada pessoa percebe a paisagem de acordo com a própria percepção.

Do ponto de vista físico, a paisagem é formada por todos os objetos do espaço (naturais, culturais, construídos ou artificiais) que podem ser observados de um dado local. A paisagem é, portanto, o aspecto visível do espaço. Mas não é o espaço: este contém elementos invisíveis, como as relações sociais, por exemplo. A paisagem é a materialização da sociedade no espaço (Santos, 1988).

Algumas definições de paisagem

Para saber mais

» "A paisagem mais simples e banal é, ao mesmo tempo, natural e social, subjetiva e objetiva, espacial e temporal, produção material e cultural, real e simbólica. A paisagem é um sistema que abrange o natural e o social. Ela é uma interpretação social da natureza" (Bertrand, 1978, p. 239).

» "A paisagem é a expressão observável pelos sentidos (visão, olfato, audição) na superfície terrestre, resultado da combinação entre a natureza, a tecnologia e a cultura humana. Está sempre em processo de transformação, e só pode ser compreendida em sua dinâmica, ou seja, a história que restitui sua quarta dimensão" (Pitte, 1983, p. 34).

» "A paisagem é tudo aquilo que vemos, o que nossa visão alcança é a paisagem. Ela pode ser definida como o domínio do visível, aquilo que a vista abarca. Não é formada apenas de volumes, mas também de cores, movimentos, odores, sons etc." (Santos, 1988, p. 49).

» "A paisagem é uma marca, porque exprime uma civilização; mas também é uma matriz, porque participa de sistemas de percepção, concepção e ação – isto é, da cultura – que canalizam em certo sentido a relação de uma sociedade com o espaço e com a natureza" (Berque, 1998, p. 19).

» "Paisagem e espaço não são sinônimos. A paisagem é o conjunto de formas que, num dado momento, exprimem as heranças que representam as sucessivas relações localizadas entre homem e natureza. O espaço são essas formas mais a vida que as anima [...] a paisagem é já o espaço humano em seu aspecto visual" (Santos, 2002, p. 103).

Em outras palavras, a paisagem pode ser considerada o lugar privilegiado de integrações, de sínteses de várias "camadas" de informação geográfica: os legados históricos (paisagem "palimpsesto"), o espaço planejado, as várias formas de intervenção humana (cidades, zonas rurais e industriais), as feições de natureza geomorfológica (relevo) e pedológica (solos), os efeitos climáticos etc.

Nessa perspectiva, considerando o grau de importância da intervenção humana, temos basicamente dois grandes tipos de paisagens: naturais e culturais. As paisagens naturais só variam a um ritmo secular ou geológico; as culturais, por sua vez, transformam-se com relativa rapidez, às vezes de geração em geração, como é o caso das paisagens urbanas. Assim, podemos identificar vários tipos de paisagem, abrangendo desde as rurais tradicionais até aquelas de intenso uso agrícola, as naturais, as urbanas, as industriais, as escassamente povoadas, entre outras – e todas são potencialmente turísticas. Na Figura 2.1 a seguir, é possível visualizar de forma esquemática as múltiplas significações que contém a paisagem.

Figura 2.1 – Significações de paisagem

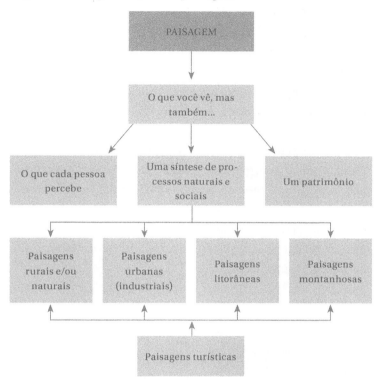

Desse modo, podemos conceber a paisagem com base em sua dimensão visual, a qual, de acordo com Font (1989), varia de acordo com a percepção de quem a observa, assim como podemos percebê-la baseados em sua dimensão social, que reflete a realidade de um lugar em determinado período. A paisagem pode ser também vista como um objeto fixo em constante transformação, como reflexo do espaço; ou seja, quando o espaço se modifica, simultaneamente a paisagem também muda.

Disso resulta que "novas paisagens" estão sempre sendo reveladas, apresentando outras dimensões de valor e significado.

Assim, para além da paisagem como simples "quadro de vida" da sociedade, surge aquela com valor de patrimônio, com valor de identidade cultural, com valor turístico.

No que diz respeito ao turismo, você poderá ver no tópico seguinte deste capítulo que a paisagem assume diferentes valores de uso, constituindo-se em importante recurso turístico. Quando falamos em *uso turístico*, referimo-nos aqui a todos os objetos e elementos que compõem a paisagem, ou seja, tanto os objetos construídos pela sociedade (cidades, vilarejos, zonas rurais, infraestruturas de transporte e comunicação – estradas, aeroportos, portos etc.) quanto os elementos produzidos pela natureza (relevo, clima, vegetação, hidrografia, oceanos etc.). São esses objetos e elementos que definem as paisagens encontradas em qualquer lugar ou região, as quais classificamos segundo os tipos apontados na Figura 2.2 a seguir.

Figura 2.2 – Tipos de paisagens

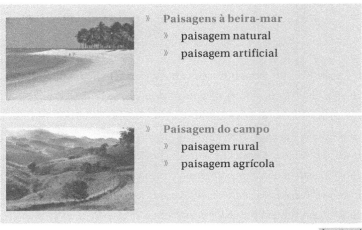

» **Paisagens à beira-mar**
  » paisagem natural
  » paisagem artificial

» **Paisagem do campo**
  » paisagem rural
  » paisagem agrícola

(continua)

(Figura 2.2 – conclusão)

» Paisagem de cidades
  » paisagem urbana
  » paisagem industrial

» Paisagem de zonas naturais
  » paisagem florestal
  » paisagem desértica
  » paisagem polar

» Paisagem de zonas de montanhas e serras
  » paisagem montanhosas
  » paisagem serrana

Crédito: Fotolia

2.1.2 A paisagem como recurso turístico

O primeiro contato do turista com o lugar visitado acontece por meio da visão da paisagem, daí ela constituir um elemento muito importante na atratividade do local. Na realidade, a paisagem pode ser considerada um dos "motores fundamentais do turismo" (Meneses, 2002, p. 53), ou seja, um recurso básico de muitos lugares de destino, tendo em vista que atrai o visitante tanto por seus atributos subjetivos (encantamento, exotismo etc.) quanto objetivos (beleza cênica, excepcionalidade etc.).

Estudos demonstram que a paisagem constitui um dos elementos fundamentais na escolha de um lugar de destino. Para Pires (2002, p. 12), "se a razão de ser do turismo [...] é o deslocamento ou movimento voluntário de pessoas de um lugar para o outro no espaço, então o turismo pode ser concebido como uma experiência geográfica na qual a paisagem se constitui como elemento essencial".

A paisagem faz parte do conjunto de fatores geográficos que determinam a "turistificação" de um lugar, funcionando como um dos aspectos que compõem os atrativos dos territórios apropriados para e pelo turismo, ao mesmo tempo em que é criada e recriada por este (Knafou, 1996). Com efeito, muitos lugares são escolhidos em função de suas paisagens, que passam assim a se constituir em recursos turísticos com base em seu valor de uso para o turismo, isto é, da sua transformação em "produto turístico".

Segundo a Organização Mundial de Turismo (OMT, 2001, p. 138), **recursos turísticos** são "todos os bens e serviços que, por intermédio da atividade humana e dos meios a sua disposição, tornam possível a atividade turística e satisfazem as necessidades da demanda". Com base nessa definição, podemos dizer que uma paisagem inacessível (não valorizada pelo turismo) não é um recurso turístico propriamente dito, pois, para sê-lo, precisa ser valorizada do ponto de vista da economia do turismo.

Em geral, a "turistificação" de um lugar depende da existência de fatores particulares que exercem algum tipo de atração sobre o turista. Desse ponto de vista, a paisagem pode vir a ser um dos principais motivos da viagem, ou seja, o turista pode ter o desejo de visitar um lugar motivado pelos atrativos paisagísticos – naturais ou culturais (Cooper et al., 2001).

Obviamente, só a existência de atrativos paisagísticos não é o suficiente para tornar o lugar um destino turístico. Em outras palavras, a oferta de recursos naturais, culturais ou artificiais é insuficiente para garantir a atração de fluxos turísticos e a permanência dos turistas em determinado lugar. Muito pelo contrário, é necessária, de um lado, a oferta de infraestrutura que permita o deslocamento (transportes, comunicação, organização da viagem etc.) e, de outro, a disponibilização de um conjunto de equipamentos e serviços (hospedagem, alimentação, diversão etc.) que assegurem a estadia dos turistas nos lugares de destino. Sem infraestrutura, equipamentos e serviços, a função turística do lugar se limita a um ponto de visitação, isto é, o atrativo se constitui apenas em um lugar de visita e/ou de trânsito, e não de estadia de turistas – caracterizando-se mais como um sítio turístico, o qual já definimos no capítulo anterior quando nos referimos aos diferentes tipos de lugares turísticos (Knafou, 1996).

Cabe ressaltar que a transformação da paisagem – atração principal de um lugar – em recurso turístico depende do seu grau de atratividade, o que lhe confere valor de uso. A partir do momento em que uma paisagem é avaliada como recurso turístico, ela passa a ter diferentes valores de uso, o que vai depender da sua percepção/valorização por parte do turista e dos demais atores inseridos no sistema turístico. A seguir, destacamos as principais formas de percepção/valorização turística da paisagem:

» A paisagem pode ser percebida e valorizada como espaço-suporte das práticas turísticas quando os turistas se apropriam dos lugares de notável beleza cênica, como espaços naturais (parques e áreas naturais em geral, protegidas ou não), lugares míticos e/ou históricos (rotas e caminhos religiosos, sítios arqueológicos e outros).

» A paisagem pode ser percebida e valorizada como espaço visível – a vista de um lugar, um ambiente para descanso e relaxamento ou de encantamento para o turista. Uma paisagem notável (na praia, na cidade ou no campo) provoca aumento no valor de uso de um lugar (estético e econômico) – por exemplo, quando o quarto do hotel está voltado para uma bela vista.

» A paisagem pode ser percebida e valorizada como espaço de representação quando apresenta um caráter exclusivamente simbólico e pode representar um elemento cultural ou outro aspecto que identifica o lugar; dito de outra forma, a paisagem pode ser vista como uma marca do lugar. Nesse caso, ela é uma porção do espaço turístico consumida como um "produto" e, ao mesmo tempo, percebida como um objeto que revela a identidade cultural do lugar, como produtos industriais (cristais, cosméticos, automóveis etc.), gastronomia típica e produtos agrícolas com valor altamente simbólico (vinho, queijo etc.).

Outra forma de considerar a paisagem como recurso turístico diz respeito ao desfrute do panorama por parte do turista quando este está em deslocamento, isto é, durante a viagem propriamente dita. Nesse caso, a paisagem se constitui em um dos muitos recursos utilizados pelas atividades turísticas e pode atingir o estatuto de atração, isto é, de produto turístico. Com base em uma consulta no material veiculado na promoção turística, procedemos a um ensaio de classificação das paisagens encontradas em muitos lugares e que possuem forte apelo de "comercialização" no turismo, conforme apresentamos na Figura 2.3.

Figura 2.3 – Classificação das paisagens com apelo turístico

Paisagem-cenário: É aquela que se mostra de forma admirável à contemplação e aos olhares muitas vezes apressados dos turistas (por exemplo, a Praça do Três Poderes na cidade de Brasília, no Brasil).

Paisagem-sítio: É a representação do lugar excepcional, extraordinário, devidamente citado nos guias turísticos e que por sua singularidade não é só vista, mas também fotografada (por exemplo, o Pão de Açúcar, na cidade do Rio de Janeiro, no Brasil).

Paisagem-motivo: É aquela que corresponde a um espaço geográfico mais ou menos amplo (aberto) e que quase sempre é submetida ao simulacro ou à imitação (por exemplo, a Floresta Amazônica, no Brasil).

Paisagem-peregrinação: É aquela que desperta lembranças de um personagem ligado à religião (por exemplo, o Caminho de Santiago de Compostela, na Espanha).

(continua)

(Figura 2.3 – conclusão)

Paisagem-desafio: É aquela muito mais conquistada do que contemplada. É experimentada por todos os sentidos do corpo por meio de um esforço aleatório, como no caso das práticas turísticas marcadas mais pela circulação do que pela contemplação – turismo de aventura, ecoturismo (por exemplo, as trilhas de Machu Picchu, no Peru).

Crédito: Fotolia

Todas essas paisagens são vistas como fundamentalmente descontínuas (sítios localizados ao longo de uma rota turística), apreciadas (quantidade de estrelas nos guias turísticos), esplêndidas (para ver, fotografar, contemplar). Capturadas pela publicidade turística, tornaram-se atemporais.

Na Europa, por exemplo, diversos lugares têm hoje as paisagens remodeladas, isto é, redesenhadas com base no denominado *paisagismo*, campo de intervenção da arquitetura que consiste na arte, planejamento, gestão, preservação e recuperação da paisagem (Althoff, 2008). Em suma, a expansão do turismo nos conduziu a olhar a paisagem como um recurso essencial – uma matéria-prima. E o que constitui um recurso turístico não é apenas a paisagem em sua aparência real, mas, sobretudo, sua imagem e representação.

Como poderá ser visto ainda neste capítulo, a imagem da paisagem é um dos fundamentos da criação dos lugares para e pelo turismo, assim como é ela que determina, em grande parte dos casos, a transformação da paisagem em valor de uso turístico. Em outras palavras, a paisagem como algo concreto refere-se à essência do recurso turístico, mas é, sobretudo, a imagem dela que lhe confere um novo acréscimo de valorização por parte do turismo.

No presente, há poucos lugares na Terra que escapam ao "olhar do turista" (Urry, 2001) ou à apropriação por parte do turismo, um fenômeno com implicações econômicas, sociais e ambientais consideráveis e com crescente influência sobre os costumes e modos de vida das sociedades dos lugares "turistificados". Nesse contexto, mesmo os lugares mais difíceis de acessar (altas montanhas, as calotas polares, densas florestas tropicais, ilhas isoladas com suas populações nativas, desertos, regiões marinhas e águas profundas dos mares e oceanos) são cada vez mais procurados e visitados pelos turistas, ávidos por descobrir novas paisagens e novos lugares. As exceções ficam por conta daqueles locais nos quais foram impostos limites ao crescente "*tour*" humano, mediante a criação de uma legislação em favor da ecologia, assim como da colocação de restrições ao uso turístico (parques naturais, reservas ecológicas, espaços protegidos etc.).

2.1.3 A paisagem como patrimônio turístico

No atual contexto de globalização do turismo, tem aumentado cada vez mais o número de lugares que valorizam recursos naturais e culturais para fins de aproveitamento turístico. No que se refere à paisagem, em razão de seu valor cultural (estético, simbólico, ambiental etc.), ela é considerada, além de um recurso, um patrimônio das sociedades. Em âmbito mundial, como explicaremos mais adiante, a definição de patrimônio paisagístico faz referência à Organização das Nações Unidas para a Educação, a Ciência e a Cultura (Unesco), organismo que promove o reconhecimento de lugares e bens culturais que possuem valor universal excepcional e, portanto, devem fazer parte do patrimônio comum da humanidade, como Ouro Preto (Minas Gerais), Parque Güell (Barcelona), entre outros.

Em termos gerais, o valor patrimonial atribuído a uma paisagem tem sido conferido com base em duas condições básicas: o valor simbólico da terra (solo) para determinada comunidade, geralmente ligado a uma característica marcante do espaço geográfico, ou melhor, a uma marca do território; e o valor histórico que a população de um lugar atribui a uma paisagem, ou seja, por seu apelo ao "passado", seu significado no que se refere à identidade cultural; em outras palavras, a paisagem como referência à história única que inventou o lugar (Lazzarotti, 2003).

Nessa perspectiva, muito mais do que um recurso, a paisagem demonstra o significado de bem comum das sociedades – um patrimônio disponível para os diversos usos, incluindo o turístico. Portanto, podemos considerá-la um verdadeiro patrimônio turístico que, segundo a OMT (2001, p. 140), é definido como "o conjunto potencial (conhecido ou desconhecido) dos bens materiais ou imateriais que estão à disposição do homem e que podem utilizar-se, mediante um processo de transformação, para satisfazer necessidades turísticas".

Com base nessa definição, podemos afirmar que os recursos turísticos que têm como base a paisagem são formados tanto pelo patrimônio natural quanto pelo patrimônio cultural. A paisagem por si mesma já constitui um patrimônio turístico e pode se transformar em recurso turístico efetivo quando há uma intervenção da sociedade, qualquer que seja sua natureza e dimensão, e desde que tenha capacidade de satisfazer às necessidades vinculadas às práticas turísticas. Daí que muitos lugares restauram, reordenam ou revitalizam suas paisagens, transformando-as em recursos turísticos.

Quanto ao conceito de *patrimônio*, ele é bastante amplo e de difícil apreensão. Todavia, a maioria dos estudiosos do tema concorda que a palavra se refere ao legado formado pelo conjunto de bens materiais e imateriais de um grupo ou sociedade, herdado de gerações passadas, mantido no presente e agraciado em benefício das gerações futuras (Unesco, 2013).

De acordo com a Unesco, esses bens podem ser agrupados em patrimônio cultural e natural e/ou patrimônio tangível e intangível. Conforme a declaração, o patrimônio tangível inclui todos os bens que apresentam materialização/corporização física e que contêm algum valor cultural, tais como cidades históricas, edifícios, lugares arqueológicos, paisagens e monumentos naturais e culturais, assim como os aspectos referentes aos bens móveis de uma sociedade.

O patrimônio intangível, por sua vez, abarca todas as formas de cultura popular e de folclore, incluindo os bens ligados ao modo de vida de uma sociedade. Em outras palavras, são todos os bens coletivos originados numa determinada sociedade e que estão baseados na tradição e na cultura. Esse valor cultural foi o que permitiu estabelecer um novo significado para a paisagem, que agora se descobre como ameaçada pela ação humana, o que torna urgente a busca por ferramentas e/ou mecanismos de preservação, em contraposição ao progresso da própria civilização atual (Gravari-Barbas, 2005).

Atribuir valor patrimonial a uma paisagem implica a necessidade de garantir a transmissão dele às futuras gerações. Essa necessidade é tanto maior quanto mais ameaçada de desaparecimento estiver a paisagem, principalmente diante do risco de sua descaracterização ou transformação irreversível. Nesse caso, ela pode passar à categoria de bem raro, logo, altamente valorizada pela sociedade (Gravari-Barbas, 2005). Merecem aqui ser citados como exemplo os bens listados pela Unesco na Convenção do Patrimônio Mundial, Cultural e Natural, realizada em Paris (1972), cujo objetivo é proteger os patrimônios cultural e natural dotados de valor universal excepcional.

Segundo o art. 1º da Convenção da Unesco (Unesco, 2013), subscrita por mais de 150 países, são considerados *patrimônio cultural*:

» Monumentos: Obras arquitetônicas, esculturas, pinturas, vestígios arqueológicos, inscrições e grutas com valor universal excepcional do ponto de vista da história, da arte ou da ciência.

» Conjuntos: Construções isoladas ou reunidas que, em virtude da sua arquitetura, unidade ou integração na paisagem, têm valor universal excepcional do ponto de vista da história, da arte ou da ciência.

» Sítios: Obras humanas ou obras conjugadas do homem e da natureza e as zonas, incluindo os locais de interesse arqueológico, com valor universal excepcional do ponto de vista histórico, estético, etnológico ou antropológico.

São identificados como *patrimônio natural* (art. 2º da Convenção da Unesco):

» Os monumentos naturais constituídos por formações físicas e biológicas ou por grupos de tais formações com valor universal excepcional do ponto de vista estético ou científico.

» As formações geológicas e geográficas, assim como as zonas estritamente delimitadas que constituem hábitat de espécies animais e vegetais ameaçadas, com valor universal excepcional do ponto de vista da ciência ou da conservação.

» Os locais naturais de interesse ou as zonas naturais estritamente delimitadas, com valor universal excepcional do ponto de vista da ciência, da conservação ou da beleza natural.

São considerados *patrimônio misto* (cultural e natural) os bens que respondem a uma parte ou à totalidade das definições de patrimônio cultural e natural que constam dos arts. 1º e 2º da referida Convenção (Unesco, 2013). No caso da paisagem, ela constitui um bem cultural e integra a categoria apontada na Convenção para a Proteção do Patrimônio Mundial, Cultural e Natural da Humanidade. Em síntese, as paisagens são bens culturais e representam as "obras conjugadas do homem e da natureza" a que se refere o art. 1º da Convenção (Unesco, 2013).

Para saber mais

No Brasil, apesar da existência de uma legislação ambiental bastante avançada em comparação com outros países, assim como de diversos instrumentos vigentes para a proteção de bens naturais e culturais, a proteção efetiva da paisagem é ainda um desafio. Recentemente, foi aprovada pelo Instituto do Patrimônio Histórico e Artístico Nacional (Iphan) a Portaria n. 127, de 30 de abril de 2009 (Iphan, 2009), que cria a chancela das paisagens culturais brasileiras.

Conforme dispõe o art. 216 da Constituição Federal (CF) de 1988, "Constituem *patrimônio cultural brasileiro* os bens de natureza material e imaterial, tomados individualmente ou em conjunto, portadores de referência à identidade, à ação e à memória dos diferentes grupos formadores da sociedade brasileira" (Brasil, 1988). Ainda de acordo com a Lei Maior (Brasil, 1988), podem ser considerados *patrimônio cultural* "formas de expressão; modos de criar, fazer e viver; criações científicas, artísticas e tecnológicas; obras, objetos, documentos, edificações e demais espaços destinados às manifestações artístico-culturais; conjuntos urbanos e sítios de valor histórico, paisagístico, artístico, arqueológico, paleontológico, ecológico e científico".

Para proteger esses bens, o Poder Público efetua registros, inventários, vigilância, tombamento e desapropriação deles.

A Constituição atribui competência comum da União, estados, Distrito Federal e municípios proteger os bens de valor histórico, artístico e cultural, monumentos, paisagens notáveis e sítios arqueológicos.

Fonte: Iphan, 2014.

2.2 Paisagem e imagem dos lugares

Neste item, focamos primeiramente a transformação das paisagens dos lugares em imagem turística, destacando os elementos que induzem à formação dessa imagem, assim como os fatores que a determinam. Em seguida, abordamos o papel que a imagem turística exerce na valorização dos lugares turísticos.

2.2.1 A formação da imagem turística

Como já apontamos anteriormente, a paisagem pode ser definida como a imagem surgida da elaboração mental de um conjunto de percepções fundamentalmente visuais que caracteriza determinado espaço ou lugar. Disso resulta que a valorização dos lugares pelo turismo está muito relacionada às imagens e representações de suas paisagens e não se refere somente àquelas planejadas e/ou criadas para e pelo turismo, mas praticamente a todos os tipos: paisagens litorâneas, urbanas, rurais, naturais e dos novos destinos turísticos em regiões do mundo inteiro. Em suma, todas as paisagens são cada vez mais vistas como turísticas.

Nesse contexto, a principal função de muitas paisagens vem sendo gradualmente proporcionar repouso, lazer e entretenimento para um crescente número de ávidos consumidores (Urry, 2001). Aqui precisamos chamar atenção para o fato de a paisagem ser, cada vez mais, transformada em um simples objeto (produto) de consumo turístico, o que tem levado, em muitos casos, à sua descaracterização e perda de qualidade ambiental, principalmente por conta da banalização e da massificação do uso pelo turismo. A principal crítica a essa banalização da paisagem se refere ao fato de o turista, sensível às imagens veiculadas pela publicidade turística, criar muitas expectativas em torno da beleza estética da paisagem e a experiência que oferece e limitar a viagem simplesmente ao consumo visual dos lugares, ou seja, apenas para aquilo que pode ser contemplado pelo "olhar turístico" (Urry, 2001).

Para Urry (2001), na maioria dos discursos relacionados com o ato de viajar há ênfase na importância central dessa prática de ver e recolher paisagens. Nesse sentido, ressalta o referido autor, a motivação básica para viajar se resume em olhar para as paisagens, os lugares ou as pessoas diferentes que estão fora da normalidade e da rotina do dia a dia do turista. Em outras palavras, não há interação do turista com os lugares visitados e estes também acabam por se resumir a uma simples coleção de imagens de paisagens, utilizadas em cartões-postais por exemplo, sobretudo para atrair mais pessoas.

Em relação ao processo de formação da imagem turística de um lugar, cabe ressaltar que se trata de um esforço um tanto quanto complexo. Nas palavras de Lozato-Giotart (2008, p. 49), "a força da imagem que caracteriza os lugares turísticos obedece a uma espécie de território mental onde a realidade e os mitos vão servir de suporte à descoberta (ou redescoberta) e à viagem turística em si mesma".

Na realidade, a formação da imagem depende de um conjunto de fatores e impressões baseadas no processamento de informações vindas de diversas fontes (Urry, 2001) – tanto aquelas ligadas à viagem (experiência do próprio turista, publicidade turística, relatos de outros turistas etc.) quanto aquelas não turísticas (como a televisão, o cinema, a literatura e, cada vez mais, a internet). Tudo isso resulta na construção de um *corpus* mental internamente aceito pelo turista (Garrod, 2008).

Portanto, podemos definir a imagem turística como a percepção que se tem de determinado lugar de destino, e não apenas a representação visual dele. Nesse sentido, a imagem turística implica a concepção mental apreendida e estabelecida pelo turista real e/ou potencial e resume seu conhecimento, suas avaliações e preferências sobre um lugar de destino (Echtner; Ritchie, 2003). Em razão de seu caráter subjetivo, a imagem de um lugar sempre vai ser parcial (não representa o todo, mas fragmentos), simplificada (porque reúne informações selecionadas pelo turista) e determinada pelo meio cultural e social do turista (Lanci da Silva, 2004).

Outro ponto a ser ressaltado diz respeito ao fato de a imagem não ser só a forma como o lugar turístico é representado em termos pictóricos, ou seja, apenas visualmente, já que a imagem turística é também determinada pela experiência do visitante no lugar visitado, devendo evocar um sentimento prazeroso e excitante. A experiência advinda da prática turística impõe uma perspectiva que vai além daquilo que se vê, uma interpretação da paisagem como um fenômeno simultaneamente visual e perceptivo, na medida em que o lugar turístico é percebido não só por meio da visão, mas também dos outros sentidos da percepção. Em síntese, podemos dizer que a prática turística é muito influenciada pela imagem do lugar, a qual corresponde tanto à apropriação visual quanto à percepção do local por parte do turista (Garrod, 2008).

Por isso, nos estudos sobre imagens turísticas dos lugares, tem sido dada particular ênfase às representações visuais dos destinos – aspecto visual, estético e pictórico – e à centralidade que essas representações desempenham nas percepções que as pessoas têm deles (Jenkins, 2003). Aqui podemos destacar a função da fotografia e das representações gráficas afins (cartões-postais, guias turísticos e/ou revistas) como instrumentos poderosos na fabricação de imagens turísticas. Por intermédio da fotografia e do olhar, o turista procura criar uma narrativa própria sobre o lugar visitado. Fotografar ou filmar uma paisagem constitui, para o observador, a estruturação do seu testemunho sobre a realidade observada. Significa, também, um meio de recordar a experiência da viagem (Urry, 2001).

As imagens turísticas têm sido também analisadas para além do lado estético, pictórico, e consideradas como narrativas (visuais) que devem ser contextualizadas dentro de discursos ideológicos, políticos, culturais e sociais mais amplos. Essas percepções, compartilhadas por vários autores, partem da perspectiva que considera as imagens dos lugares de destino como "textos" que representam o mundo e que têm subjacentes determinados significados e valores culturais. Assim, as imagens turísticas, na condição de textos e reservatórios culturais que se inserem na ideologia dominante de uma sociedade, refletem e moldam discursos particulares sobre os lugares e suas identidades (Amirou, 1995).

Um exemplo ilustrativo são as imagens veiculadas pela publicidade turística quando esta utiliza a expressão *paraísos perdidos* para designar certos lugares turísticos. Nesse ponto, a imagem turística tem sido muito criticada, entre outros motivos, por reforçar a formação de estereotipias dos lugares e das pessoas que ali vivem. O estereótipo é uma imagem simplificada, geralmente relacionada a um ícone ou símbolo que marca determinados lugares (Cazes, 1992).

Quando a imagem de um lugar é muito divulgada, passa a ser considerada um estereótipo. No caso do turismo, podemos até mesmo dizer que não se pode dissociar a imagem do estereótipo – os dois se complementam. Desse modo, a imagem turística nos remete a um intrincado jogo de hegemonia e de poder representacional. Ora, as mensagens promocionais sobre os lugares não são neutras nos conteúdos que comunicam e, ao divulgarem imagens idealizadas, circunscrevem os limites da experiência e direcionam o olhar turístico (Urry, 2001; Jenkins, 2003).

As imagens turísticas remetem a valores socialmente partilhados e traduzem as crenças e os desejos do universo cultural no qual são produzidas, sendo concebidas de forma consistente com a perspectiva sociocultural do turista. Essas representações, por sua vez, espelham os contextos de produção e consumo, muito mais do que refletem a realidade dos destinos retratados (Conceição, 1998). Assim, longe da autenticidade potencialmente procurada pelo turista, as imagens tendem a ser carregadas de clichês, reduzindo a viagem a simples idealizações do lugar visitado.

MacCannell (1989), ao se referir ao primeiro contato que o turista tem com o lugar (*sight*), afirma que esse contato não é com o lugar em si, mas com uma representação dele. O autor defende a tese de que as atrações turísticas, entendidas como produções socioculturais, definem-se por uma relação *tourist-sightmarker*, sendo *marker* uma informação sobre o *sight* (ponto turístico) e a componente legitimadora dessa atração. O autor afirma que, "se um local não é mencionado em nenhum guia, não está marcado, não é uma atração do ponto de vista do turismo institucionalizado, é provável que não seja muito visitado por turistas" (MacCannell, 1989, p. 61).

Nesse sentido, a legitimidade das atrações turísticas pressupõe um consenso que passa por um processo de "sacralização do lugar" e por uma "atitude ritual" correspondida por parte dos turistas. Portanto, o turismo tem a própria estrutura moral, pois há um sentido coletivo de que certos lugares ou paisagens devem ser vistos (Conceição, 1998).

Por sua vez, o *marketing* turístico desempenha um papel fundamental e determinante no processo de decisão da viagem, principalmente ao veicular imagens dos lugares de destino e ao influenciar as expectativas dos turistas. Paralelamente, as imagens turísticas são concebidas de forma a refletir as expectativas, necessidades e preferências dos consumidores. A promoção turística dos lugares apresenta paisagens idílicas, que alimentam o desejo dos turistas de escapar do cotidiano (Conceição, 1998; Urry, 2001).

A complexidade da realidade dos lugares de destino é, então, sujeita a uma profunda simplificação. Parafraseando Brunel (2009), podemos dizer que a "turistificação" dos lugares é um processo eminentemente democrático e antielitista, pois permite o aumento quantitativo de acessos àquilo que é considerado belo e excepcional. Isso implica, na maior parte dos casos, uma redução daquilo que os lugares têm de singular – uma vez que se tornam simples imagens. Para a autora, significa colocar à disposição de todos um tipo de pseudoautenticidade dos lugares turísticos, resumindo-os a símbolos, que passam a ser facilmente comercializáveis na forma de produtos turísticos (Brunel, 2009).

Assim sendo, ainda que a imagem turística seja construída com base em uma referência real, são operadas estratégias de *marketing* que passam a privilegiar certos aspectos do destino em detrimento de outros, de forma a propiciar uma imagem de excepcionalidade dele. Em muitos casos, as imagens turísticas mascaram o mais desagradável, ao omitirem elementos como pobreza, poluição ou outras características negativas do lugar. Dessa forma, constroem seletivamente a realidade, convertendo-a num produto de maior apelo e que seja desejado pelo turista. O discurso turístico pauta-se, portanto, na seleção e na descontextualização dos lugares, apoiando-se na exaltação de certos traços do lugar de destino (Conceição, 1998; Urry, 2001).

2.2.2 Imagem turística e valorização dos lugares

Atualmente, com a competição entre os lugares que caracteriza o turismo globalizado, não há uma valorização dos destinos em si, mas sim das paisagens por meio do olhar turístico. Um aspecto que devemos considerar é que o olhar turístico não constitui uma atividade meramente individual – ele é socialmente organizado, na medida em que há profissionais que ajudam a construí-lo e a desenvolvê-lo, sobretudo por meio da publicidade, das mídias ou da literatura de viagens.

Nesse contexto, a atração turística de um lugar envolve intrincados processos de produção de imagens em que os olhares turísticos são gerados e sustentados pela publicidade turística, a qual, muitas vezes, vende os lugares por meio de imagens fantasiosas e irreais. A viagem torna-se, assim, uma simulação em que o turista desempenha o papel de explorador de lugares e paisagens e o destino constitui o suporte de uma experiência sensorial (Urry, 2001).

Evidentemente, não existe um único olhar turístico; ao contrário, este varia de acordo com a sociedade, o grupo social e o período histórico, que condicionam a escolha sobre o que ver e visitar. Assim, a diferentes olhares corresponde uma variedade de experiências turísticas e, naturalmente, uma multiplicidade de discursos com base nos quais o objetivo do turista pode mudar (Urry, 2001).

Nessa perspectiva, um dos temas recorrentes na literatura se refere à mercantilização e à exotização dos lugares, dos quais os países em desenvolvimento são alvos particularmente fáceis e as populações e culturas deles muitas vezes vistas como estáticas e cristalizadas no tempo. Esses países, como lugares de destino, são vulgarmente descritos pela chamada *indústria turística* como paraísos inexplorados, exóticos, autênticos, primitivos, coloridos.

O uso seletivo de imagens para vender esses temas e criar um lugar imaginário, irreal ou "mítico" caracteriza o discurso da publicidade turística, na qual essas e outras distorções são encontradas em abundância. A tensão entre a forma como os lugares de destino são apresentados aos turistas e a sua real complexidade nos convida à reflexão sobre os mecanismos subjacentes que produzem e reproduzem as discrepâncias entre o real e o imaginário e sobre as ideologias e interesses em jogo na criação das imagens turísticas (Amirou, 1995; Echtner, 2002; Echtner; Prasad, 2003).

Nessa perspectiva, a teoria do pós-colonialismo aparece como suporte interessante de análise nos estudos das imagens turísticas. Segundo essa teoria, a linguagem publicitária é uma das muitas formas de representação dos países em desenvolvimento e, mesmo que de modo sutil, é usada para manter e reforçar a ideologia colonial e as relações de poder que fomenta (Cohen, 1993). Esse processo ocorre por meio da criação de oposições binárias – tais como países do Norte *versus* países do Sul, desenvolvido *versus* subdesenvolvido, normal *versus* exótico – que reificam as fronteiras dicotômicas entre eles.

Finalizando, consideramos o turismo um poderoso instrumento na construção de imagens de países, regiões e lugares e podemos associar essa construção a quatro tipos de perspectiva: 1) dos turistas; 2) dos agentes do mercado; 3) dos planejadores e organismos de governo; 4) dos habitantes dos lugares. As imagens são, assim, representações mentais que influenciam na escolha do lugar e intermedeiam as práticas dos turistas em determinado destino.

Nas palavras de Knafou e Cazes (1992, p. 835), "é impossível compreender o funcionamento dos lugares turísticos se não associá-los às imagens que eles produzem [...] e às práticas induzidas pelo conjunto de imagens relativas ao turismo e ao lazer, originadas por diferentes percepções do território turístico". Por sua vez, o *marketing* turístico se apropria das imagens de paisagens para promover os lugares e atrair turistas, sendo expressas na maioria dos casos por meio de clichês dos lugares e de estereótipos das sociedades locais com suas identidades (coletivas, de classe, de gênero etc.). Em suma, na sua essência, a imagem turística tem o poder não só de evocar e antecipar a viagem, mas também de construir o lugar no imaginário do turista. O espaço turístico é, assim, antes de tudo, uma imagem (Miossec, 1977).

Estudo de caso

A valorização da paisagem pelo turismo nos dias atuais

Se a recreação e a busca do prazer parecem prevalecer nos lugares de turismo de massa, as paisagens pitorescas são, acima de tudo, valorizadas por suas qualidades cênicas: belas paisagens, patrimônio cultural, animais selvagens e aldeias pitorescas. Entre os novos valores e as novas atitudes que podem ter um impacto sobre o turismo, o British Tourist Board (Conselho de Turismo Britânico) observou a crescente busca dos turistas por produtos mais autênticos, o apelo à nostalgia, às raízes, a busca por outras culturas e identidades, bem como um crescente interesse pelas atividades espirituais e intelectuais. Essas tendências são refletidas no surgimento de produtos turísticos que buscam tirar proveito dos recursos culturais em alguns lugares. Um exemplo é o turismo cultural, que pode ser definido como "a circulação de pessoas em busca dos atrativos culturais localizados fora do seu local de residência habitual, com a intenção de adquirir novos conhecimentos e novas experiências para satisfazer suas necessidades culturais" (Conseil de L'Europe, 2013). Muitos outros segmentos podem ser identificados dentro do turismo cultural: turismo de patrimônio, turismo espiritual, agroturismo, turismo gastronômico etc. As motivações dos clientes nesses tipos de turismo podem ser muito diferentes, mas a natureza, a experiência e a autenticidade cultural ainda são centrais. A popularidade das paisagens pitorescas é, muitas vezes, baseada em seu caráter presumivelmente autêntico e preservado. O que faz essas paisagens serem cada vez mais valorizadas pelo turismo cultural.

Fonte: Elaborado com base em Conseil de L'Europe, 2013.

Síntese

Neste capítulo, focalizamos as bases conceituais da paisagem e discutimos seu significado como objeto principal na formação da imagem turística dos lugares. Destacamos as características e identificamos os tipos de paisagens turísticas, apresentando a valorização da paisagem como recurso turístico e como patrimônio natural e cultural, assim como a definição de *imagem turística* e a discussão sobre o processo de formação da imagem turística dos lugares.

Questões para revisão

1. Nas alternativas a seguir, considere as definições de *paisagem*.
   I. Paisagem é a porção do território abarcada pela visão.
   II. Paisagem é uma vista panorâmica, uma vista de um lugar.
   III. Paisagem é o que cada pessoa percebe de acordo com sua percepção.
   IV. Paisagem é um sistema que abrange o natural e o social.
   V. Paisagem e espaço são sinônimos.
   Estão corretas as afirmativas:
   a) I, II, III e IV.
   b) II, III e IV.
   c) I, II e III.
   d) I, III e IV.
   e) I, II, III, IV e V.

2. Cite um exemplo de paisagem-sítio, paisagem-peregrinação e paisagem-desafio que podem ser encontradas no Brasil.

3. Leia as alternativas que seguem:
   I. A paisagem, por ser a porção visível do espaço, constitui-se um dos mais importantes elementos da atratividade dos lugares.
   II. Uma paisagem é patrimônio a partir do momento em que é singular, ou seja, quando suas qualidades são únicas.
   III. O *marketing* turístico desempenha papel determinante no processo de decisão da viagem ao veicular imagens dos destinos e influenciar as expectativas dos turistas.
   Marque a resposta correta:
   a) Apenas a afirmativa I está correta.
   b) Apenas a afirmativa II está correta.

c) Apenas as afirmativas I e II estão corretas.
d) Apenas as afirmativas II e III estão corretas.
e) Todas as afirmativas estão corretas.

4. As duas principais consequências da veiculação de imagens-clichês e estereótipos sobre os lugares para atrair os turistas são:
   a) mercantilização e exotização dos lugares.
   b) valorização dos lugares pelo turismo.
   c) transformação da paisagem em patrimônio.
   d) aumento da demanda turística para o lugar.
   e) Nenhuma das alternativas anteriores está correta.

5. Indique os atributos de uma paisagem que são a razão principal de sua atratividade.

Questões para reflexão

1. Reflita e redija um texto dissertativo de 10 linhas sobre a importância da paisagem como elemento de interpretação da identidade e da cultura dos lugares.

2. Analise criticamente o processo de formação da imagem turística de um lugar, identificando quais são os principais fatores e agentes que contribuem para essa formação.

3. Debata com seus pares sobre a necessidade de preservar as paisagens como patrimônios natural e material das sociedades.

4. Compartilhando a imagem dos lugares turísticos:

Imagine que você fizesse uma viagem a uma região qualquer do mundo, visitando vários lugares.

a) Escolha o lugar que mais lhe chamou atenção ou que mais marcou sua viagem.

b) Escreva um cartão-postal para o(a) seu(sua) melhor amigo(a), descrevendo o lugar, contando a experiência de viagem e explicando por que motivos ele foi escolhido.

c) No verso do postal, cole uma ou mais imagens que retratem bem as características do lugar.

d) Grave o arquivo em PDF e o envie a seu(sua) amigo(a) por *e-mail*.

3
Fatores geográficos e elementos da atividade turística

Conteúdos do capítulo

» Mobilidade espacial.
» Mobilidade turística.
» Papel dos transportes no desenvolvimento do turismo.
» Tipos de transporte turístico.
» Transporte turístico como um sistema.
» Atratividade turística dos lugares.
» Fatores que influenciam na escolha dos lugares turísticos.
» Atrativos do espaço turístico.

Após o estudo deste capítulo, você será capaz de:

1. entender o significado de *mobilidade espacial* e de *mobilidade turística*;
2. identificar os tipos de transporte turístico;
3. relacionar a evolução nos transportes com o desenvolvimento do turismo;
4. analisar o transporte turístico como um sistema;
5. entender o significado de *atratividade turística dos lugares*;
6. identificar os fatores e elementos que influenciam na escolha dos lugares turísticos;
7. reconhecer os atrativos (naturais, culturais e artificiais) e os serviços turísticos.

3.1 Mobilidade espacial, lugares e práticas turísticas

Neste item do capítulo, enfocamos o conceito de *mobilidade espacial* como condição fundamental para a realização das práticas turísticas. Além disso, abordamos, de forma resumida, a expansão do turismo em escala mundial a partir da evolução dos meios de transporte, sobretudo o aéreo.

3.1.1 Turismo e mobilidade espacial

O turismo, como já definido no Capítulo 1, é um sistema de atores, práticas e lugares que se caracteriza como uma forma específica de mobilidade espacial, a qual é constituída por um conjunto de atividades realizadas durante o tempo livre e que permite aos indivíduos e/ou grupos a fuga do seu espaço de vida cotidiano, a reposição das energias, a descoberta de novos lugares, o contato com outras culturas; enfim, o turismo possibilita a vivência de novas experiências socioespaciais (Knafou; Stock, 2003).

A efetivação do turismo como prática da sociedade moderna está ligada, antes de tudo, à consolidação do modelo capitalista de produção com todos os seus componentes em pleno funcionamento (trabalho, lucro excedente, salário, férias, dias de descanso). Igualmente importante na evolução do turismo foi a evolução dos transportes, ocorrida inicialmente com a utilização do trem como modo de transporte de massa (Boyer, 2003).

Contudo, foi sobretudo a partir dos anos de 1950 – com o incremento do tempo livre associado aos avanços nos meios de transporte e de comunicação e aos novos hábitos de consumo durante o tempo de lazer das sociedades urbanizadas – que ocorreu uma verdadeira explosão do turismo mediante a expansão da demanda e dos fluxos turísticos em escala mundial (Cazes, 1992; Stock, 2003; Violier, 2003; Lozato-Giotart, 2008).

Nas últimas três décadas, o fenômeno da mundialização, ou da globalização do turismo, acelerou graças a uma melhor cobertura aérea do planeta possibilitada pelo fim do monopólio do transporte por companhias nacionais, pelo crescimento dos voos *charter* (aqueles fretados por operadoras de turismo, que vendem as passagens ao consumidor) e das companhias aéreas de baixo custo e pelo desenvolvimento de novas tecnologias de informação, que encolheram o horizonte virtual, facilitando a organização das viagens e a compra de pacotes de férias *just in time*[i], de alojamento em hotéis etc.

Conforme Vanhove (2000), a globalização do turismo resulta dos seguintes fatores:

» aumento da liberalização do comércio mundial;
» incorporação das novas tecnologias de informação e comunicação;
» integração horizontal e vertical das empresas do setor turístico (agências de viagens, operadoras turísticas, empresas de transporte, redes hoteleiras e outras);
» difusão territorial do consumo durante o tempo de lazer em escala mundial;
» flexibilização do trabalho nos diversos setores produtivos, incluindo o de turismo, cuja principal característica hoje é a segmentação do produto turístico.

---

i. O termo *just in time* significa "no momento certo". É um sistema de administração da produção que determina que nada deve ser produzido, transportado ou comprado antes da hora certa, ou seja, deve-se produzir e entregar os produtos a tempo (*just in time*) de serem vendidos (Rossetti et al., 2008).

Nesse contexto, os espaços emissores e os espaços receptores de turistas articulam-se por meio de uma mobilidade espacial ampliada e de inovações nos sistemas de transportes e em redes de comunicação, os quais constituem os elementos visíveis do processo de globalização e parte substancial da dinâmica turística contemporânea (Vera Rebollo et al., 1997; Cazes; Courade, 2004).

Para alguns estudiosos, a mobilidade é, antes de tudo, o que define o turismo no atual contexto da globalização. Porém, trata-se de um conceito muito amplo. Podemos dizer que o mundo contemporâneo é marcado por formas generalizadas de mobilidade, o que coloca alguma dificuldade de se caracterizar qual delas se relaciona diretamente com o lazer e com o turismo (Urry, 2005; Stock, 2006; Debarbieux; Biaggio; Petite, 2008). Ou seja: Quais são os critérios utilizados para distinguir as pessoas que viajam por motivos de lazer daquelas que apresentam outras motivações, sabendo-se que sempre usam a mesma infraestrutura e o mesmo meio de transporte? Essa maneira de separação é muito difícil, especialmente na atual organização da lógica do sistema de transporte, quando são implementados serviços adicionais para atrair todo tipo de viajante.

Todavia, para fins estatísticos, é possível identificar as principais formas de mobilidade espacial, quais sejam: aquelas ligadas à circulação diária das pessoas (trabalho, educação, prática do lazer e consumo urbano etc.) e as relacionadas às viagens (de curta e/ou longa duração): turismo, negócios, nomadismo, migração (nacional e internacional), migração sazonal ou transumância.

Para saber mais

Uma definição de *mobilidade espacial*

A mobilidade espacial pode ser definida como a relação social ligada à mudança de lugar, isto é, como o conjunto de modalidades pelas quais os membros de uma sociedade tratam a possibilidade de eles próprios ou outros ocuparem sucessivamente vários lugares. Por esta definição, excluímos duas outras opções: aquela que reduziria a mobilidade ao mero deslocamento, eliminando assim as suas dimensões ideais e virtuais; e aquela que daria um sentido muito geral a este termo, jogando com as metáforas (tal como a "mobilidade" social) ou com extensões incontroladas (a comunicação, por exemplo).

Fonte: Lévy, 2000, p.1.

Na realidade, a distinção entre mobilidade diária (cotidiana), mobilidade residencial, viagens e migração perde relevância quando consideramos que a multiplicação das formas de mobilidade e o aumento da velocidade introduziram novas possibilidades de deslocamento. Em qualquer uma das formas de mobilidade, o fator tempo é muito relativo, pois os deslocamentos podem ocorrer em diferentes escalas de espaço e tempo, conforme mostra o Quadro 3.1.

Quadro 3.1 - As quatro principais formas de mobilidade espacial

Âmbito espacial	Tempo curto	Tempo longo
Limitada ao espaço cotidiano	Mobilidade cotidiana	Mobilidade residencial
Não limitada (fora) ao espaço cotidiano	Viagem	Migração

Lazer de fim de semana/Feriados
Turismo/Negócios
Dupla residência (sazonal)
Alternância (dupla residência)

Além das formas indicadas no Quadro 3.1, caracterizadas pelo movimento físico de pessoas no espaço e no tempo, devemos considerar também os movimentos intangíveis (de imagens, de informações etc.), que têm resultado nos fluxos e na circulação crescente de informações via internet. Assim, enquanto o transporte veio para servir à mobilidade física das pessoas na sociedade contemporânea, as novas tecnologias vão realizar a mobilidade virtual de informações e imagens – e, como vimos no Capítulo 2, as imagens são fundamentais na criação dos lugares turísticos.

Entretanto, interessa aqui destacarmos o fato de que o grau de mobilidade espacial das pessoas não para de aumentar em nossa sociedade. Assim, cada vez mais nossas vidas se estendem para vários lugares e, com isso, passamos a habitar territórios de outros. Com a massificação das viagens, tornada possível principalmente em função do progresso técnico dos transportes, desenvolver-se-á uma nova forma de mobilidade, a qual alguns autores denominam *mobilidade turística* (Stock; Duhamel, 2005).

A mobilidade turística é caracterizada por um desejo crescente da sociedade de se mover, especialmente para fins de lazer, repouso e diversão, em diferentes escalas de espaço e tempo (Stock; Duhamel, 2005). Nesse contexto, mais do que apenas um fenômeno social e cultural, o turismo é a própria imagem das sociedades contemporâneas, construída sobre os valores da mobilidade de pessoas e bens, da comunicação sem fronteiras e da globalização da economia e da cultura.

Para Knafou (1996), o turismo implica habitar temporariamente outro lugar por motivos de prazer. Nessa perspectiva, as práticas turísticas envolvem o deslocamento e a mudança temporária de lugar. Assim, desde o advento da viagem turística na segunda metade do século XIX, o turismo vem tirando proveito da melhoria da mobilidade adquirida, sobretudo em virtude do progresso nos meios de transporte (Urry, 2001).

Podemos afirmar, portanto, que, se a expansão do turismo em escala mundial se deve especialmente a alguns fatores, como a disponibilidade de tempo livre associada ao dinheiro possível de se gastar durante esse tempo, ela está associada também aos avanços nos meios de transporte e na comunicação. Estudos mostram que a mobilidade espacial, que se define como a circulação entre os lugares, é um dos critérios mais importantes na escolha de um destino por parte dos turistas (Stock; Duhamel, 2005).

Para saber mais

Um pouco da história do turismo de massa

A história contemporânea do turismo encontra-se associada e consolidada em torno de um conjunto de três realidades que emergiram entre os séculos XVIII e XX: (i) a realização do Grand Tour, como uma das condições de formação de jovens aristocratas e a sua admissão nas cortes (século XVIII); (ii) a criação do primeiro pacote turístico (*package*), inventado por Thomas Cook no século XIX (concretizado em 5 de julho de 1841 com a realização da primeira viagem comercial de trem para um grupo de 570 pessoas e que teve lugar entre Leicester e Loughborough, na Inglaterra); e (iii) o fenômeno do turismo de massas, que teve origem na década de 1950 e grande incremento entre as décadas de 1960-70, que derivou sobretudo do desenvolvimento da aviação comercial e da oferta de transporte aéreo em voos fretados (voos *charter*).

Fonte: Boyer, 2003.

3.1.2 Meios de transporte e turismo

A palavra *transporte* vem do latim *trans* ("de um lado a outro") e *portare* ("carregar"). Assim, *transportar* significa "conduzir, levar pessoas ou objetos de um lugar para outro". No caso do turismo, o transporte não é apenas o meio usado para deslocamento dos turistas das regiões de origem para as regiões de destino – ele também desempenha um papel fundamental na circulação dos viajantes enquanto estes permanecem nos destinos. Essa relação existente entre o transporte e o turismo é apontada por Lamb e Davidson (1996, p. 264, citado por Page, 2001), ao afirmarem que "o transporte é um dos três componentes fundamentais do turismo. Os outros dois são a oferta e a demanda turística. Sem o transporte, a maioria das formas de turismo não poderia existir".

Como afirma Palhares (2002, p. 38), "o turismo, no padrão que atualmente é conhecido no mundo inteiro, só pôde ser alcançado graças ao desenvolvimento tecnológico dos meios de transporte". De fato, até meados do século XIX, a travessia do Oceano Atlântico, por exemplo, levava semanas e até mesmo meses de viagem. Atualmente, principalmente com o avanço no transporte aéreo, uma viagem de Paris a Nova York demora cerca de 8 horas e 40 minutos (pode variar segundo as condições do clima ou as rotas aéreas).

Essa interface entre transporte e turismo coloca a questão do que é e do que não é o transporte para o turismo. Pois, ao mesmo tempo que há formas especializadas e específicas de transporte voltadas ao turismo (como ônibus turísticos, voos fretados e navios de cruzeiros), existem os meios de transporte não especializados, que são utilizados tanto por turistas quanto por moradores locais (como trens e ônibus urbanos, táxis, sistemas de metrô e voos comerciais). Na Figura 3.1, apresentamos um esquema simplificado de classificação dos meios de transporte turístico.

Figura 3.1 – Classificação dos transportes turísticos de acordo com meio e veículo

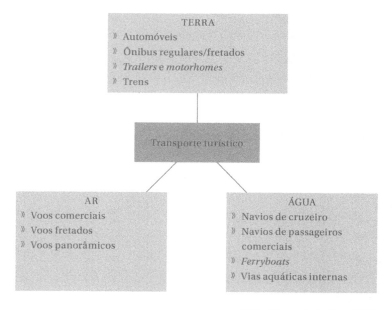

Fonte: Adaptado de Page, 2001.

De acordo com Page (2001), estudos demonstram que as condições de acesso aos destinos, aliadas às facilidades de circulação dos turistas nesses lugares – uso da rede pública de transportes, por exemplo –, além de constituírem parte da oferta turística, podem influenciar fortemente as percepções e experiências de quem viaja. O autor se refere a casos em que a experiência de transporte é a própria experiência turística, isto é, o transporte serve de contexto para o deslocamento e a base da experiência turística. Como exemplos, o estudioso menciona os cruzeiros, as viagens de trem e as viagens panorâmicas de avião ou helicóptero (Page, 2001).

Por conseguinte, o meio de transporte escolhido pelos turistas muitas vezes faz parte de suas viagens e constitui um componente fundamental da experiência turística (Page, 2001). Nessa perspectiva, devemos considerar, de um lado, o transporte como importante instrumento a serviço do turismo, pois permite aos turistas o acesso aos diferentes lugares, e, de outro, como elo entre a estrutura familiar dos turistas com os lugares por onde passam, ao permitir que as pessoas se desloquem de seus locais de residência em direção a outros lugares.

Assim, podemos entender a viagem turística como um meio utilizado pelas pessoas na busca por maior acesso aos espaços de lazer situados fora do ambiente cotidiano. Knafou (1996) se refere a esse fenômeno como característico das sociedades contemporâneas. Para o autor, as práticas turísticas atuais geram, em particular nos habitantes urbanos, a sensação de não se sentirem mais como sedentários, e sim como nômades cujo deslocamento é facilitado por vários fatores, como a fragmentação do tempo de férias, as viagens de fim de semana, a oferta aumentada de lugares turísticos e o incremento do transporte, além da diminuição do custo da viagem.

Nesse contexto, a expansão do automóvel como meio de transporte familiar constitui o exemplo mais evidente. Estudos demonstram que desde o fim da Segunda Guerra Mundial (1945), com o advento da propriedade particular do automóvel (num primeiro momento nos países desenvolvidos e, mais tarde, nas nações em desenvolvimento), as viagens de lazer e turismo, principalmente de curta distância, só vêm aumentando em muitos países.

Pesquisas nos Estados Unidos apontam o crescente papel do automóvel no aumento das visitas aos parques nacionais americanos. Em termos de utilização desse meio de transporte, calcula-se que o tráfego terá aumentado 267% por volta de 2025, em comparação com os níveis registrados em 1992 (Page, 2007). Outros estudos realizados em países da União Europeia[ii] demonstram que ocorreram 1,4 bilhão de visitas com fins de recreação nos espaços rurais (incluindo parques naturais), das quais, em alguns países como a Inglaterra, 85% foram realizadas de automóvel e apenas 1% de trem ou ônibus (Page, 2007).

No Brasil, segundo levantamento feito em 2010 pela Câmara Brasileira de Turismo da Confederação Nacional do Comércio, o transporte rodoviário de ônibus opera com uma demanda 20% menor do que a registrada em 1985. Em relação ao turismo, essa perda decorre não apenas do aumento da oferta e da redução das tarifas aéreas para viagens de longa distância dentro do país – fato que incentivou parte dos viajantes a trocar o ônibus pelo avião –,

---

ii. Com a economia mundial globalizada, a tendência comercial é a formação de blocos econômicos. Estes são criados com a finalidade de facilitar o comércio entre os países-membros, que adotam redução ou isenção de impostos ou de tarifas alfandegárias e buscam soluções em comum para problemas comerciais. A União Europeia (UE) foi oficializada em 1992 por meio do Tratado de Maastricht (União Europeia, 2014a). Esse bloco é formado pelos seguintes países-membros: França, Itália, Luxemburgo, Holanda, Bélgica, Alemanha, Dinamarca, Irlanda, Reino Unido, Grécia, Espanha, Portugal, Áustria, Suécia, Bulgária, Croácia, Romênia, Finlândia, Letônia, Estônia, Lituânia, Eslovênia, República Tcheca, Eslováquia, Polônia, Hungria, Malta e Chipre (União Europeia, 2014b).

mas também se deve ao aumento expressivo do número de automóveis licenciados e daqueles locados no Brasil, especialmente a partir de 2003 (Análise..., 2014).

Assim como no Brasil, a crescente dependência do uso do automóvel em muitos países é uma realidade cada vez mais presente nas práticas turísticas, notadamente no que se refere ao turismo de fins de semana e feriados prolongados. Evidentemente, esse aumento tem alguma relação com a baixa oferta e/ou declínio dos transportes públicos para viagens de lazer e recreação em muitos países e/ou regiões de turismo. Além do tráfego intenso nas estradas que ligam os espaços emissores aos espaços receptores de turistas, a consequência mais séria do uso crescente do automóvel são os impactos negativos no meio ambiente.

Como já destacamos, o desenvolvimento do turismo tem se processado, em grande medida, graças ao progresso dos meios de transporte. Um dos exemplos é o transporte aéreo, invenção que revolucionou o setor turístico. De fato, com o desenvolvimento dessa modalidade (desregulamentação do transporte aéreo, maior oferta de voos comerciais e turísticos, barateamento no custo de passagens, maior integração com outras formas de transporte etc.), a quantidade de viagens (nacionais e internacionais) tem aumentado constantemente.

De acordo com a International Air Transport Association – Iata (em português, Associação Internacional de Transporte Aéreo), foram transportados 700 milhões de passageiros internacionais em meados de 1980; para o ano de 2016, a previsão é que esse número chegue a 3,6 bilhões (Iata, 2013). Nesse sentido, o transporte aéreo é também um dos fatores determinantes da mundialização turística (Équipe MIT, 2005), posto que ele tem permitido a expansão das práticas turísticas para lugares situados nas mais diversas regiões do planeta. Assim, voos são usados para conectar lugares turísticos que, apesar de localizados em diferentes pontos do globo terrestre, parecem cada vez mais semelhantes em razão da padronização dos equipamentos (hotéis e *resorts*) e dos serviços turísticos.

Evidentemente, a relação entre transporte e turismo não se resume ao automóvel, ao avião, ao ônibus ou ao trem. Por suas características intrínsecas, o transporte turístico conta com um sistema logístico complexo. Nesse sentido, podemos nos referir à existência de um verdadeiro "sistema de transporte turístico" (Page, 2007). Ao analisá-lo, devemos levar em consideração, principalmente, os seguintes fatores:

» as ligações e os fluxos dentro do sistema de transporte;
» a localização e os lugares conectados por essas ligações (geralmente tratados como "centros" ou "nós" que formam uma rede);
» o sistema de áreas atendidas e os relacionamentos entre os lugares dentro da rede.

O movimento entre os diferentes lugares turísticos organiza "um espaço de lazer móvel" (Wackermann, 1995), mantido por meio do que se denomina *infraestrutura de transportes*, um elemento necessário para a operacionalização do sistema e que é composto de rodovias, ferrovias, portos, aeroportos, terminais rodoviários, postos de gasolina, serviços de socorro mecânico etc. Dessa infraestrutura dependem a qualidade e a segurança do serviço prestado aos viajantes.

Essa ligação leva alguns autores (Page, 2001; Cooper et al., 2001; entre outros) a se referirem à relação estabelecida entre transporte e turismo como uma prestação de serviços. No caso do transporte turístico, essa prestação é efetivada tanto por organizações do setor público quanto do setor privado e constitui um processo complexo que exige muitas habilidades de recursos humanos e capacidade de gerenciamento, além de um sólido domínio do setor de transporte e seu funcionamento.

Atualmente, as duas áreas mais importantes na prestação de serviços relativos ao transporte turístico são a logística e a Tecnologia da Informação (TI), que possibilitam às empresas de transporte atingir seus objetivos em um ambiente cada vez mais competitivo. Com efeito, no atual contexto de expansão do turismo, caracterizado pelo rápido crescimento dos fluxos turísticos em escala mundial, o atendimento das necessidades dos viajantes (turistas) tem se tornado um desafio para as empresas que atuam no sistema de transporte turístico.

Assim, a logística da prestação de serviços é de importância fundamental e capacita as organizações públicas e privadas para agregarem valor e proporcionarem um produto turístico (oferta) consistente. Com efeito, a logística, diante do ritmo acelerado da contemporaneidade, é um dos principais meios de geração de estratégias, de planejamento e gestão de transportes, de armazenamento e de comunicações. A logística em transportes está relacionada fortemente aos sistemas de mobilidade (de pessoas e objetos) e fluxos econômicos no território – a "fluidez do território" (Santos, 2002).

Por sua vez, a TI permite às empresas manusearem, utilizarem e gerenciarem os fluxos de informação por intermédio de sistemas informatizados como o Global Distribution Systems – GDS (em português, Sistema de Distribuição Global), no qual estão envolvidos os três principais atores do transporte turístico: viajantes, empresas de transporte e intermediários na viagem (Page, 2001).

Todavia, apesar dos avanços nas questões de oferta no transporte turístico, problemas têm surgido. Um deles, colocado principalmente aos gestores dos territórios (prefeituras, administrações regionais e outras), é: Como melhorar a acessibilidade dos visitantes e o fluxo de tráfego nos lugares turísticos? Nesse contexto, em muitos países, a redução do tempo de viagem tem sido considerada um dos investimentos mais importantes no transporte turístico e, ao mesmo tempo, uma vantagem comparativa diante da concorrência entre os lugares para atrair turistas. Somam-se a esses investimentos no transporte turístico a redução dos custos de transporte público, a melhoria dos serviços prestados (qualidade e conforto), a expansão da rede e a melhoria da infraestrutura do transporte público nos lugares visitados. Em resumo, a mobilidade (que inclui o tráfego, a acessibilidade aos pontos turísticos e a facilidade de deslocamento) nos lugares visitados constitui-se cada vez mais como parte da oferta turística e um dos principais fatores determinantes da atratividade de um destino.

Como exemplo, cabe citarmos aqui o *turismo no espaço urbano* ou *turismo em cidades*, como denominam alguns autores (Law, 1993; Silveira, 1999). Um estudo realizado nos Estados Unidos em 2011, encomendado pela American Public Transportation Association – Apta (em português, Associação Americana de Transporte Público), revelou que, para a maioria dos turistas domésticos, a existência e a reputação de um serviço de transporte urbano são importantes critérios na seleção de uma cidade. Segundo a pesquisa, entre as pessoas que planejavam viajar para uma cidade durante as férias, 65% apontaram o transporte público como elemento importante na escolha do destino e 24% relataram que ele teve uma influência muito forte na escolha da cidade nas últimas viagens (Apta, 2013).

Finalizando, o exemplo do turismo em cidades demonstra que a atividade está se desenvolvendo em uma sociedade que se concentra mais nas atividades ligadas ao setor de serviços, em que a mobilidade é cada vez mais importante e necessária. Portanto, juntamente com os equipamentos e a infraestrutura urbana disponível, as condições de mobilidade, a acessibilidade e a qualidade do deslocamento são componentes essenciais de atração dos lugares.

3.2 Fatores espaciais e atratividade turística dos lugares

A atratividade dos lugares é um dos principais componentes do sistema turístico. Em geral, resulta da existência de fatores particulares que exercem algum tipo de atração sobre os turistas, desencadeando o deslocamento dos viajantes. Para Leiper (1995), os viajantes se deslocam da região de origem até a região de destino porque é nesta última onde vão encontrar os atrativos turísticos que desejam conhecer. Por *atrativos turísticos* entende-se todo lugar, objeto ou acontecimento de interesse turístico que motiva o deslocamento de grupos humanos para conhecê-los (Brasil, 2011).

Quando se trata de procurar entender por que alguns lugares turísticos se tornaram mais atrativos – e entre eles há os que são mais frequentados do que outros –, a literatura científica geralmente se refere à presença de recursos raros e/ou excepcionais. Nesse caso, o pressuposto subjacente é de que cada território apresenta intrinsecamente certas qualidades que regem sua "turisticidade", isto é, seu potencial turístico ou nível de atratividade turística, que age de forma decisiva na atração de turistas (Dewailly; Flament, 2000; Lozato-Giotart; Balfet, 2004).

O termo *turisticidade* tem sido usado por alguns estudiosos com referência à potencialidade turística de um território (Lozato-Giotart; Balfet, 2004). Outros, porém, usam-no para identificar o nível de "turistificação" de determinado território, isto é, o processo de transformação de um território em lugar turístico (Knafou, 1996; Équipe MIT, 2002). Nessa segunda acepção, a "turisticidade" tem sido definida como o nível de intensidade da atividade turística em dado território, o qual pode ser medido em termos de acessibilidade, oferta de equipamentos e serviços turísticos, sítios e paisagens notáveis, nível de frequência turística, dinâmica econômica do lugar (número de empregos, nível da renda, participação do turismo na economia local etc.), presença de segundas residências, planejamento turístico, entre outros (Équipe MIT, 2002).

Em outras palavras, a "turisticidade" de um lugar é uma construção sociocultural com significado econômico. Além disso, devemos entendê-la não apenas do ponto de vista do turista, mas também dos demais atores responsáveis pela (re)criação dos lugares turísticos: Poder Público, promotores imobiliários, empresários do setor turístico e comunidades residentes (Knafou, 1996). Em resumo, ela depende dos vários atores que se apropriam dos territórios, seja por meio das práticas turísticas, seja por meio das atividades ligadas a elas, notadamente daquelas voltadas ao atendimento das necessidades dos turistas.

Para saber mais

Ferramentas de avaliação de atratividade e comparação de territórios turísticos

Hoje, na era da globalização, os territórios estão em concorrência e sua marca e reputação têm impactos significativos sobre a atratividade em muitos níveis: turismo, negócios, investimentos em infraestrutura etc. As comparações entre a imagem percebida e a imagem-marca de um país (*country branding*), em particular para as grandes metrópoles e cidades do mundo (*city branding*), têm feito aumentar os estudos de *marketing* territorial (marca territorial).

Em âmbito internacional, existe o Anholt Nation Brands Index (NBI), que funciona como uma marca para países, e a Anholt City Brands Index (CBI), que é um índice para classificar anualmente, de maneira similar, a atratividade de 60 cidades no mundo. Desde 2005, o NBI mede o poder e a atratividade de 35 países e mostra como cada um é visto em termos mundiais. Todos os anos são realizadas entrevistas em vários países do mundo para medir a imagem de um grupo de países selecionados (em 2012, foram 50). A imagem-marca de um país é, então, definida como a soma da percepção dos turistas e de sua população, avaliada em seis áreas: exportação, governança, investimento e imigração, cultura e patrimônio (incluindo o esporte), população e turismo.

Fonte: GFK, 2012, tradução nossa.

Em todos os casos, são os turistas que, por fim, decidem se um lugar é ou não atrativo. Como afirma Knafou (1996), "não há lugares turísticos sem turistas" – portanto, podemos dizer também que, sem turistas, não há atratividade. Assim, são vários os fatores que podem determinar a atratividade turística de um lugar, ou melhor, que podem influenciar na decisão do turista na hora de escolher um destino.

Fortemente globalizado, mas também altamente localizado – na medida em que se localiza preferencialmente em destinos específicos –, o turismo é bastante influenciado por condições estruturais, notadamente pelos recursos naturais e culturais dos lugares de destino, pelas tendências dentro do próprio setor turístico, assim como por fatores conjunturais, como crises econômicas, problemas de segurança ou flutuações do preço dos combustíveis (Cavaco; Simões, 2009).

Todavia, além de aspectos de ordem macroeconômica, geopolítica e ambiental (climáticos, por exemplo), a escolha de um lugar de destino se deve em grande parte aos seguintes fatores: acessibilidade em termos geográficos e econômicos e oferta de comodidade, confiabilidade, segurança e alternativas. O boxe a seguir sintetiza alguns dos aspectos que pesam na escolha de um lugar turístico.

> **Síntese de fatores que influenciam a escolha de um lugar turístico**
>
> **Acessibilidade**: O fato, para o turista, de enfrentar menos obstáculos possíveis na realização de seu projeto de viagem em termos de mobilidade (custo, tempo, distância, meio de transporte etc.).
>
> **Rentabilidade**: O fato, para o turista, de satisfazer suas expectativas em termos de investimento na viagem (dinheiro, desejos, esforço, tempo etc.).
>
> **Confiabilidade**: O fato, para o turista, de que não haverá surpresas desagradáveis, ou seja, a garantia de que a viagem vai acontecer conforme o anunciado ou previsto.
>
> **Aprovação**: O fato, para o turista, de poder encontrar prazer nas atividades que vai realizar em relação à estrutura e às condições de realização.
>
> **Comodidade**: O fato, para o turista, de poder encontrar comodidade e facilidades no lugar visitado, excluindo, portanto, o desconforto.
>
> **Segurança**: O fato, para o turista, de não estar (ou não se sentir) exposto a perigos e riscos de qualquer natureza.
>
> **Alternativa**: O fato, para o turista, de poder escolher entre várias opções entre as práticas e atividades (repouso, esporte, aventura, SPAs, visitas a sítios e monumentos históricos etc.) de sua preferência.

Além desses fatores, a viagem turística é motivada por gostos e expectativas das pessoas, desejo de experimentar novas sensações e de encontrar o outro (a alteridade), fuga do cotidiano, busca pelo prazer e diversão e descoberta de novos lugares com suas paisagens (Équipe MIT, 2002, 2005). Conforme já tratado no Capítulo 2, não podemos deixar de mencionar também o papel da imagem turística na atração dos lugares. Com efeito, a imagem construída, antes mesmo da viagem, exerce forte poder de atração. Na Figura 3.2, esquematizamos os elementos básicos que constituem a base de sustentação das viagens, reais ou imaginárias.

Figura 3.2 – Elementos básicos da viagem turística

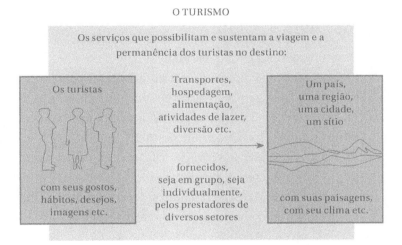

Neste ponto, cabe fazermos referência aos recursos turísticos dos territórios apropriados pelo turismo e que constituem os principais atrativos. A definição de *recurso turístico* já foi citada no Capítulo 2. De modo geral, as pesquisas distinguem três tipos de recursos turísticos: primários, secundários e complementares. Os recursos primários incluem todos os tipos de sítios turísticos (sítios naturais, parques, monumentos, igrejas, museus etc.), atividades locais (feiras, eventos, festas, festivais etc.) e características do lugar (paisagens, gastronomia, obras arquitetônicas, realizações técnicas e artísticas etc.) (Dewailly; Flament, 2000).

Os recursos primários são, portanto, o patrimônio natural e cultural (clima, paisagens, cultura etc.) que existe em dado território e que pode compor o produto turístico. Assim, são propriamente os atrativos e constituem um dos principais elementos que motivam o turista a se deslocar para fora do local de residência habitual com fins de lazer, diversão etc., exercendo assim o papel de "gatilho" às práticas turísticas (Lew, 1987).

Para saber mais

As dimensões do clima e o turismo

O clima e as condições de tempo estão entre os principais fatores de atratividade dos lugares turísticos, juntamente com a natureza (vegetação, relevo etc.) e a paisagem. Estudos demonstram que os turistas sofrem influência direta do efeito combinado das várias dimensões do clima, notadamente da térmica, da física e da estética. A dimensão térmica engloba as variáveis atmosféricas que têm efeitos sobre o corpo humano: temperatura e umidade do ar, velocidade do vento e temperatura relativa média, considerando também o nível de atividade física e o vestuário dos turistas. A dimensão física, por sua vez, decorre de elementos meteorológicos específicos (tais como o vento e a chuva) que, direta ou indiretamente, afetam a satisfação do turista de forma não térmica. Por fim, a dimensão estética relaciona-se com a percepção do estado da atmosfera, que pode ser qualificado com base em atributos como a nebulosidade, a radiação solar, a duração do dia ou a visibilidade. A percepção das condições atmosféricas desencadeia mecanismos de respostas variadas, que podem ir desde a simples mudança de uma prática ou atividade turística (substituindo, por exemplo, o passeio a pé por um passeio de carro) até ao uso de equipamentos de recreação protegidos do tempo (piscinas cobertas, espaços de lazer em *shoppings centers* etc.) ou, ainda, o ajuste do isolamento térmico do corpo (vestuário), além de reações mais extremas, como a escolha de um destino turístico em detrimento de outro.

Fonte: Adaptado de Freitas, 2003.

Já os recursos secundários são os elementos de um território (cidade, região ou país) colocados à disposição de turistas atraídos pelos recursos primários. Incluem a maioria dos aspectos relacionados à acessibilidade (meios de transporte, equipamentos urbanos, sinalização etc.), à hospedagem e à alimentação dos visitantes. Também chamados de *facilidades*, representam a infraestrutura turística que deve permitir a permanência do turista no lugar visitado.

Por fim, há os recursos complementares ou elementos adicionais que, em muitos casos, completam a gama de serviços ofertados aos turistas. Eles incluem lojas, espaços verdes e locais de circulação pública, como praças e ruas exclusivas para pedestres (calçadões, bulevares, por exemplo), os quais caracterizam lugares turísticos do tipo urbano (turismo em cidades).

Na opinião de Dewailly e Flament (2000), o conceito de *atrativos turísticos* deveria se limitar apenas aos recursos primários, que são efetivamente os que justificam o deslocamento do turista para determinado lugar. Segundo os autores citados, considerar os recursos secundários e complementares significa cair em uma lógica sem nenhum sentido, na medida em que esses recursos são os que devem possibilitar a viagem (nesse caso, a acessibilidade) e facilitar a permanência do turista no lugar de destino (nesse caso, a infraestrutura e os serviços turísticos).

Esses autores também alegam que, em determinadas circunstâncias, os recursos secundários e complementares podem ser transformados em recursos turísticos primários – como é o caso de alguns hotéis com arquitetura de alto luxo, restaurantes de prestígio, grandes espaços comerciais (*shopping centers*, centro de eventos etc.) e espaços de lazer e jogos (hotéis cassino, estádios de futebol etc.) (Dewailly e Flament, 2000).

No Brasil, o Ministério do Turismo classifica os atrativos turísticos em cinco categorias, a saber (Brasil, 2006):

1. **Naturais**: Consistem em montanhas (picos/cumes, serras, montes/morros/colinas etc.); planaltos e planícies (chapadas/tabuleiros, patamares, pedras tabulares, vales, rochedos etc.); costas ou litoral (praias, restingas, mangues, baías/enseadas, sacos, cabos e pontas, falésias/barreiras, dunas etc.); terras insulares (ilhas, arquipélagos, recifes/atol); hidrografia (rios, lagos/lagoas, praias fluviais/lacustres); pântanos; quedas-d'água; fontes hidrominerais e/ou termais; parques e reservas de fauna e flora (nacional, estadual e municipal); grutas/cavernas/furnas e áreas de caça e pesca.
2. **Histórico-culturais**: Englobam monumentos (arquitetura civil, religiosa/funerária, industrial/agrícola, militar; ruínas; esculturas; pinturas; outros legados); sítios (históricos e científicos); e instituições culturais de estudo, pesquisa e lazer (museus, bibliotecas, arquivos, institutos históricos e geográficos).
3. **Manifestações e usos tradicionais e populares**: Compõem-se de festas, comemorações e atividades (religiosas, populares e folclóricas, cívicas); gastronomia típica (salgados, doces, frutas, sucos, bebidas); artesanato, feiras e mercados.

4. **Realizações técnicas e científicas contemporâneas**: Exploração de minério; exploração agrícola e pastoril; exploração industrial; obras de arte e técnica; centros científicos e técnicos.

5. **Acontecimentos programados**: Congressos e convenções; feiras e exposições; realizações diversas (desportivas, artísticas/culturais, sociais/assistenciais, gastronômicas/de produtos etc.).

Na realidade, a noção de *atratividade* se tornou muito relativa no atual contexto de massificação das práticas turísticas e da globalização do turismo, ou seja, qualquer objeto ou evento pode atrair turistas. Além disso, como já ressaltamos, eles têm diversos gostos, hábitos, desejos, ideologias, culturas etc. (Équipe MIT, 2002, 2005), assim como aspirações heterogêneas (um gosta de barulho, outro, de silêncio, por exemplo). Há, ainda, a capacidade dos turistas (financeira, física, disponibilidade de tempo etc.), que difere de um viajante para outro.

Portanto, o que é fator de atração para alguns turistas não é necessariamente para outros. Lugares muito diferentes podem ser respectivamente muito atraentes para diferentes tipos de visitantes. É isso que, na realidade, fundamenta o conceito de *atratividade turística*, ou seja, a necessidade de se recorrer à diferenciação entre as diversas categorias de turistas, assim como às distintas formas que o turismo assume hoje, por meio da segmentação do produto turístico organizada pelo mercado.

3.2.1 Fatores do espaço geográfico e turístico

Parafraseando Coriolano (1998), podemos dizer que o turismo é uma atividade que se desenvolve por meio da utilização dos elementos do espaço geográfico – e, como já vimos no Capítulo 1, o espaço turístico é o espaço geográfico transformado e apropriado pelo turismo. Segundo Rodrigues (1997, p. 45), "os elementos básicos do espaço turístico são: oferta turística, demanda, serviços, transportes, infraestrutura, poder de decisão e de informação, sistemas de promoção e comercialização".

A seguir, sem a pretensão de esgotar o assunto, elencamos os fatores geográficos que contribuem para a atratividade turística dos lugares:

» imagem do país ou da região;
» situação econômica e política (liberdade de circulação, custo de vida, leis e regulamentos, estabilidade política etc.);
» paisagens (praias, montanhas, campos, cidades);
» tipo(s) de espaço turístico (sítio, estação, complexo, cidade turística);
» rede externa de transporte (ferroviário, rodoviário, marítimo, hidroviário e aéreo);
» rede interna de transporte (ônibus, trem, metrô, barcos, ciclovias e outros);
» clima (inverno, verão, primavera e outono);
» patrimônio natural (geomorfologia, fauna, flora, hidrografia, paisagens e espaços naturais);
» patrimônio cultural (sítios históricos ou religiosos, gastronomia, línguas, culturas, tradições, folclore, eventos, feiras etc.);
» obras de engenharia (pontes, hidroelétricas etc.);
» população e demografia;
» qualidade de equipamentos e serviços;
» meio social e cultural;

- » atividades econômicas (agricultura, extrativismo, pesca, artesanato, indústria etc.);
- » meios de hospedagem (capacidade e qualidade);
- » restauração (alimentação);
- » atividades de lazer (diversão, passeios etc.);
- » produtos, equipamentos, serviços – pacotes de viagem, roteiros etc.;
- » estratégias de *marketing*;
- » sistema de informações;
- » animação;
- » promoção global;
- » políticas públicas e recursos humanos.

Ao listarmos esses fatores, não podemos deixar de ressaltar o peso dos recursos naturais (como é caso do clima) e culturais, além dos bens patrimoniais (tangíveis e intangíveis) e ambientais, que constituem a matéria-prima do turismo (Lozato-Giotart, 2008).

Em suma, a atividade turística depende fundamentalmente dos aspectos geográficos, ou seja, da "geografia" de um lugar (atributos físicos e humanos e da forma como estes se organizam no espaço) define muito sua atratividade turística. Nesse contexto, a formatação dos roteiros[iii] turísticos exerce papel importante na atratividade turística dos lugares, pois, como afirma Bahl (2004, p. 74), "independente do lucro, o roteiro possibilita uma exposição temática ampla que desperta o interesse das pessoas e preenche as suas necessidades de evasão e deslocamento, motivando-as a participar da viagem".

---

iii. Segundo o Ministério do Turismo (Brasil, 2007, p. 26), *roteiro* "é um itinerário caracterizado por um ou mais elementos que lhe conferem identidade, definido e estruturado para fins de planejamento, gestão, promoção e comercialização turística". Pode ser considerado um método de organizar e ordenar os atrativos turísticos de uma região.

Estudo de caso

Transporte em Londres

O transporte de Londres forma o "centro" da conexão das redes rodoviária, ferroviária e aérea na Inglaterra. A cidade tem uma densa e extensa rede interna de transporte, operada por organismos públicos e privados, e fornece um ponto nodal para as redes rodoviária e ferroviária nacionais.

Londres tem um grande número de aeroportos internacionais, incluindo um dos mais movimentados do mundo, o Heathrow Airport. O sistema de transporte interno de Londres é uma das quatro áreas da política de gestão da prefeitura da cidade, administrada pela sua agência executiva Transport for London (TfL).

A TfL controla a maioria dos transportes públicos na cidade, incluindo o Underground (metrô), o ônibus de Londres, os Trams (bondes ou VLT), o Docklands Light Railway (DLR é um sistema automatizado de metrô que serve à área periférica de Londres – Docklands – do leste ao sudeste da cidade) e os serviços ferroviários da London Overground, dentro de Londres. Outros serviços de transporte ferroviário são franqueados para empresas que operam pelo Department for Transport (DfT).

A TfL também controla a maioria das estradas principais na área metropolitana da cidade, menos as pequenas estradas em que o corpo é organizado em três direções principais e serviços corporativos, cada um com responsabilidade para os diferentes aspectos e modos de transporte. As três direções principais são:

1. London Underground

    Responsável pela execução da rede de metrô de Londres, comumente conhecido como o *"tube"*, o gerenciamento e a prestação de serviços de manutenção são feitos pelo setor privado. Essa

rede é subdividida em três unidades de prestação de serviços de transporte:
  a. BCV: linhas Bakerloo, Central, Victoria e Waterloo & City;
  b. JNP: linhas de Jubileu, do Norte e Piccadilly;
  c. SSR (*Subsurface Rail*): linhas metropolitanas, distritais, Circle e Hammersmith & City.

2. Trilhos de Londres
Responsável pela coordenação com as operadoras que fornecem serviço de transporte ferroviário nacional dentro Londres. Dividem-se em:
  a. London Overground: embora a operação seja pública, é realizada pelo setor privado, e a manutenção é feita pela rede ferroviária nacional;
  b. Docklands Light Railway: é a rede de trem metropolitano rápido, automaticamente conduzido no leste e sudeste de Londres; apesar de a manutenção e a operação serem públicas, é operada por um franqueado do setor privado;
  c. Bondes de Londres: responsável pela gestão da rede de bonde elétrico de Londres, pelos contratantes para os operadores do setor privado. Atualmente, o único sistema elétrico é o Trams, no sul de Londres, mas outros estão projetados.

3. Transporte de superfície
Consiste em:
  a. Ônibus de Londres: responsável pela gestão da rede de ônibus vermelho em toda a cidade; é principalmente operado por contratantes de serviços e operadores de ônibus do setor privado. Esse serviço incorpora o CentreCom, comando de ônibus de Londres, e o Centro de Controle 24 horas, um centro de controle de emergência situado em Southwark;

b. Londres Dial-a-Ride: presta serviços de trânsito em toda a cidade;
c. Londres Rio serviços: responsável pelo licenciamento e coordenação de serviços de passageiros sobre o Rio Tamisa, em Londres;
d. Ruas de Londres: responsável pela gestão da rede de ruas estratégicas da cidade;
e. Taxa de congestionamento de Londres: cobrada pela circulação de carros no centro da cidade;
f. Transporte público: responsável pelo licenciamento dos famosos táxis pretos e outros veículos de aluguel privado;
g. Victoria Coach Station: proprietária e operadora do principal terminal de Londres para serviços de ônibus interurbanos;
h. Centro de excelência de ciclismo: promove o ciclismo em Londres e gerencia o contrato de prestação de serviços efetuados por outras empresas;
i. Projeto Andando em Londres: promove melhor acesso para pedestres.

Fonte: Adaptado de London.gov.uk, 2014, tradução nossa.

Síntese

Neste capítulo, enfocamos as definições de *mobilidade espacial* e *mobilidade turística*, abordando a função do transporte no desenvolvimento do turismo, apresentamos uma classificação dos tipos de transporte turístico e discutimos a concepção de transporte turístico como um sistema. Trouxemos também os conceitos de *turisticidade*, de *recursos turísticos* e de *atratividade turística dos lugares*. Por fim, identificamos os elementos e fatores do espaço geográfico e do espaço turístico.

Questões para revisão

1. Qual é o significado da expressão *mobilidade turística*?

2. O transporte pode ser também considerado um produto turístico quando:
   a) o meio de transporte é utilizado para levar o turista de um lugar a outro.
   b) o transporte constitui o principal atrativo de um lugar turístico.
   c) a experiência com o transporte constitui a experiência turística.
   d) o transporte é seguro, confortável, financeiramente acessível e eficiente.

3. Entre as diversas áreas do setor de transporte, duas são muito importantes no atual contexto de expansão do turismo. Estamos falando a respeito de:
   a) logística e Tecnologia da Informação.
   b) viabilidade e segurança.
   c) modalidade e capacidade.
   d) manobrabilidade e rapidez.

4. Entre os fatores e elementos que determinam a escolha, por parte do turista, de determinado destino, estão:
   I. os atrativos naturais e culturais, que correspondem aos principais elementos motivadores do fluxo turístico para um lugar.
   II. a infraestrutura turística, que permite a permanência do turista no lugar visitado.

III. a acessibilidade, que são as vias e os meios de transporte disponíveis para o turista se deslocar ao destino desejado e circular dentro do lugar.

IV. a distância entre o lugar de origem e o lugar de destino.

Estão corretas as afirmativas:

a) I, II, III e IV.
b) II, III e IV.
c) I, II e III.
d) I, III e IV.

5. Qual é o papel da imagem na atratividade de um lugar turístico?

Questões para reflexão

1. Analise a expansão da mobilidade espacial na sociedade contemporânea e discorra sobre seus efeitos no desenvolvimento do turismo.

2. Por que os transportes se tornaram um importante aliado no desenvolvimento do turismo?

3. Qual é o papel da acessibilidade no desenvolvimento turístico de um lugar?

4. Explique o significado da frase "A atratividade turística de um lugar depende de fatores e motivações que levam às dimensões do econômico e do simbólico".

4 Turismo e representações gráficas: cartografia aplicada ao turismo

Conteúdos do capítulo

» Definição de *mapa* e *representação gráfica*.
» Elementos que compõem um mapa.
» Cartografia e semiologia gráfica.
» Tipos de mapas e seu uso no turismo.
» Novas tecnologias e seu uso na elaboração de mapas turísticos.
» Ferramentas digitais de mapeamento e sua aplicação no turismo.
» Formas de elaboração de mapas.

Após o estudo deste capítulo, você será capaz de:

1. entender o que é um mapa e o significado da representação cartográfica;
2. relacionar o mapa com a comunicação de informações geográficas;
3. identificar os principais elementos de um mapa;
4. interpretar a linguagem gráfica contida em um mapa;
5. avaliar a importância do uso das representações cartográficas na atividade turística;
6. utilizar as novas tecnologias na elaboração e na leitura de mapas turísticos;
7. aplicar a representação cartográfica na elaboração de mapas turísticos.

4.1 A representação cartográfica dos lugares turísticos

Neste item do capítulo, apresentamos a definição de *mapa* e sua importância como ferramenta na representação do espaço. Destacamos as características da cartografia temática e o significado e os principais elementos que constituem a linguagem cartográfica, em especial a simbologia cartográfica que serve de base para a representação e o planejamento de lugares turísticos.

4.1.1 O que é um mapa?

Qualquer fenômeno que se manifesta no espaço geográfico é um objeto percebido e vivido pelas pessoas. No caso do turismo – como está destacado no Capítulo 2, quando tratamos do tema *paisagem* –, a percepção e a representação são essenciais. Você já sabe que o espaço turístico é ao mesmo tempo um espaço-real e um espaço-imagem. Ambos apresentam algo em comum: a complexidade no que se refere a sua representação cartográfica. O espaço diretamente percebido não é necessariamente o espaço de referência, ou seja, aquele representado em termos cartográficos.

Dito de outro modo, um mesmo espaço é percebido sob diferentes pontos de vista. Para o pescador, um rio é o seu meio de sustento; para o engenheiro, representa um recurso para produção de energia elétrica. Portanto, tal como no caso da paisagem, a percepção do espaço varia de acordo com os indivíduos e/ou grupos. Por sua vez, a representação, um processo cognitivo por meio do qual são construídas "imagens" de dado espaço, permite a apreensão do real e ação sobre ele, contribuindo também para a criação do imaginário individual e coletivo ou simbólico (Debarbieux, 2004).

Nesse contexto, é necessário que façamos inicialmente a distinção entre o mapa "mental" e o mapa "convencional", uma vez que a noção de representação deve ser entendida segundo o significado imaterial (uma imagem mental, por exemplo) ou material (um mapa, uma fotografia, um artefato que simboliza um objeto de conhecimento, como o globo terrestre, por exemplo) (Debarbieux, 2004).

O mapa mental representa, entre outros elementos, a visão de uma pessoa ou de um grupo social, da sua cidade e de seu país em certo momento. Nesse aspecto, devemos ressaltar que a construção do mapa mental não é baseada em dados exatos, como distância, extensão, limites e disposição dos objetos no espaço. O valor da representação gráfica está no fato de esta ser formada com base em experiências das pessoas (turistas) que, ao relatarem uma viagem, estão fazendo uma síntese dos lugares por onde passaram, das distâncias percorridas, dos roteiros com suas paisagens e de outras impressões. O mapa mental é, portanto, subjetivo.

Assim, podemos encontrar esboçadas em um mapa mental as lembranças das pessoas, as experiências de vida etc. Para Ingold (2005), nenhum mapa, por mais sofisticadas que sejam as técnicas de elaboração, deveria ser desligado das práticas sociais. Para o referido autor, "qualquer mapa está forçosamente inscrito em uma realidade social, porém o mais importante é a ideia de que essa realidade está sempre em movimento, com ênfase no vivido e no processo" (Ingold, 2005, p. 79).

No caso do turismo, ou melhor, do turista, o mapa mental significa "descobrir e cartografar" os lugares por meio da viagem real ou imaginária. Nesse sentido, trata-se de importante ferramenta de análise das experiências dos turistas nos lugares visitados. Todavia, não obstante o valor do mapa mental na representação dos espaços percebidos e vividos, seja pelo turista, seja pelo morador local, o mapa convencional ou cartográfico se constitui em uma ferramenta básica no entendimento dos fenômenos e processos que se desenrolam no espaço. Especialmente para a geografia, boa parte do conhecimento reside na leitura e na interpretação de mapas.

Do ponto de vista técnico e científico, os mapas são objeto da cartografia, considerada como a ciência e a arte de representar por meio de mapas e cartas[i] o conhecimento da superfície terrestre. É ciência, pois pretende alcançar exatidão, e depende de outras ciências, como astronomia, geodesia e matemática; é arte, porque está subordinada às leis da estética, simplicidade, clareza e harmonia (Rosa, 2004).

A finalidade da cartografia é reunir e analisar dados das diversas regiões da Terra e representar graficamente, em escala reduzida, os elementos da configuração que possam ser claramente visíveis. Para pôr em evidência a configuração da superfície terrestre, o instrumento principal da cartografia é o mapa; todavia, outras formas de representação, como modelos de relevo, globos, fotografias aéreas, imagens de satélite e cartogramas, são também objetos da citada área científica.

Mais que uma ferramenta de orientação e de localização, os mapas, ao longo do tempo, transformaram-se em um instrumento

---

i. Segundo a Associação Brasileira de Normas Técnicas – ABNT (citada por Almeida, 2001, p. 33), o mapa é "uma representação gráfica, em geral uma superfície plana e numa determinada escala, com a representação de acidentes físicos e culturais da superfície da Terra, ou de um planeta ou satélite". Já a palavra *carta* é a "representação dos aspectos naturais e artificiais da Terra, destinada a fins práticos da atividade humana, permitindo a avaliação precisa de distâncias, direções e a localização plana, geralmente em média ou grande escala, de uma superfície da Terra, subdividida em folhas, de forma sistemática, obedecido um plano nacional ou internacional" (ABNT, citado por Almeida, 2001, p. 33).

utilizado para a expansão das civilizações e o seu desenvolvimento técnico acabou sendo colocado a serviço do poder. Eles se tornaram um instrumento fundamental para a definição de estratégias militares, bem como na conquista de novos territórios e de outros povos, conforme ilustrado na Figura 4.1.

Figura 4.1 – Mapa antigo que registra as "novas terras" encontradas na América do Sul

Crédito: Fotolia

A cartografia se divide em dois ramos principais: a **sistemática**, que se utiliza de técnicas cartográficas específicas e de dados matemáticos vindos da topografia e da geodesia, e a **temática**, mais simplificada, que busca atender à abrangência circunscrita a um tema proposto para o estudo de um ou mais fenômenos e requer o uso de uma linguagem gráfica na sua representação. Para Martinelli (1991, p. 29), a cartografia temática se define "como a ciência da representação dos fenômenos naturais e sociais por meio de representações gráficas".

Em outras palavras, a cartografia temática torna possível a representação de dados espaciais e informações geográficas sobre uma base reduzida, representando um espaço real por meio de uma escala, com o objetivo de simplificação do real para uma melhor compreensão dos fenômenos (generalização cartográfica).

Para saber mais

Definição de *escala*

O mapa representa uma porção do espaço geográfico com extensão muito variável, de alguns hectares (por exemplo, o equivalente a 10 mil m^2) a toda a extensão do planeta Terra. Essa reprodução suscita a questão da escala do mapa. Esta pode ser definida como a relação entre a medição de uma distância no terreno e a medição da mesma distância no mapa; ou seja, a escala mostra a proporção entre o espaço real mapeado e sua representação.

Por exemplo: a escala numérica expressa pela fração de 1:50.000 significa que uma unidade no mapa representa 50.000 unidades equivalentes no terreno; isto é, 1 cm no mapa equivale a 50.000 centímetros no terreno – ou, inversamente, 500 m no terreno representam 1 cm no mapa. Além da escala numérica, todo mapa comporta uma escala gráfica, posicionada na legenda. Trata-se de uma linha dividida na forma de uma grade, com intervalos iguais que estabelecem as distâncias expressas em metros ou quilômetros, conforme se vê a seguir.

Figura 4.2 – Exemplo de escala

Assim, a distância entre dois pontos no terreno pode ser facilmente determinada por meio da medição da distância entre dois pontos no mapa, que será comparada àquela mostrada na escala gráfica. Quando há uma redução ou ampliação fotográfica ou cópia, a escala gráfica é automaticamente reduzida ou ampliada, já que acompanha o mapa, e vice-versa.

O valor da fração determina a escala: 1:1.000.000 é menor que 1:10.000. Dada a relativa uniformidade de formatos (de alguns metros quadrados a vários decímetros quadrados), os mapas são construídos em diferentes escalas e representam partes desiguais da superfície da Terra, com graus de precisão muito variáveis.

Assim, em um mapa de escala numérica de 1:25.000, 1 quilômetro é representado por 4 centímetros – e, em um mapa nessa escala (grande), a extensão é limitada. Por outro lado, em um mapa 1:1.000.000, 1 km é representado por 1 milímetro – e em um mapa nessa escala (pequena) a área é muito maior (a extensão de um país, por exemplo). Você pode verificar essa dinâmica na Figura 4.2.

Em ambos os casos, o grau de precisão fornecido é diferente. Em um mapa de grande escala, aparecem muitos detalhes (casas, indústrias, rios, trilhas etc.) que não podem figurar em um mapa de pequena escala, muito mais simplificado e para o qual é feita uma classificação dos elementos a serem representados.

A passagem de uma grande a uma pequena escala obriga o abandono dos detalhes e uma simplificação dos contornos no mapa, que é chamada de *generalização cartográfica*. Por exemplo: as sinuosidades de um rio que são claramente visíveis em um mapa de grande escala não podem ser representadas em outro de pequena escala, como o mapa-múndi.

Outro ponto a destacarmos é que a variedade de escalas implica a existência de diversas categorias de mapas, que correspondem a diferentes usos. Para percorrer uma distância longa (muitos quilômetros de uma rodovia, por exemplo), o viajante vai precisar consultar um mapa em pequena escala (1:1.000.000); já para percorrer as trilhas de um lugar para praticar o turismo de aventura, terá necessidade de consultar um mapa em grande escala (1:25.000 ou 1:10.000).

Fonte: Adaptado de Cartographie, 2014.

Tabela 4.1 - Diferentes escalas de mapas e sua equivalência em metros e quilômetros

Escala	Equivalência em metros, de 1 cm do mapa	Equivalência em quilômetros, de 1 cm do mapa
1:500	5	0,005
1:1.000	10	0,01
1:5.000	50	0,05
1:10.000	100	0,10
1:25.000	250	0,25
1:50.000	500	0,5
1:100.000	1.000	1
1:250.000	2.500	2,5
1:500.000	5.000	5
1:1.000.000	10.000	10
1:2.500.000	25.000	25
1:5.000.000	50.000	50
1:20.000.000	200.000	200

Fonte: Adaptado de Conceição; Costa, 2011.

4.1.2 Cartografia e representação cartográfica

Do ponto de vista geográfico, a cartografia temática faz parte do que é conhecido, de modo geral, como *representação cartográfica*. Ela permite a realização de imagens gráficas específicas que traduzem as relações espaciais de um ou mais fenômenos ou de um ou mais temas (Martinelli, 1991). Na realidade, trata-se de um instrumento de análise, de apoio à tomada de decisão e comunicação, amplamente utilizado para representar uma ou mais variáveis. Desse modo – quer se trate de um mapa de inventário de recursos naturais ou do estudo da expansão urbana de um país, quer se trate da análise da dinâmica dos fluxos turísticos de uma região –, todos os mapas têm em comum alguns pontos.

Em primeiro lugar, um mapa é uma imagem gráfica que representa relações e baseia sua comunicação no uso de um sistema de símbolos – comunicação que se vale de uma linguagem visual. A esse respeito, e mesmo que a construção dessa linguagem deva seguir regras da semiologia gráfica (Bertin, 2005), ela constitui poderoso instrumento de comunicação e informação que não se restringe somente ao campo de ação dos geógrafos. A representação cartográfica tem utilidades para diversos tipos de usuários, incluindo os relacionados ao turismo (turistas, agentes de viagens e operadores turísticos, promotores públicos e privados e população residente). O Quadro 4.1, que pode ser observado no Apêndice desta obra, detalha esse fato.

Como você pode observar na Figura 4.2, que pode ser verificada no Apêndice desta obra, há duas variáveis de localização no plano (X e Y), duas variáveis formadoras da imagem (tamanho e valor) e outras quatro variáveis de separação das imagens (granulação, cor, orientação e forma). Por sua vez, cada uma é mais adequada para expressar determinado tipo de relação entre objetos/fenômenos: tamanho é a única variável indicada para expressar relações de proporção (grande, médio e pequeno); valor é a mais adequada para expressar relações de hierarquia (ordem); e granulação, cor, orientação e forma devem ser usadas para transcrever relações de diferença (seletividade).

Todas as variáveis descritas anteriormente podem ser representadas em um mapa por meio de dados quantitativos ou qualitativos em forma de pontos, linhas e zonas/áreas, conforme pode ser visto no Quadro 4.2.

Quadro 4.2 – Quadro-síntese das formas de representação dos objetos/fenômenos em um mapa

Natureza dos dados		Tipo de representação	Relação entre os dados	Variáveis usadas
Dados quantitativos	Quantidades absolutas	Pontos	Relações proporcionais	Tamanho
		Linhas	Relações proporcionais	Variação X, Y
	Quantidades relativas	Polígonos (áreas, zonas)	Relações de ordem	Valor
Dados qualitativos		Pontos	Relações de diferença	Associação de variáveis
		Linhas	Relações de diferença	Associação de variáveis
		Polígonos (áreas)	Relações de ordem	Valor
		Polígonos (zonas)	Relações de diferença	Associação de variáveis

(continua)

(Quadro 4.2 - conclusão)

Natureza dos dados	Tipo de representação	Relação entre os dados	Variáveis usadas
Dados quantitativos e/ou qualitativos	Pontos, linhas e zonas	Relações de proporcionalidade, ordem ou diferença	Valor, tamanho, combinação de variáveis
Dados quantitativos e/ou qualitativos	Áreas	Relações de ordem e/ou de diferença/similaridade (tipos ou categorias)	Associação de variáveis

Fonte: Adaptado de SciencesPo, 2013.

Em segundo lugar, a linguagem visual que o mapa traduz é específica porque é inversa à linguagem escrita ou falada; ou seja, em um primeiro momento, os olhos percebem um conjunto de fatos ou objetos, depois generalizam e buscam o detalhe. Evidentemente, a linguagem cartográfica não é neutra, pois todo mapa representa uma perspectiva, uma visão de mundo. Nesse ponto, muitas críticas são feitas às formas de representação expressas nos mapas – notadamente, a visão estereotipada de algumas sociedades acerca de outras. Historicamente, a cartografia tem servido, entre outros fins, para a dominação de alguns países sobre outros, até mesmo como instrumento de guerra. Assim, ideologia, poder e cartografia muitas vezes andam juntos, afinal de contas, a elaboração de um mapa vem, primeiramente, da escolha de fenômenos a representar por parte do autor e, em seguida, de uma simbolização gráfica. Portanto, o mapa não é um reflexo neutro de uma realidade externa, mas algo "construído".

Qualquer forma de representação é orientada e seletiva, parcial; é, inclusive, verdadeira ou falsa. Seja como for, a construção da imagem simbólica requer uma série de operações:

» O **que se projeta**, isto é, o estabelecimento de uma correspondência matemática entre os pontos de uma superfície de referência e os pontos de uma superfície plana ou colocada em um plano (abscissa X e ordenada Y), conforme mostra o Gráfico 4.1.

Gráfico 4.1 - Esquema de representação de plano

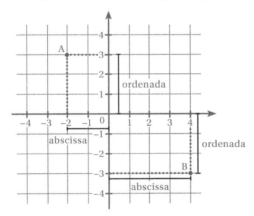

» A **miniaturização**, que é a aplicação de uma redução dos fenômenos/objetos, de acordo com a escala escolhida.
» A **generalização**, que é um procedimento de simplificação de informações parciais, necessário para a redução.
» Por fim, a **codificação**, ou seja, a escolha dos sinais convencionais ou símbolos para traduzir as informações retidas.

O mapa como produto final tem sido designado como um sistema semiótico complexo, um espaço que transcreve outro espaço, utilizando códigos diferenciados: icônico, linguístico e "matemático" (que reflete a relação do espaço gráfico com o espaço geodésico). Em suma, a elaboração de um mapa é baseada em um sistema de representação em que três variáveis são colocadas em relação: as duas dimensões ortogonais que definem o plano (sistema de coordenadas) e os fenômenos representados que aparecem como traços desenhados sobre a superfície do mapa.

Para saber mais

» Por influência da língua inglesa, na indicação do Oeste pode aparecer um W (de *West*, em inglês), e na indicação do Leste, um E (de *East*, em inglês).
» Um ponto qualquer da Terra pode ser setentrional, se estiver ao Norte do outro, e meridional, se estiver ao Sul do outro.
» Equador é o paralelo cujo plano é perpendicular ao eixo da Terra e está equidistante dos polos geográficos, dividindo o globo terrestre em dois hemisférios: Norte (ou Boreal) e Sul (ou Austral).
» O Oriente está a Leste ou nascente e o Ocidente está a Oeste ou poente.
» Quando abrimos os braços, ficando com o direito voltado para o nascente e o esquerdo para o poente, temos a frente voltada para o Norte e as costas para o Sul.
» O Meridiano de Greenwich é a origem da contagem das longitudes e o Equador é a origem da contagem das latitudes. As coordenadas geográficas são determinadas pela latitude e pela longitude.
» Latitude é a distância em graus de determinado ponto da superfície terrestre à linha do Equador e varia de 0° a 90° tanto para o Norte como para o Sul. Já longitude é a distância em graus de determinado ponto da superfície terrestre ao Meridiano de origem (Greenwich). Varia de 0° a 180° para o Leste e para o Oeste.

» Norte, Sul, Leste e Oeste são os pontos cardeais. Existe uma figura, chamada *Rosa dos Ventos*, que representa as diversas direções por meio dos pontos cardeais, colaterais e subcolaterais.

» A bússola é um instrumento que contém uma agulha magnética móvel em torno de um eixo que passa pelo seu centro de gravidade, montada em uma caixa com limbo graduado, sendo usada para orientação.

» Eixo da Terra é a linha em torno da qual o planeta executa seu movimento de rotação, de Oeste para Leste.

Fonte: Elaborado com base em Oliveira, 2004, p. 12-13.

Em resumo, conhecendo-se a latitude e a longitude de um lugar, é possível saber sua posição exata no globo, conforme mostra a Figura 4.3.

Figura 4.3 – As linhas de latitude e longitude no Globo

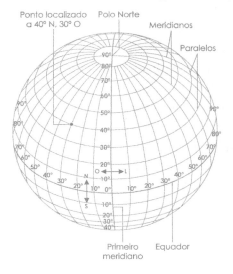

Fonte: Britannica, 2014.

Um mapa também pode ser considerado uma forma de descrever o espaço; ele localiza a natureza e a importância dos fenômenos. Por isso, a linguagem do mapa não se resume apenas aos símbolos usados na representação dos fenômenos – o que ele revela está desenhado nele, e não dentro da legenda. Portanto, para interpretá-lo, não basta ler a legenda, mas sim as formas do mapa e o arranjo dos símbolos. Evidentemente, a legenda é fundamental, pois apresenta a codificação expressa no mapa, indicando os símbolos que compõem a imagem e a relação entre os diferentes significantes (cores, formas, texturas etc.) e seus respectivos significados (o que representam). Logo, o processo de comunicação visual do mapa passa necessariamente pela concepção da simbologia que nele será lançada, bem como pela sua correspondente significação, expressa na legenda. A legenda de um mapa está situada, geralmente, dentro da moldura dele, com todos os símbolos, cores e outros artifícios capazes de explicar de modo resumido a ocorrência de determinado objeto ou fenômeno, de acordo com sua distribuição no espaço geográfico. A Figura 4.4, que pode ser verificado no Apêndice desta obra, destaca um exemplo de legenda em um mapa.

Todavia, um mapa não é – e nem deve ser – uma simples imagem artística de um espaço; ele precisa fornecer informações – passar uma mensagem. "O mapa deve revelar estruturas que normalmente não são diretamente visíveis na paisagem, mas somente visualizáveis" (Bailly; Scariati, 1999, p. 45). Nessa perspectiva, o mapa constitui um instrumento funcional; logo, deve permitir a mesma compreensão dos fenômenos representados por diferentes pessoas que venham a utilizá-lo.

Entretanto, embora o mapa em si seja uma imagem combinada a textos (título, símbolos na legenda, toponímia – isto é, o nome de lugares e outros fenômenos representados em um mapa como um rio ou um lago, por exemplo –, fontes dos dados, informações adicionais etc.), não há propriamente uma linguagem universal, ou seja, formas previamente indicadas como corretas para representação dos diferentes objetos/fenômenos em determinado espaço. Nem mesmo há uma obrigatoriedade na escolha de símbolos específicos para os temas representados.

Um dos temas relacionados à linguagem cartográfica de grande importância para o turismo é a sinalização turística, que pode ser entendida como uma forma de comunicação cujo objetivo é facilitar o acesso dos visitantes (turistas e excursionistas) aos lugares por meio do uso de símbolos, traços e signos. No mundo todo, assim como no Brasil, ela utiliza uma linguagem comum, tornando simples o entendimento da mensagem por turistas de diferentes origens (turismo doméstico e internacional).

A sinalização turística apresenta um sistema estruturado em três dimensões: 1) externas (inseridas em ambientes urbanos e rurais, referem-se aos equipamentos e serviços atrativos do espaço representado); 2) internas (dizem respeito aos equipamentos, apontando suas facilidades, seus serviços e locais especiais); e 3) de uso comum (orientações de cunho genérico dirigidas a turistas e moradores do lugar de destino, tais como advertências, proibições e regulamentações). A Figura 4.5 a seguir apresenta essa estrutura.

Figura 4.5 – Estrutura básica de um sistema de sinalização turística

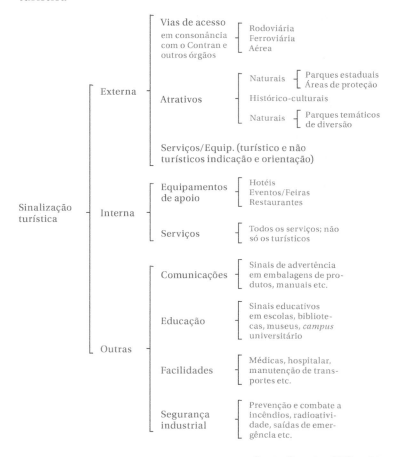

Fonte: Carneiro, 2001, p. 24.

No Brasil, o Iphan (Instituto do Patrimônio Histórico e Artístico Nacional), o Embratur (Instituto Brasileiro de Turismo) e o Denatran (Departamento Nacional de Trânsito) elaboraram, em 2001, o "Guia Brasileiro de Sinalização Turística" – GBST (Iphan; Denatran; Embratur, 2013), que orienta a elaboração de projetos de sinalização turística de cidades brasileiras que buscam desenvolver a atividade turística por meio da uniformização de uma simbologia, com a proposição de algo próprio aos lugares turísticos de modo geral. Na Figura 4.6, são apresentados os principais tipos de símbolos, também chamados de *pictogramas*, correspondentes aos serviços prestados ou de apoio ao turista que constam no GBST, além de outros genéricos, mas igualmente associados ao turismo.

Figura 4.6 – Tipos de símbolos usados na sinalização turística

Fonte: Iphan; Embratur; Denatran, 2013.

Já no caso do mapa, o sistema de símbolos utilizado compõe um tipo de vocabulário e uma gramática visual específica (objetos geográficos, cores, símbolos e sinais figurativos etc.). Historicamente, o uso de símbolos para representar objetos e lugares é uma prática antiga e está relacionado, sobretudo, à cultura e aos valores das diferentes sociedades. Os símbolos são estabelecidos, de modo geral, de forma análoga à realidade, como a utilização de árvores para representar florestas.

Esse é o caso dos mapas turísticos, nos quais se faz uso de símbolos preestabelecidos para representar os lugares, buscando-se disponibilizar ao turista (real e potencial) um conjunto de informações a serem usadas em sua viagem e/ou estadia no destino. Segundo Fiori (2010), os mapas temáticos elaborados para fins de uso turístico podem ser divididos em dois grandes grupos: pictóricos e convencionais. Os mapas pictóricos são compostos de ilustrações e símbolos figurativos que dispõem de alguma(s) semelhança(s) física(s) com o fenômeno representado – razão pela qual são reconhecidos mais facilmente (ver Figura 4.7). Todavia, são caracterizados em geral por apresentar maior poluição visual e, na maioria das vezes, algumas graves deficiências cartográficas, tais como ausência de escala, desconhecimento do sistema de referências (latitude/longitude e pontos cardeais) e legendas que nem sempre cumprem sua função.

Figura 4.7 – Mapa turístico pictórico

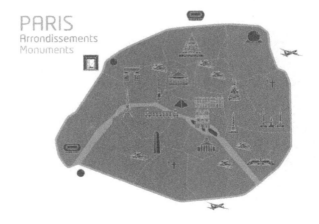

Crédito: Fotolia

Os mapas temáticos convencionais são compostos por formas geométricas e abstratas, têm maior aceitação entre pessoas iniciadas na linguagem cartográfica e dispensam legenda para interpretação. O nível de abstração proporciona uma leitura mais rápida e direta, além de se qualificarem pela menor poluição visual e pelo uso muito frequente da escala gráfica, o que evidencia uma menor descaracterização da base cartográfica. Outro aspecto importante é que apresentam a indicação do norte geográfico, o título e a legenda, conforme o exemplo apresentado na Figura 4.8.

Figura 4.8 – Mapa turístico convencional

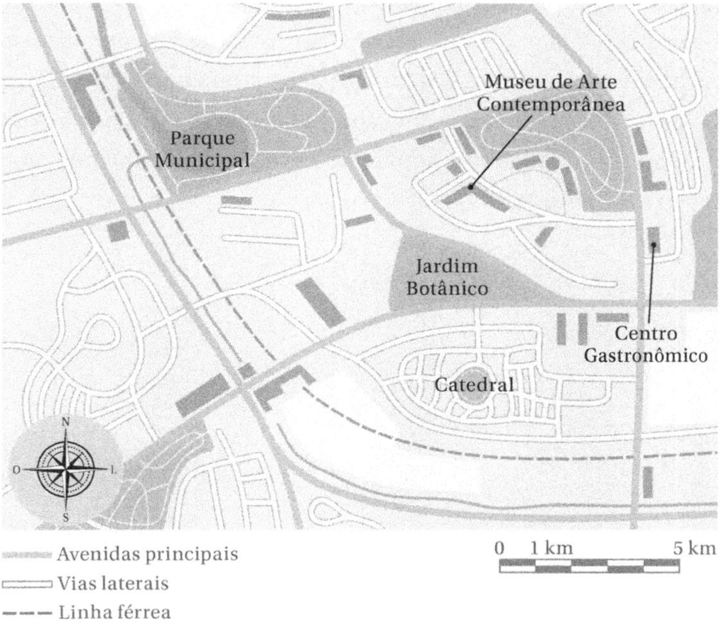

Em resumo, existe uma gama diversificada de aplicações do mapa no turismo. De um lado, trata-se de importante ferramenta de informação e orientação para os turistas antes e durante

143

as viagens, principalmente sobre as seguintes questões: acessibilidade (vias de acesso, meios de transporte, sinalização etc.); atrativos (localização, distâncias, orientação espacial, tipos de atrativos – naturais e culturais etc.); infraestrutura e serviços turísticos (informações turísticas, meios de hospedagem, alimentação, diversão etc.); infraestrutura de apoio e serviços disponíveis no lugar visitado (hospitais, centros de compras, segurança etc.) (Oliveira, 2004).

De outro lado, os mapas são muito importantes para planejadores e promotores públicos e privados, na medida em que podem ser empregados no diagnóstico da potencialidade turística de um território e/ou no planejamento de um espaço turístico (Menezes; Fernandes, 2003). Em outras palavras, a cartografia aplicada ao turismo serve tanto para os turistas planejarem e executarem sua viagem quanto como subsídio aos planejadores e promotores do desenvolvimento do turismo em determinado lugar, conforme mostra a Figura 4.9.

Figura 4.9 – A cartografia aplicada ao turismo

Nesse contexto, as novas tecnologias aplicadas à elaboração de mapas, em especial os Sistemas de Informações Geográficas (SIG), aparecem hoje como uma ferramenta particularmente poderosa de apoio ao turismo.

4.2 As novas tecnologias e a elaboração de mapas turísticos

No mundo contemporâneo, muitos elaboradores de mapas utilizam como fonte de dados temáticos informações obtidas por meio dos produtos de sensoriamento remoto (imagens de satélites e fotografias aéreas), empregando para isso técnicas de processamento digital de imagens – o geoprocessamento – e os SIGs.

Os produtos cartográficos digitais são uma tendência na era da informática. Assim, podemos encontrar muitos deles na internet, nos jornais televisivos e em outros meios de comunicação. Dentre as técnicas mais empregadas na elaboração de mapas digitais, temos os SIG, que ajudam a gerenciar informações geográficas e tornam simples a tarefa de organizar e armazenar, acessar e recuperar, manusear e sintetizar, além de possibilitarem a aplicação de dados na resolução de problemas (Longley et al., 2012). Como tecnologia, os SIG são úteis tanto aos diversos campos da ciência especializada quanto à resolução de problemas comuns, usando o conhecimento geral e o específico da realidade geográfica.

Entre as aplicações possíveis dos SIG em turismo, destacam-se a produção de diversos tipos de mapas e o controle e monitoramento de impactos ambientais negativos gerados pelo uso turístico dos lugares. No caso dos turistas, eles contribuem para resolver os problemas geográficos por ajudarem na seleção de hotéis em cidades e lugares visitados e fornecerem instruções de direção, auxiliando os turistas a encontrarem o próprio caminho nos destinos turísticos.

A definição de SIG é complexa, mas, de forma simplificada, podemos defini-lo como uma ferramenta informatizada que permite armazenar, gerenciar, processar e exibir informações geográficas

(Longley et al., 2012), as quais são armazenadas e gerenciadas em uma base de dados que combina dados geométricos (localização e forma) e temáticos (fenômenos e objetos).

> **Para saber mais**
>
> **Definição de SIG**
>
> Sistemas de Informações Geográficas (SIG) são uma ferramenta destinada à organização e apresentação de dados alfanuméricos espacialmente referenciados (georreferenciados), bem como para a produção de mapas temáticos. Por trás dessa definição, logo pensamos no programa que serve como suporte para a elaboração do mapa. De modo geral, um programa (*software*) deve ser capaz de realizar as seis operações básicas de um SIG, que são:
>
> 1. armazenar a informação geográfica em formato digital (aquisição dos dados);
> 2. organizar a base de dados (arquivamento);
> 3. manusear e consultar dados geográficos (análise);
> 4. sintetizar e disseminar a informação geográfica (em formato de imagem e vídeo);
> 5. propor uma ou mais formas de representação do mundo real (abstração);
> 6. ajudar na análise prospectiva (antecipação).
>
> Quando um programa não é capaz de realizar essas tarefas, não se pode falar em SIG, mas apenas em *software* de mapeamento.
>
> Fonte: Elaborado com base em Longley et al., 2012, p. 25.

Nos SIGs, cada tema de informação é representado por uma camada, um conjunto de objetos elementares de mesma natureza. Uma camada combina a representação cartográfica dos objetos espaciais e a tabela de informações estatísticas que lhes estão associadas. As informações são armazenadas e representadas em nível de *pixel* (modo *raster*) ou ao nível dos objetos espaciais elementares, que são representados por pontos, linhas ou polígonos (modo *vetor*). A maior parte dos SIGs permite a combinação desses dois modos.

Os SIGs permitem cruzar de diversas maneiras as informações contidas na base de dados. Por um lado, as relações existentes entre as características geométricas e temáticas de objetos permitem seleções de subconjuntos, seja mediante consultas suportadas pelos atributos estatísticos, seja por meio de consultas ditas espaciais, feitas com base em ferramentas gráficas.

Por outro lado, determinado número de operações geométricas ou topológicas permite que se trabalhe sobre os objetos espaciais em si mesmos, pertencentes ou não a uma mesma camada de informação geográfica. Os cruzamentos "verticais", isto é, que se referem ao cruzamento de diferentes camadas de informação geográfica, são as operações mais convencionais. Por exemplo:

» A sobreposição (*overlay*) de diferentes camadas de informação geográfica, que permite correlacionar informações oriundas de diversas fontes, as quais, *a priori*, podem parecer incompatíveis (censos demográficos, imagens de satélite, levantamentos no terreno etc.) e de natureza variada (estradas, lotes, prédios, população rural e urbana etc.).

» O cruzamento, a inclusão e a união, que permitem delimitar conjuntos espaciais que correspondam a determinados critérios. Essas operações resultam na criação de novas informações geográficas para representar objetos espaciais de natureza diversa.

Outro aspecto sobre os SIGs que vale destacarmos é o fato de hoje existirem ferramentas interativas de mapeamento disponíveis na *web*, as quais permitem até mesmo que usuários leigos, isto é, não especialistas em cartografia digital, possam "construir" os próprios mapas, selecionando os dados que desejam exibir e a escala de representação. Esses mapas podem ter utilidade para diferentes tipos de usuários e aplicação em diversas áreas.

O chamado *e-mapeamento* – destinado a gestores do turismo, profissionais de *marketing* e outros – oferece soluções para o desenvolvimento do turismo em dado território por meio do mapa turístico. Os mapas turísticos permitem atrair, seduzir e informar os atores do território criado pelo turismo (turistas, promotores territoriais públicos e privados e população residente). Entre os exemplos de informações turísticas geolocalizáveis, temos:

» hotéis, restaurantes, pousadas, casas de hospedagem;
» museus, monumentos históricos, centros comerciais etc.;
» visitas guiadas e passeios;
» circuitos de *mountain bike*, trilhas, caminhadas, circuitos culturais etc.

4.2.1 O uso do mapa no turismo e as ferramentas digitais

Diversas ferramentas disponíveis na *web* podem auxiliar na elaboração e na utilização de mapas no turismo. Entre elas, destacamos algumas na sequência.

4.2.1.1 GPS – ferramenta de localização

GPS (*Global Positioning System*) significa, em português, "Sistema de Posicionamento Global". É um sistema de localização por satélites que permite determinar, com grande precisão de posicionamento, as coordenadas de qualquer ponto da superfície do globo terrestre.

O sistema recebe dados da rede de satélites. Cada satélite sabe sua posição e transmissão de informações continuamente e emite sinais recebidos pelos receptores GPS (no chão, no mar e no ar) e os capacita para calcular a sua posição de acordo com essas informações. O receptor GPS precisa de um mínimo de três satélites para poder calcular uma posição em duas dimensões – 2D (imagem em um plano X e Y) na superfície da Terra. Um quarto satélite (dependendo do sinal de recepção) irá fornecer uma posição em três dimensões – 3D (imagem em um plano X, Y e Z, em que a terceira dimensão é de profundidade), que determina a altura ou altitude. As principais funções do GPS são: indicar uma posição; dar a direção a seguir; apontar a distância entre dois pontos; memorizar uma rota (rastreamento); salvar pontos de informação (*waypoints*).

De acordo com os modelos de GPS, outras funções podem também ser postas à disposição do usuário.

4.2.1.2 A disseminação de informações digitais

Um mapa digital *on-line* deve permitir a visualização do conjunto de rotas de um lugar e/ou região turística. As principais informações (geográficas) que podem ser incluídas são:

» *layout* de cada rota;
» ponto de partida e de chegada;
» principais elementos da rota (patrimônio natural, cultural, pontos de parada etc.);
» principais dificuldades do terreno (passagens perigosas, caminhos íngremes etc.);
» acomodações para os visitantes (turistas e excursionistas).

Uma descrição da rota, em formato de papel ou digital, é muito útil ao turista (formato PDF para impressão), na qual se indicam o nome do circuito, o acesso ao ponto de partida (acessos rodoviários, estacionamentos etc.), a extensão da rota, o percentual de rodovias pavimentadas, os tipos de paisagens encontradas, informações históricas e culturais sobre os principais pontos de interesse turístico, os tipos de usuários que podem fazer o circuito (aventureiros, caminhantes, pedestres, ciclistas e outros), a marcação no lugar, os dados dos estabelecimentos turísticos e uma descrição dos alojamentos na rota. O mapa também oferece orientações mais precisas quanto à rota a ser seguida, por exemplo, em áreas nas quais é grande o risco de se perder.

4.2.1.3 A conversão de arquivos para o formato GPX

GPX é o formato padrão reconhecido por todos os *softwares* de mapeamento moderno e pelo GPS. Recomenda-se que seja usado para gravar e transmitir as rotas na internet. Nem todos os *softwares* de mapeamento geram diretamente arquivos no formato GPX – como o caso do Google Earth, que cria arquivos KML ou KMZ[ii].

4.2.1.4 A integração de mapeamento digital em *sites* da *web*

O mapeamento na *web* veio permite o manuseio direto dos dados cartográficos nos quais interações dos usuários (como "clicar e arrastar") são visualizadas instantaneamente (Longley et al.,

---

ii. Para converter um arquivo no formato GPX, há *softwares* livres *on-line* (ver: GPS Visualizer. Disponível em: <http://www.gpsvisualizer.com>. Acesso em: 25 jun. 2014).

2012). *Sites* habilitados com AJAX se comparam favoravelmente à primeira geração de aplicações de SIG na *web*, em que os usuários normalmente clicam um controle de *zoom* e, então, esperam a página ser recarregada antes de visualizar o resultado. As APIs (*Application Programming Interface*, em português, Interface de Programação de Aplicativos) estão disponíveis em uma variedade de *sites*, tanto espaciais (Google Maps, Yahoo Maps, Microsoft Live Maps) quanto não espaciais (Flickr, Facebook®), e oferecem uma série de funções para aplicações em diversos setores.

O GeoPortal e o Google Maps são dois dos *sites* interativos de mapeamento mais conhecidos, os quais têm como base de dados de referência geográfica (georreferenciamento) mapas na escala de 1:25.000, fotografias aéreas, plantas cadastrais etc. O uso do aplicativo (API) do GeoPortal em um *site* da *web* é totalmente gratuito e sem limite de consumo para fins não comerciais. As APIs do Google Maps, por exemplo, oferecem operações básicas de SIG, como a possibilidade de desenhar formas, localizar pontos, geocodificar endereços e mostrar tudo isso sobre mapas-base de alta resolução ou sobre imagens de satélite.

Para saber mais

Para obter mais informações sobre a API, basta consultar o seguinte *site*:
GOOGLE MAPS. Disponível em: <https://maps.google.com.br/maps?hl=pt-BR&tab=wl>. Acesso em: 25 jun. 2014.

No Quadro 4.3, disponível no Apêndice desta obra, é possível identificar orientações para a elaboração de um mapa.

Estudo de caso

O uso do SIG na elaboração do inventário turístico municipal

O SIG é uma ferramenta cada vez mais usada no planejamento e ordenamento turístico do território. Esse recurso permite a estruturação de um banco de dados coletados em diversas fontes e que, por serem georreferenciados (geograficamente localizados) em relação ao local de origem, geram uma representação cartográfica da distribuição espacial de objetos e fenômenos, tanto por meio de mídias analógicas, como mapas e tabelas impressos, quanto de mídias digitais, como servidores da *web*, que informam dados espacializados ao usuário com base em informações coletadas em diferentes períodos. Dessa forma, o SIG torna possível que se atualizem informações já existentes e que sejam gerados novos dados relevantes para o conhecimento de um lugar turístico, por exemplo.

Nesse sentido, a diferença essencial entre o SIG e o mapa reside no fato de que o primeiro permite gerar modelos dinâmicos de representação cartográfica, enquanto o segundo é uma forma estática de se visualizar a informação geográfica. Além disso, por se tratar de um sistema digital, o SIG viabiliza a inserção de diversos tipos de dados relativos ao turismo, como atrativos turísticos, acessos (estradas, rodovias, aeroportos etc.), serviços e equipamentos de apoio, fotos de sítios e/ou monumentos turísticos e imagens de satélites que cobrem diferentes extensões do território de um município ou região.

Síntese

Neste capítulo, focalizamos a definição de mapa e de representação cartográfica, abordando alguns dos elementos essenciais de um mapa – escala e coordenadas geográficas. Enfocamos o significado da linguagem cartográfica – a simbologia gráfica –, assim como apresentamos os principais tipos de mapas, destacando sua importância para o turismo. Abordamos também a aplicação das novas tecnologias e as ferramentas digitais disponíveis na internet que permitem a elaboração e a consulta de material cartográfico pelos diversos tipos de usuários, incluindo aqueles ligados ao turismo.

Questões para revisão

1. Aponte qual é o valor do mapa mental.
2. Qual é a finalidade da cartografia?
3. Considere um mapa cuja escala é de 1:1.000.000. A distância em linha reta entre duas cidades no mapa é de aproximadamente 7 cm. Assinale a alternativa que indica corretamente a distância real entre duas cidades:
   e) 700 km.
   a) 70 km.
   b) 7 km.
   c) 7.000 km.
   d) 170 km.

4. Observe o mapa a seguir:

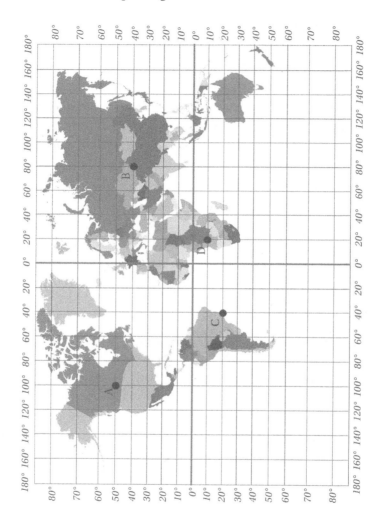

Assinale a alternativa **incorreta**:
a) Ponto A – 50° latitude N; 100° longitude O.
b) Ponto B – 40° latitude N; 80° longitude L.
c) Ponto C – 20º latitude S; 40º longitude O.
d) Ponto D – 20º latitude S; 20° longitude L.

5. No gráfico a seguir estão localizadas as cidades A, B, C e D. As setas indicam rotas aéreas. De acordo com a localização das cidades e a direção das rotas, marque V para as alternativas verdadeiras e F para as falsas.

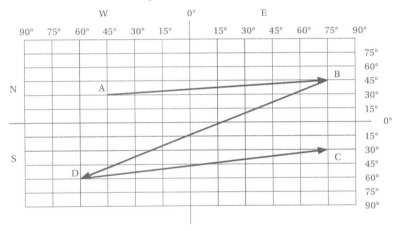

( ) Todas as cidades estão localizadas no mesmo hemisfério.
( ) A rota de D para C indica que o avião parte de um ponto mais setentrional em direção a um ponto mais meridional.
( ) As cidades B e C estão em latitudes diferentes.
( ) Todas as cidades estão localizadas em latitudes diferentes.

Questões para reflexão

1. Discorra sobre a importância da cartografia para o turismo. Dê exemplos.

2. Quantas vezes você utilizou um mapa para obter informação de um lugar turístico? Ele satisfez suas necessidades? Justifique.

3. Construa roteiros turísticos que integrem o município onde você mora, seus distritos e arredores, apresentando os principais atrativos turísticos, a infraestrutura, a localização, formas de acesso etc.

5 Turismo e apropriação do território

Conteúdos do capítulo

» Impactos gerados pelo desenvolvimento do turismo.
» Impactos positivos e negativos sobre o espaço geográfico provocados pelo crescimento do turismo.
» Efeitos da degradação ambiental e o futuro do turismo.
» Desenvolvimento sustentável do turismo.
» Turismo sustentável.
» Ações em âmbito mundial para promoção do turismo sustentável.
» Indicadores de sustentabilidade para os lugares turísticos.

Após o estudo deste capítulo, você será capaz de:

1. analisar os processos geradores dos impactos econômicos, sociais e ambientais do turismo;
2. identificar os principais impactos positivos e negativos sobre o espaço geográfico provocados pelo crescimento do turismo;
3. avaliar os riscos da degradação ambiental para o desenvolvimento futuro do turismo;
4. compreender o significado do desenvolvimento sustentável aplicado ao turismo;
5. reconhecer as ações em âmbito mundial para promover o turismo sustentável;
6. analisar as possibilidades de se alcançar o desenvolvimento sustentável do turismo.

5.1 Impactos da apropriação do território pelo turismo

No atual contexto de globalização, o turismo vem conquistando importância crescente. Assim, governos nacionais e locais, administradores e gestores públicos, enfim, todos aqueles que estabelecem as chamadas *políticas de desenvolvimento econômico*, tanto nos países desenvolvidos quanto nos em desenvolvimento, passaram a ver o turismo como uma poderosa ferramenta para alavancar o progresso dos territórios.

Esse interesse aumenta na medida em que se conhece a capacidade do turismo de gerar benefícios para a economia de regiões e lugares. Entretanto, é preciso que estejamos atentos para o fato de que o turismo não é portador só de benefícios e vantagens, pois, como mostraremos neste capítulo, essa atividade pode provocar uma série de efeitos negativos nas economias, nas sociedades e no meio ambiente dos territórios sob influência da dinâmica turística.

Todavia, apesar de as críticas ao turismo terem crescido nos últimos anos, principalmente as relacionadas aos custos ambientais e sociais que ele impõe às sociedades anfitriãs e "à constatação de que não é uma indústria tão 'limpa' como se pensava, o discurso de um número cada vez maior de governantes para com este setor tem permanecido completamente favorável" (Ioannides; Debbage, 1997, p. 3).

Essa postura acrítica sobre o desenvolvimento do turismo é muito comum nos países em desenvolvimento. Nestes, os responsáveis pela formulação das políticas de turismo têm frequentemente se concentrado nos benefícios econômicos que a atividade turística pode trazer e ignorado os demais impactos, especialmente os negativos, que podem ocorrer tanto nas estruturas social e cultural quanto no meio ambiente dos territórios (Silveira, 2002a).

De início, é necessário advertirmos que os efeitos do turismo não são iguais em todos os lugares, pois diversos fatores temporais espaciais determinam o desenvolvimento da atividade turística. Na verdade, os impactos do turismo – econômicos, socioculturais e ambientais –, tanto negativos como positivos, estão estreitamente relacionados e são decorrentes de vários fatores, entre os quais destacamos:

» número de chegadas de turistas;
» localização e distribuição espacial da oferta turística;
» estrutura da economia e da sociedade locais;
» infraestrutura de apoio (transportes, energia, comunicação etc.);
» tipos de práticas turísticas e atividades associadas (turismo de sol e praia, turismo rural, turismo urbano, ecoturismo e outras);
» diferenças sociais e culturais entre os residentes e os turistas;
» fragilidade ambiental do lugar.

Portanto, processos de desenvolvimento turístico iguais podem dar origem a impactos diferentes. Segundo Vera Rebollo et al. (1997, p. 249), "seja em que escala for, está claro que os efeitos espaciais da atividade turística são em função da amplitude, da intensidade, do ritmo e do tempo de ocorrência do fenômeno". Para os citados autores, outros aspectos que devem ser considerados na avaliação dos impactos do turismo estão condicionados ao arranjo do espaço turístico em questão, ao seu grau de integração funcional com a estrutura produtiva da região em que ele está inserido, assim como às práticas que ocorrem nesse espaço.

O que já se sabe, como demonstram estudos e avaliações feitos em alguns lugares "turistificados" do planeta (WTTC et al., 2002), é que a natureza e a magnitude dos impactos mudam em função das características do lugar e do nível de desenvolvimento do turismo. Isso porque cada lugar está sujeito a determinada capacidade de carga turística, ou melhor, ao nível em que pode ser mantida a atividade turística a longo prazo, sem que esta venha a produzir danos socioambientais irreversíveis.

Capacidade de Carga Turística (CCT)

Para saber mais

A Organização Mundial do Turismo (OMT, 2003) define *Capacidade de Carga Turística* (CCT) como "o número máximo de pessoas que podem visitar simultaneamente um mesmo destino turístico, sem causar danos ao meio físico, biológico, econômico e sociocultural, e sem reduzir de maneira inaceitável a qualidade da experiência dos turistas". Todavia, de acordo com Kurhade (2013), existem vários tipos de capacidade de carga relacionados ao uso turístico do território, entre os quais os quatro mais comumente usados são:

1. **Capacidade de carga física**: Trata-se do número máximo de pessoas que uma área é realmente capaz de suportar. Entretanto, esse tipo também é usado com relação a parâmetros ambientais, ecológicos e físicos, como a capacidade de suporte dos recursos naturais, dos ecossistemas e da infraestrutura.
2. **Capacidade econômica**: Refere-se a um nível de alteração inaceitável dentro da economia local de um destino turístico e à capacidade deste de acomodar a função turística sem prejuízo local.
3. **Capacidade de carga social**: Diz respeito aos efeitos socioculturais negativos relacionados com o desenvolvimento do turismo. Quando a capacidade de carga é excedida, a tolerância dos moradores locais para o turismo é reduzida, tal como descreve o modelo conhecido como *índice de irritação* (Doxey, 1975).

4. **Capacidade de carga biofísica:** Trata-se da medida em que o ambiente natural é capaz de tolerar a interferência de turistas. Isso se torna mais complicado pelo fato de que o indicador lida com o aspecto ecológico do destino. A natureza é capaz de se regenerar até certo ponto; todavia, quando o dano ao meio biofísico ou ecológico é acentuado, o ambiente natural perde sua capacidade de regeneração.

Quando a CCT de um lugar é frequentemente excedida, começa-se a perceber que os impactos negativos aumentam rapidamente e que os positivos tendem a diminuir. Nesse contexto, o desenvolvimento do turismo passa a ser prejudicado, os danos tornam-se muitas vezes irreversíveis e, finalmente, a insatisfação do turista traz como resultado a decadência ou o declínio do destino turístico (Butler, 1980). Esses danos podem estar relacionados tanto aos aspectos sociais e ambientais quanto aos econômicos. Uma das consequências é a perda da atratividade turística do lugar.

5.1.1 Impactos econômicos do turismo

Com referência aos impactos do turismo na economia dos lugares ou regiões de destino, é preciso, antes de tudo, ter-se em mente que o desenvolvimento turístico é causa e consequência do desenvolvimento econômico de um país e que a importância econômica da atividade varia entre os países e, dentro de um mesmo país, de região para região.

As despesas realizadas pelos turistas são o elemento-chave das avaliações dos impactos econômicos do turismo. Os turistas adquirem bens e serviços de atividades econômicas diretamente relacionadas ao turismo, designadas como *atividades específicas do turismo*. Nesse contexto, é importante delimitar corretamente os potenciais efeitos econômicos, positivos e negativos, os quais poderão estar relacionados com o desenvolvimento do turismo, independentemente do tipo de turista ou visitante e das características do destino em questão.

Para Mathieson e Wall (1991), os principais benefícios econômicos do turismo são: contribuição no saldo da balança de pagamentos; criação de empregos e renda; modernização da estrutura econômica das regiões de destino; aumento do empreendedorismo por parte de residentes locais. Por sua vez, os custos são principalmente os seguintes: ameaça a uma forte dependência do turismo; inflação; aumento da propensão para importar; sazonalidade da atividade; baixa taxa de retorno do investimento; surgimento de outros custos externos. No Quadro 5.1, apresentamos de forma resumida benefícios e custos econômicos decorrentes do desenvolvimento do turismo em dada região ou país.

Quadro 5.1 – Síntese dos potenciais efeitos econômicos positivos e negativos do turismo

Potenciais efeitos econômicos positivos do turismo	Potenciais efeitos econômicos negativos do turismo
Aumento das oportunidades de comércio para as empresas existentes na região de destino	Aumento das importações de produtos e serviços necessários aos turistas
Criação de um ambiente favorável ao aparecimento de novas empresas ligadas de forma direta e indireta às atividades turísticas	Efeito prejudicial sobre outras atividades econômicas por meio da competição de mão de obra com o turismo
Criação de postos de trabalho	Pressões sobre a taxa de câmbio, devido aos gastos turísticos

(continua)

(Quadro 5.1 - conclusão)

Potenciais efeitos econômicos positivos do turismo	Potenciais efeitos econômicos negativos do turismo
Geração de renda para prestadores locais de serviços turísticos	Aumento da inflação
Aumento das exportações da região	Desemprego gerado em outras atividades econômicas da região
Aumento das receitas do governo (Estado) mediante maior arrecadação de impostos, taxas etc.	Aumento das despesas públicas com infraestrutura e serviços (segurança, manutenção de equipamentos urbanos, áreas verdes etc.)
Contribuição para a diversificação da estrutura produtiva da região ou país	Desestruturação das economias locais com dificuldades de acesso aos recursos produtivos
Contribuição na redistribuição espacial da população no território em função da especialização turística	Aumento dos preços dos terrenos e imóveis construídos e não construídos

Fonte: Adaptado de Dwyer; Forsyth, 1997.

Em suma, o desenvolvimento do turismo pode ter efeitos tanto sobre os atores individuais (empresários, trabalhadores e outros) quanto sobre os atores coletivos (população residente no lugar), que não fazem parte nem da oferta turística (empresas que fornecem serviços e produtos aos turistas), nem da demanda (turistas). Esses efeitos são conhecidos em economia como *externalidades*, ou efeitos externos que não pertencem a ela, mas que advêm de outros fatores.

As externalidades do turismo ocorrem quando o seu desenvolvimento afeta a economia do lugar, seja de forma positiva, seja de forma negativa. Quando os efeitos são negativos, referem-se às externalidades negativas do turismo; quando são positivos, dizem respeito às externalidades positivas. A avaliação das externalidades do turismo tem sido feita pelo cálculo do seu "efeito multiplicador", conforme mostrado de forma simplificada na Figura 5.1 a seguir.

Os gastos turísticos se referem à compra de bens e serviços de setores da economia local, como hotéis, serviços de alimentação e bebidas, *souvenirs*, bancos, construção civil etc. Parte de tais gastos sairá de circulação, pois os fornecedores precisarão comprar produtos importados para cobrir suas necessidades, ou seja, adquirir bens e serviços de outros fornecedores, e assim por diante. A atividade econômica gerada em consequência das compras e dos gastos é conhecida como *efeito indireto* (Cooper et al., 2001).

Figura 5.1 – Esquema simplificado do efeito multiplicador em turismo

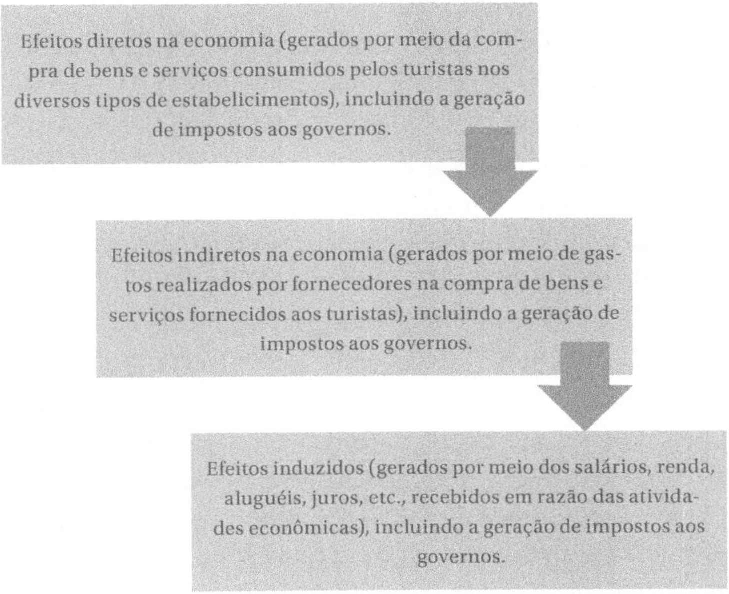

Efeitos diretos na economia (gerados por meio da compra de bens e serviços consumidos pelos turistas nos diversos tipos de estabelecimentos), incluindo a geração de impostos aos governos.

Efeitos indiretos na economia (gerados por meio de gastos realizados por fornecedores na compra de bens e serviços fornecidos aos turistas), incluindo a geração de impostos aos governos.

Efeitos induzidos (gerados por meio dos salários, renda, aluguéis, juros, etc., recebidos em razão das atividades econômicas), incluindo a geração de impostos aos governos.

Fonte: Adaptado de Cooper et al., 2001.

Outro efeito da atividade turística é o induzido, gerado por meio de salários, aluguéis e juros recebidos em razão da atividade e que resultam em outras atividades econômicas. Em suma, o objetivo principal do cálculo do efeito multiplicador é quantificar o impacto econômico em termos de consumo, produção, ingresso e ocupação na atividade turística, uma vez estimados os efeitos diretos, indiretos e induzidos pelos gastos turísticos (Silva, J. A. S., 2004).

No que se refere às externalidades econômicas negativas, merecem destaque os gastos que o governo (Estado) realiza para construção e conservação de infraestrutura (rodoviária, aeroportuária, urbana etc.) não pagos diretamente pelos turistas. Também incluem-se nessas despesas a conservação das atrações turísticas que funcionam como bens livres adquiridos pelos turistas, como áreas de uso público, monumentos históricos, patrimônio cultural, praias, rios e lagoas, parques naturais etc.

Outro custo externo do turismo está relacionado, por exemplo, ao aumento dos gastos em segurança pública, os quais são financiados com a receita dos governos e que frequentemente implicam o aumento dos impostos pagos pelas populações residentes para recompor a receita. Essa questão (da segurança) evidencia apenas uma parte dos custos econômicos externos do turismo, pois existem outros associados aos gastos públicos.

Outros efeitos externos do desenvolvimento do turismo são, por exemplo: inflação na economia regional ou local; especulação imobiliária; sobrevalorização do solo urbano e rural. Por fim, é importante, ainda, destacarmos os efeitos negativos nas atividades industriais e agrícolas preexistentes, que podem sofrer com a competição territorial ou perder importância para setores mais dedicados ao turismo, como o de comércio e serviços, na atração de capitais e de mão de obra (Silveira, 2002a).

Em suma, embora o turismo possa ser considerado uma atividade importante para o desenvolvimento econômico e social de países e regiões, os problemas muitas vezes gerados podem frustrar as expectativas, particularmente naqueles países que buscam esse desenvolvimento somente com base no turismo, terminando por criar um tipo de monocultura turística – o que pode gerar dependência econômica de regiões ou países emissores de turistas, bem como do mercado turístico globalizado.

Em muitos casos, o desenvolvimento do turismo tem beneficiado muito pouco, ou quase nada, as populações residentes. Nos países em desenvolvimento, por exemplo, grande parcela da riqueza gerada pelo turismo é enviada para fora deles e/ou distribuída de maneira extremamente desigual dentro do território. Isso torna o turismo, especialmente o internacional, alvo de críticas por vários estudiosos, que colocam a seguinte questão: Desenvolvimento do turismo para quem? (Crick, 1992; Cazes, 1996; Rodrigues, 1997; Silveira, 2002a).

5.1.2 Impactos sociais e culturais do turismo

O turismo provoca importantes impactos sociais e culturais – positivos e negativos – nas regiões receptoras, notadamente o turismo internacional. Alguns autores há mais de duas décadas já destacavam os impactos socioculturais (Boo, 1990; Mathieson; Wall, 1991; Jurdao, 1992). Nos últimos anos, tais impactos têm sido analisados com mais cautela no cenário internacional, que tomou consciência da amplitude desses problemas e da necessidade de solucioná-los.

A magnitude desses impactos varia de acordo com a região/país de destino e se deve a vários fatores, entre os quais destacamos:

- » proporção de moradores locais em relação ao número de turistas;
- » grau de urbanização do espaço de destino;
- » força e dinamismo das normas culturais e sociais locais;
- » capacidade de adaptação sociocultural da sociedade anfitriã;
- » tipo de turismo e taxa de crescimento dos fluxos turísticos;
- » tendências da sazonalidade do turismo.

Cabe ressaltarmos, ainda, a dificuldade de se estabelecerem regras gerais para avaliação dos impactos, pois os turistas têm características e comportamentos diferentes, da mesma forma que os moradores também têm características, expectativas e comportamentos diferentes[i]. Estudiosos no assunto apontam que a similaridade cultural ou a dissimilaridade (diferença) estão entre os principais fatores na formação do impacto sociocultural. Assim, os impactos tendem a ser maiores quando a relação entre a população anfitriã e os visitantes é, ao mesmo tempo, cultural e geograficamente diferente.

Um dos efeitos sociais positivos mais importantes do turismo é a contribuição para a modernização das estruturas sociais dos lugares de destino, especialmente nos países em desenvolvimento, a qual se dá principalmente:

- » na criação de empregos, na formação dos trabalhadores e no desenvolvimento das Pequenas e Médias Empresas (PME), ou seja, do empreendedorismo;

---

[i]. A esse respeito, é interessante consultar a obra *Estabelecidos e os outsiders*, na qual Elias e Scotson (2000) apresentam um estudo sociológico sobre as relações de poder na pequena comunidade inglesa de Wiston Parva, inicialmente procurando entender a delinquência juvenil. Posteriormente, a pesquisa possibilitou a descoberta de questões mais amplas, como "a maneira como um grupo de pessoas é capaz de monopolizar as oportunidades de poder e utilizá-las para marginalizar e estigmatizar membros de outro grupo muito semelhante e a maneira como isso é vivenciado nas 'imagens de nós' de ambos os grupos, em suas autoimagens coletivas" (Elias; Scotson, 2000, p. 13).

- » na redistribuição de renda;
- » na luta contra a pobreza;
- » no impacto em outras áreas sociais (saúde, redes de proteção social etc.).

Todavia, são muitas as consequências adversas. Embora vários fatores possam pesar nos efeitos positivos do turismo no lugar de destino, os riscos de conflitos são muitas vezes semelhantes e aplicáveis a diversas situações. Em alguns casos, diante do grande fluxo de turistas, a população residente pode ficar inclinada a desenvolver sentimentos negativos em relação a eles e à atividade turística de modo geral. Por exemplo: pode surgir, por parte dos residentes do destino, o sentimento de estarem sendo explorados pelos turistas, assim como a sensação de frustração ou incompreensão. Diversos fatos podem explicar essas situações de insatisfação por parte das sociedades locais. A seguir, destacamos os que ocorrem com mais frequência.

5.1.2.1 Vinculação do país ou região de destino a uma imagem indesejada

A comercialização dos produtos turísticos que um destino tem a oferecer é o cerne do negócio, no qual se busca sempre apresentar cada lugar em seu aspecto mais favorável. Em geral, o orçamento dos governos destinado ao *marketing* e à propaganda é limitado. Por isso, muitos governos costumam usar parceiros estrangeiros, sobretudo aqueles ligados à chamada *indústria do turismo* no próprio país de origem dos turistas. Por sua vez, o setor privado também tem muitos parceiros no exterior e estabelece contatos internacionais, esforçando-se para promover uma imagem positiva do lugar de destino.

Essa cooperação internacional em relação à promoção da imagem do lugar de destino pode se transformar em uma faca de dois gumes. De um lado, pode permitir melhor divisão dos custos e, portanto, maior eficácia na divulgação da região em termos de cobertura de mercado; de outro, há o risco de que a publicidade turística crie uma imagem indesejada do país ou da região de destino. Por exemplo: alguns países são apresentados como destinos "baratos", o que pode ter efeitos negativos não apenas no nível financeiro, mas também no social.

5.1.2.2 O "efeito demonstração"

O "efeito demonstração" é definido como as mudanças de atitudes, valores e comportamentos dos moradores residentes no destino turístico e que pode resultar da simples observação e imitação dos turistas. Ele costuma se manifestar, sobretudo, quando o turismo se desenvolve em regiões onde as populações residentes apresentam níveis sociais e econômicos mais baixos do que as de origem dos turistas. Esse é o caso do turismo internacional, no qual a maior parte dos fluxos turísticos ocorre dos países mais ricos ou desenvolvidos em direção àqueles em desenvolvimento e/ou mais pobres.

Um dos efeitos desses fluxos turísticos é a exposição dos habitantes das regiões receptoras, especialmente as mais isoladas, a modelos culturais, estilos de vida e níveis de renda diferentes dos seus e que significam, sobretudo, padrões de vida bem mais elevados do que os encontrados ali. Isso frequentemente é prejudicial, pois pode causar descontentamento entre a população local, especialmente nos países mais pobres, em que a grande maioria não tem condições financeiras para satisfazer os próprios desejos de consumo.

O "efeito demonstração" também tem implicação sobre o modo de consumo da população local, que tende, muitas vezes, a imitar as pessoas vindas das regiões mais ricas e urbanizadas. Outro ponto é que a população local pode se utilizar de meios ilegais para obter a riqueza que eles desejam, o que contribui para o aumento da taxa de criminalidade do destino turístico. O "efeito demonstração" tem maior influência nas pessoas mais jovens, pois muitos tentam imitar as formas de falar, de se vestir e de se comportar – o que pode criar lacunas entre gerações e diferenças de classe entre os mais jovens.

5.1.2.3 O desenvolvimento de atividades adversas

O mercado potencial que os turistas representam tem contribuído, em muitos países, para o crescimento de atividades adversas (tráfico de drogas e prostituição, por exemplo) entre os prestadores de serviços. Nesse contexto, a imagem de um destino turístico pode ser manchada se for difundida a informação sobre o uso desses serviços. O país ou a região anfitriã pode passar a ser considerada um destino que atrai categorias indesejadas de turistas. Além disso, com o crescimento desse tipo de atividade, podem se intensificar formas de exploração de pessoas de classes sociais mais vulneráveis[ii] (exploração sexual infantil, comércio de drogas etc.), fato que pode provocar uma onda de hostilidade para com os turistas e o turismo de modo geral, além de comprometer a sustentabilidade do turismo no país ou na região em causa.

---

ii. Em muitos países, em particular no Brasil, a prevenção contra a exploração sexual de crianças e adolescentes é um dos maiores e mais urgentes desafios a serem vencidos. A exploração sexual de crianças e adolescentes ocorre no país principalmente nas regiões litorâneas e nas fronteiras estaduais e internacionais. O programa "Turismo Sustentável e Infância", do Ministério do Turismo, é uma das ações que visam prevenir e enfrentar a exploração sexual de crianças e adolescentes em todos os níveis do turismo brasileiro.

5.1.2.4 A utilização dos recursos disponíveis para a população local

A atividade turística é grande consumidora de recursos naturais, incluindo a água e o solo. Assim, conflitos de usos dos recursos naturais podem surgir quando os viajantes utilizam instalações e recebem serviços de que a população local tem carência. Esses serviços são o acesso à água potável, à eletricidade ou outros, em especial à segurança. Os conflitos estão mais presentes quando ocorre a formação de "enclaves turísticos" (*resorts*, parques recreativos), além da própria questão imobiliária (especulação) – em muitos casos, os moradores locais são expulsos de sua terra, a qual é vendida a "preço de banana".

A formação de "enclaves turísticos" também ocorre com a implantação de grandes hotéis, também denominados *não lugares*[iii], isto é, espaços criados exclusivamente para atender a turistas, em geral estrangeiros. Um exemplo de enclave são os lugares turísticos do tipo complexo turístico ou *resort*, já comentados no Capítulo 1.

5.1.2.5 Fenômeno de superlotação

Quando o lugar ou a região de destino recebe grande número de visitantes, pode haver maior pressão sobre os serviços públicos e o comércio local. Assim, vários problemas podem surgir e impactar o ritmo de vida da comunidade local. A população pode

---

iii. O conceito de *não lugar* é abordado por Augé (2007). Segundo o autor, é o oposto ao lar, à residência, ao espaço personalizado. É representado pelos espaços públicos de rápida circulação – como aeroportos, estações de metrô, rodoviárias – e pelas grandes cadeias de hotéis e supermercados. Só, mas junto com outros, o habitante do não lugar mantém com este uma relação contratual representada por símbolos da supermodernidade: cartões de crédito, cartão telefônico, passaporte, carteira de motorista, enfim, por aquilo que permite o acesso, comprova a identidade, autoriza deslocamentos impessoais (Augé, 2007).

experimentar maiores dificuldades para ter acesso às lojas ou aos meios de transporte, além do fato de que é tentador para os comerciantes aumentar os preços de produtos e serviços para tirar proveito dos turistas, o que naturalmente tem consequência negativa sobre os moradores, cujo poder de compra não segue esse aumento repentino. Nesse contexto, a população local pode se sentir prejudicada e pôr em causa os benefícios gerais do turismo.

5.1.2.6 Transmissão de doenças e acesso aos cuidados com a saúde

O crescimento do turismo internacional é acompanhado por um aumento do risco de transmissão de doenças em muitos lugares turísticos.

De fato, o acesso aos cuidados com a saúde não é o mesmo em todos os lugares. Assim, a proliferação de doenças – como a Aids, por exemplo – pode representar um perigo real em determinados destinos, tanto para os anfitriões quanto para os visitantes.

5.1.2.7 Condições precárias de trabalho

Muitas vezes o setor do turismo oferece condições precárias de trabalho: baixos salários, situação irregular de trabalho, trabalho em tempo parcial e sazonal etc. A sazonalidade[iv], aliás, explica em grande medida a alta taxa de rotatividade no mercado de trabalho turístico, bem como a fraca qualificação do pessoal empregado no setor, fenômeno que resulta, em muitos casos, numa baixa

---

iv. O conceito de *sazonalidade* designa o movimento turístico (fluxo) não uniforme ao longo do ano, originando o aumento da demanda turística por determinado lugar em períodos específicos do ano e segundo um padrão repetido anualmente. Butler (2001, p. 6) define *sazonalidade* como "um desequilíbrio temporal no fenômeno do turismo, que pode ser expresso em termos de dimensões de elementos tais como números de visitantes, as despesas dos visitantes, o tráfego de viajantes nas rodovias e outras formas de transporte, e a oferta de empregos em atividades ligadas ao turismo".

qualidade dos serviços oferecidos. Além disso, em todo o mundo o setor de turismo emprega um número significativo de vulneráveis, tais como mulheres, trabalhadores jovens e imigrantes, que, na maioria das vezes, se sujeitam às condições de trabalho precárias por não terem outra forma de subsistência (Arroio; Régnier, 2001).

Ao lado dos aspectos sociais, o desenvolvimento do turismo abrange a dimensão cultural propriamente dita. Podemos identificar dois grandes efeitos adversos que podem ocorrer na região e/ou país anfitrião: a deterioração do patrimônio cultural e a insatisfação das sociedades locais.

» **Deterioração do patrimônio cultural**

Tal como acontece com as transformações sociais provocadas pelo desenvolvimento do turismo, a deterioração do patrimônio cultural é um processo de longo prazo. O patrimônio cultural pode ser seriamente danificado quando edifícios e locais históricos não são devidamente protegidos da visitação excessiva de turistas, ou quando o ambiente local – costumes, tradições, modo de vida, alimentação etc. – é alterado visando atender aos turistas ou substituído em favor do turismo. Nesse sentido, uma das críticas comumente feitas é a de que o efeito negativo do turismo sobre as culturas locais pode levar à sua comercialização e mercantilização.

Um exemplo sempre citado é a transformação dos rituais e das cerimônias estabelecidos em muitas comunidades em "pseudoeventos", que podem acabar se tornando cópias da cultura autêntica para satisfazer aos turistas (Williams, 1998). A mesma crítica tem sido feita ao artesanato local, o qual, em vez de ser reproduzido de forma artesanal para que mantenha o seu significado cultural, pode acabar por ser produzido em massa para a venda aos turistas.

» Insatisfação da sociedade local

Os contatos interculturais podem gerar insatisfação da sociedade local e criar conflitos entre moradores locais e visitantes. Essa insatisfação se dá principalmente quando:

» as barreiras linguísticas dificultam a introdução de relações mais abertas e a descoberta da cultura do país que recebe o turismo;
» as regiões ou os países receptores são confrontados com grande número de turistas;
» os visitantes demonstram pouco interesse pela cultura local.

Por fim, dentre os impactos socioculturais, um dos mais preocupantes e que em vários países tem chamado muito a atenção de autoridades públicas, de organizações não governamentais (ONGs) e de outros organismos é o chamado *turismo sexual*. Entre os milhões de turistas que viajam ao exterior a cada ano – um número difícil de calcular, porém, muito significativo –, muitos estão envolvidos com ele (Turismo..., 2007).

O turismo sexual pode ser definido como o exercício de dominação sexual por meio do dinheiro. Essa forma de turismo se torna mais problemática ainda quando a prostituição envolve vítimas de tráfico humano, em especial mulheres, que são forçadas a se prostituírem. Aqui, não podemos deixar de ressaltar que a pobreza é a principal causa do aumento do turismo sexual, levando todos os anos milhares de jovens para esse tipo abominável de comércio.

Em suma, todos esses efeitos acabam por reforçar a tese oposta àquela segundo a qual o turismo é um instrumento de promoção de conhecimento, entendimento e compreensão entre povos de diferentes nações e culturas. Para alguns estudiosos, como Krippendorf (1989), é justamente o contrário: do modo como vem sendo praticada, essa atividade não tem ajudado como poderia na aproximação cultural entre povos e culturas.

5.1.3 Impactos do turismo no meio ambiente

A partir dos anos de 1950, com o ápice nas décadas de 1970 e 1980, cresceu o chamado *turismo de massas*[v]. Nessa fase, a demanda turística dos países desenvolvidos aumentou em um ritmo muito rápido e diversos lugares turísticos viveram uma expansão sem precedentes, provocando, entre outras coisas, a degradação do meio ambiente. Muitas dessas regiões conheceram seu declínio como destinos turísticos importantes (Vera Rebollo et al., 1997; Lozato-Giotart, 2008).

Portanto, turismo e meio ambiente estão intimamente ligados. Todavia, por causa do crescimento e da dimensão em escala mundial, o turismo tem um impacto ecológico significativo. Na verdade, essa atividade sempre tende a ter mais efeitos negativos do que positivos, pois se trata de uma atividade que consome recursos naturais, gera poluição e desperdício, principalmente com a implantação de infraestruturas e instalações turísticas e com o aumento dos meios de transporte.

Como já vimos no Capítulo 2, as paisagens naturais – formadas por montanhas, rios, lagos, florestas, praias etc. – constituem muitas vezes os recursos primários da atividade turística. Para muitos,

---

[v]. O turismo de massas corresponde à massificação do fluxo turístico, gerado por um número crescente de pessoas que partem de férias simultaneamente. Ele nasceu da democratização das viagens graças às férias pagas, voos *charter* (fretados) e viagens de grupo (pacotes), ofertadas pelos operadores turísticos. É frequentemente associado ao turismo de sol e praia ou ao turismo dos três SSS (*Sea, Sun and Sand*), necessita de grandes infraestruturas de transportes e de hospedagem e cresce baseando-se em economias de escala; caracteriza-se pela forte concentração no espaço e no tempo (Delisle; Jolin, 2007).

o meio ambiente é até mesmo considerado a matéria-prima do turismo (Lozato-Giotart, 2008). Nesse sentido, a degradação ambiental pode comprometer seriamente o turismo ou, no mínimo, diminuir o interesse por parte do turista em visitar determinado lugar – afinal, a qualidade ambiental constitui um dos fatores determinantes da atratividade turística dos lugares.

É importante aqui ressaltarmos que os impactos do turismo sobre o meio ambiente apresentam padrões geográficos distintos em regiões específicas identificadas em termos de tipo, extensão e magnitude (Wong, 2007). Em escala global, por exemplo, existem as principais regiões ou bacias de turismo (tema abordado no Capítulo 6 deste livro), que recebem a maior parte dos fluxos turísticos mundiais, concentrando também grande quantidade de infraestruturas e equipamentos turísticos. Nessas regiões, os impactos do turismo no meio ambiente, sobretudo os negativos, são de grande extensão e magnitude.

Outro fator que devemos observar diz respeito à sazonalidade, já apontada anteriormente em relação aos impactos econômicos e sociais, uma vez que o padrão espacial ou a intensidade dos impactos ambientais podem ser complicados em função desse fenômeno. Normalmente, os impactos sazonais sugerem a hipótese de que a natureza pode se recuperar dos danos sofridos durante a alta estação turística. Todavia, de acordo com Wong (2007), os impactos ambientais podem se desenvolver em diferentes dimensões, além de serem cumulativos no espaço e no tempo, por vezes levando determinados ecossistemas a um nível crítico de degradação ambiental. Ainda conforme citado o autor, os tráfegos aéreo e rodoviário, relacionados com o turismo, juntam-se ao impacto cumulativo da alteração climática global, a qual, por sua vez, afeta negativamente o turismo, especialmente nas zonas montanhosas e em muitas pequenas ilhas. Em suma, a ocorrência de impactos do turismo no meio ambiente é variada e complexa. Nesse contexto, faz-se necessária a avaliação dos impactos ambientais do turismo nos lugares de destino. A literatura que trata dos impactos do turismo no meio físico-natural e na vida selvagem tem identificado, sobretudo, os impactos negativos verificados em muitos territórios apropriados pela atividade turística. O Quadro 5.2 apresenta os principais recursos naturais deteriorados e/ou ameaçados pelo uso turístico descontrolado dos lugares.

Quadro 5.2 – Principais recursos naturais deteriorados e/ou ameaçados pelo uso turístico

Recursos naturais	Pressão/Efeitos relacionados
Água doce	Sobre-exploração dos recursos de água doce, especialmente para hotéis, piscinas e campos de golfe
Solos e paisagens	Extração de areia; construção de estradas e aeroportos – degradação do solo, erosão de dunas e praias; destruição de hábitats naturais; degradação das paisagens
Recursos marinhos	Deterioração dos recifes de coral e influência negativa sobre a proteção do litoral e da pesca (mergulho livre, pesca desportiva etc.)
Atmosfera	Níveis elevados de energia consumida pela infraestrutura turística e de transporte
Recursos locais	Sobre-exploração dos recursos locais: energia, alimentos e matérias-primas etc.

(continua)

(Quadro 5.2 - conclusão)

Recursos naturais	Pressão/Efeitos relacionados
Recursos biológicos	Aceleração da destruição de espécies ameaçadas pelo comércio e pela caça; destruição da vegetação com a implantação de equipamentos turísticos; perturbação dos hábitats da vida selvagem; aumento da demanda por madeira e riscos de incêndios florestais
Zonas ecologicamente frágeis (florestas tropicais, pântanos, manguezais e recifes de corais)	Ameaças de degradação de áreas naturais mais vulneráveis, incluindo parques e sítios do patrimônio mundial
Solos	Poluição por resíduos produzidos pelo acúmulo e descarte incorreto do lixo (cada turista produz em média 1 kg de lixo por dia)
Água doce	Contaminação da água doce por despejo inadequado do esgoto
Águas marinhas e zonas costeiras	Contaminação causada pelo escoamento de sedimentos e pela poluição provocada por estruturas de hospedagem (hotéis) e de transporte turístico (marinas, barcos etc.) em zonas litorâneas, além de resíduos e lixo gerado pelos navios de cruzeiros
Ar	Contaminação pelo transporte aéreo e por instalações turísticas
Ambiente sonoro	Poluição sonora provocada pelos transportes terrestre e aéreo

Além dessas pressões sobre os recursos naturais, o crescimento do turismo pode também gerar outras tensões decorrentes dos impactos ambientais em si mesmos sobre os meios social e cultural dos lugares de destino. As principais são:

» conflitos com relação aos hábitos sociais e culturais das comunidades no que se refere à preservação da biodiversidade e ao uso sustentável dos recursos biológicos;
» perturbação das práticas de preservação ambiental tradicionais;
» deterioração dos meios de subsistência da população local, sem que isso esteja associado a uma distribuição equitativa dos lucros gerados por atividades de turismo;
» surgimento de conflitos em torno do uso dos recursos naturais;
» surgimento de conflitos relacionados ao uso turístico e à ocupação do solo por modos tradicionais de subsistência (agricultura, pesca, extrativismo).

No conjunto dos impactos do turismo nos diversos tipos de ambientes, merecem destaque duas regiões específicas – e particularmente sensíveis: as zonas costeiras e as ilhas oceânicas. Em razão de sua vulnerabilidade natural e/ou ambiental[vi], ambas têm sido muito consideradas em diversos estudos e relatórios sobre os impactos ambientais do turismo. De fato, as ilhas estão entre os lugares que mais sofrem com os impactos negativos do turismo, graças às características físicas dessas formações geográficas e à relativa escassez de recursos naturais, como a água, por exemplo. De modo geral, o desenvolvimento do turismo tem sido muito intenso em áreas costeiras, como é o caso da região do Mar Mediterrâneo, causando danos significativos para os ecossistemas,

---

vi. Por *vulnerabilidade natural* (ou ambiental) entende-se a fragilidade do ecossistema (constituído pelos seres vivos, incluindo o homem, e pelos fatores do meio onde estão inseridos) perante as perturbações (internas ou externas) e consequente facilidade de desequilíbrio, colocando o território numa situação instável, precária e de fraqueza.

principalmente em virtude da urbanização turística. Nessa região, que recebe quase 30% do turismo mundial (cerca de 280 milhões de turistas por ano), a poluição e a contaminação das águas estão entre os principais problemas (Courteau, 2010-2011).

No Brasil, são vários os prejuízos ambientais e sociais decorrentes do mau desenvolvimento do turismo na zona costeira do país, entre os quais estão: ocupação desordenada e especulação imobiliária do solo; segregação socioespacial; urbanização excessiva; concentração espacial de equipamentos turísticos e de segundas residências; degradação das paisagens; perda de biodiversidade; poluição ambiental (Rodrigues, 1997; Silveira, 2002a; Cavalcanti; Leal, 2010).

Por fim, destacamos as três principais ameaças que a degradação ambiental representa para o turismo em âmbito global:

1. O aquecimento global e o aumento do nível do mar podem prejudicar, a longo prazo, atividades de turismo nas regiões costeiras de muitos países e em pequenos Estados insulares em desenvolvimento (conforme será comentado no Capítulo 8).
2. A perda de biodiversidade e a alteração da beleza dos sítios podem reduzir a atratividade de algumas zonas turísticas.
3. A poluição da água pode trazer danos ao turismo e contaminar os recursos de água potável. A dificuldade de obtenção de água doce representa um sério problema para o desenvolvimento do turismo em muitas regiões de destino.

Vimos, neste item do capítulo, que o desenvolvimento do turismo pode provocar diversas alterações e até mesmo danificar de forma irreversível o ambiente natural, que constitui por vezes o principal recurso atrativo.

Atualmente, organismos internacionais – Cnumad (Conferência das Nações Unidas para o Meio Ambiente e o Desenvolvimento), OMT e Unesco (Organização das Nações Unidas para a Educação a Ciência e a Cultura) –, ONGs e outras organizações públicas e privadas têm defendido que sejam considerados na elaboração e implementação de políticas de turismo não apenas os impactos econômicos, mas também as repercussões socioculturais e ambientais que o turismo pode provocar nos lugares já "turistificados" ou naqueles que apresentam potencial de "turistificação". Nesse contexto, o paradigma do desenvolvimento sustentável tem constituído uma via alternativa para o desenvolvimento do turismo.

Estudo de caso

O reordenamento turístico do litoral mediterrâneo

O litoral do Mar Mediterrâneo é a região que mais recebe fluxos turísticos em termos mundiais (cerca de 280 milhões de turistas por ano) e é caracterizado por forte urbanização turística. Dos anos de 1960 em diante, países como França, Espanha, Grécia, Portugal, Itália, Marrocos e Tunísia passaram a se defrontar com inúmeros problemas provocados pela excessiva urbanização turística de seus territórios. A partir do início da década de 1990, os governos passaram a implementar políticas de reordenamento territorial visando reverter o quadro de degradação ambiental de muitos lugares turísticos localizados ao longo da costa mediterrânea. A execução do chamado *Plan Bleu*, um amplo e ambicioso programa de reordenamento do litoral mediterrâneo, foi uma das ações desenvolvidas com vistas à recuperação do meio ambiente em escala regional (Cazes, 1999). Na Figura 5.2 é possível observar os países que compõem a região do Mar Mediterrâneo.

Figura 5.2 – Regiões banhadas pelo Mar Mediterrâneo

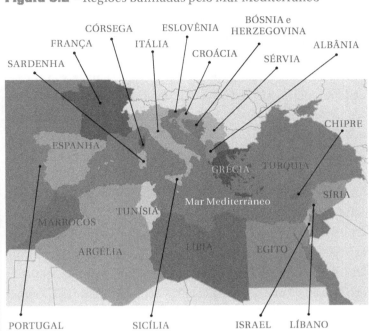

5.2 Turismo e desenvolvimento sustentável

A preocupação com os impactos negativos do desenvolvimento do turismo tem aumentado continuamente, embora de forma desigual, em países e regiões do mundo inteiro. Assim, notadamente a partir do final da década de 1980, assistiu-se à difusão da noção de *desenvolvimento sustentável* aplicada ao turismo. A sustentabilidade ganhou um significado próprio no turismo, passando a designar o que vem sendo chamado de *turismo sustentável* (Hall;

Lew, 1997; Williams; Shaw, 1997; Ruschmann, 1997; OMT, 1999; Swarbrooke, 2000).

Considerado um novo modelo de desenvolvimento da atividade turística, o turismo sustentável tem ganhado destaque nas últimas duas décadas, período também marcado pela expansão de formas de turismo que recebem diversas denominações, como *ecoturismo, turismo verde, turismo comunitário, turismo solidário,* enfim, formas de turismo agrupadas sob o rótulo de "alternativas" (Schéou, 2009).

Para saber mais

Ecoturismo: definição

O termo *ecoturismo* tem sido utilizado principalmente para se referir às viagens a áreas naturais, à conservação do meio ambiente, ao respeito à cultura e à sustentação do bem-estar da população dos lugares visitados. Fennell (2002) identifica quatro características fundamentais do ecoturismo: (1) impacto ambiental mínimo; (2) impacto mínimo às culturas anfitriãs; (3) máximo benefício econômico para as comunidades anfitriãs; e (4) satisfação máxima para os visitantes (turistas). Para Lindberg e Hawkins (1999, p. 18), o ecoturismo tem como propósito "satisfazer o desejo que temos de estar em contato com a natureza, explorar o potencial turístico visando à conservação e ao desenvolvimento, evitando o impacto negativo sobre a ecologia, a cultura e a estética dos lugares visitados".

No Brasil, um dos conceitos utilizados é o do Ministério do Turismo, que define *ecoturismo* como "um segmento da atividade turística que utiliza, de forma sustentável, o patrimônio natural e cultural, incentiva sua conservação e busca a formação de uma consciência ambientalista por meio da interpretação do ambiente, promovendo o bem-estar das populações" (Brasil, 2006, p. 9).

O debate sobre a aplicação dos princípios da sustentabilidade na atividade turística foi iniciado em 1990 com a realização da Conferência Globe'90, em Vancouver, no Canadá. Na ocasião, junto com a aprovação de diversas recomendações, foram apontados, de acordo com Swarbrooke (2000), os principais benefícios que o turismo sustentável poderia trazer, especialmente para os países em desenvolvimento:

» estímulo à compreensão dos impactos do turismo;
» distribuição justa dos benefícios e custos;
» geração de empregos locais, diretos e indiretos;
» estímulo às indústrias domésticas lucrativas;
» geração da entrada de divisas para o país e injeção de capital e dinheiro novo na economia local;
» diversificação da economia local, sobretudo em áreas rurais onde o emprego agrícola pode ser esporádico ou insuficiente;
» participação na tomada de decisões entre os atores e incorporação do planejamento e do zoneamento, assegurando o desenvolvimento do turismo adequado à capacidade de carga do ecossistema;
» estímulo ao desenvolvimento do transporte local, além das comunicações e outras infraestruturas para a comunidade;
» criação de facilidades de recreação que podem ser usadas pela comunidade local;

- » encorajamento do uso produtivo de terras consideradas impróprias para a agricultura (turismo natural);
- » intensificação da autoestima da comunidade local (turismo cultural);
- » demonstração da importância dos recursos naturais e culturais para a economia de uma comunidade e seu bem-estar social, além de auxílio à preservação de tais recursos;
- » monitoração e administração dos impactos do turismo e oposição a qualquer efeito negativo.

Esses benefícios devem estar em acordo com o conceito de *desenvolvimento sustentável*, que, segundo o Relatório Brundtland, é aquele que "atende as necessidades do presente sem comprometer as possibilidades das gerações futuras atenderem suas próprias necessidades" (OMT, 2003, p. 23).

Nessa perspectiva, a OMT (1995) estabeleceu as dimensões do turismo sustentável, que são:

- » **Sustentabilidade social:** Por ser uma dimensão às vezes esquecida nas discussões do turismo, é preciso integrá-la ao processo, procurando prever sua adaptabilidade, bem como desenvolver a capacitação social do local.
- » **Sustentabilidade cultural:** Envolve os estudos sobre a singularidade, a força e a capacidade cultural do local.
- » **Sustentabilidade econômica:** Os locais devem gerir a atividade procurando utilizar os recursos naturais com a redução dos custos ambientais.
- » **Sustentabilidade política:** É constituída com o apoio e o envolvimento de residentes do destino turístico.

Segundo a definição apresentada em documento da OMT (2003, p. 24), "o turismo sustentável é aquele que atende às necessidades dos turistas de hoje e das regiões receptoras, ao mesmo tempo em que protege e amplia as oportunidades para o futuro". O turismo sustentável, de acordo com o mesmo documento, deve ainda ser concebido de forma a conduzir a gestão de todos os recursos existentes nos lugares onde ele é praticado, tanto do ponto de vista da satisfação das necessidades econômicas, sociais e estéticas quanto da manutenção da integridade cultural, dos processos ecológicos essenciais e da diversidade biológica.

5.2.1 Iniciativas em favor do desenvolvimento sustentável do turismo

O desenvolvimento sustentável do turismo tem gerado muitos debates entre estudiosos do tema, com posições favoráveis e contrárias à ideia do turismo sustentável. Sem tomar partido de nenhuma das duas posições, Hall e Lew (1997) destacam os seguintes pontos em relação a ele:

» O turismo sustentável representa uma orientação de valores em que a gestão dos impactos do turismo tem prioridade sobre o mercado econômico.

» Implementar o desenvolvimento do turismo sustentável requer medidas que contem com escala e contextos específicos.

» As questões do turismo sustentável são formadas visando a uma reestruturação econômica global, sendo fundamentalmente diferentes em economias em desenvolvimento e nas desenvolvidas.

» Na escala da comunidade, o turismo sustentável requer um controle local dos recursos.

Apesar de se constatar na prática a pouca efetividade do turismo sustentável, podemos apontar algumas iniciativas que têm sido empreendidas com vistas a estabelecer os seus princípios gerais. Entre elas, destacamos a elaboração, em 1995, da Agenda 21[vii] para a Indústria de Viagens e Turismo (OMT, 1999). De acordo com a OMT (2003), a Agenda 21 para o turismo é um plano de ação compreensivo que deve ser adotado global, nacional e localmente por todos os agentes interessados na atividade do turismo (governos, gestores, ONGs, empresários do setor, educadores, turistas e populações residentes). O objetivo principal é estabelecer normas e procedimentos que levem as instituições governamentais e representantes do setor de viagens e turismo a colocarem o desenvolvimento sustentável no centro das decisões políticas e dos processos de planejamento e gestão da atividade turística. Para o setor de viagens e turismo, as dez áreas prioritárias de ação definidas na Agenda 21 são as relacionadas na Figura 5.3.

---

vii. Em 1995, a OMT, o Conselho Mundial de Viagem e Turismo e o Conselho da Terra (da Organização das Nações Unidas – ONU) elaboraram a Agenda 21 para a Indústria de Viagem e Turismo, com base em uma adaptação específica da Agenda 21 Global, programa de ação compreensiva adotado por 182 governos na Conferência das Nações Unidas sobre o Meio Ambiente e Desenvolvimento (Cnumad) – a Conferência do Planeta, realizada em 1992 no Rio de Janeiro, Brasil.

Figura 5.3 - As dez áreas prioritárias de ação na Agenda 21 para a Indústria de Viagens e Turismo

> Redução, reutilização e reciclagem do lixo;
>
> Uso, conservação e gestão racional de energia;
>
> Gestão dos recursos de água potável;
>
> Recuperação das águas poluídas;
>
> Controle de substâncias perigosas;
>
> Redução ou controle dos efeitos de meios de transporte sobre o meio ambiente;
>
> Planejamento e gestão de uso do solo;
>
> Envolvimento de funcionários, clientes e comunidades nas questões ambientais;
>
> Estabelecimento de parcerias para se buscar o desenvolvimento sustentável;
>
> Desenho de projetos voltados ao desenvolvimento sustentável.

Fonte: Adaptado de OMT, 2003.

Além da Agenda 21 Global, destacam-se: as iniciativas de elaboração de Agendas 21 locais (Município de Calvià, Maiorca, e Ilhas Baleares, na Espanha); a publicação de documentos – Carta do Turismo Sustentável; as Diretrizes Ambientais do Conselho Mundial de Viagens e Turismo (WTTC); os Dez Mandamentos para o Ecoturismo, Carta Europeia do Turismo Sustentável nos Espaços Protegidos; a adoção de códigos de conduta redigidos por representantes de organizações públicas e privadas e ONGs ligadas ao setor de turismo. Um exemplo é o documento elaborado por iniciativa da OMT intitulado *Código Mundial de Ética do Turismo* (OMT, 2003).

Para saber mais

Diretrizes ambientais do Conselho Mundial de Viagens e Turismo (WTTC)

- » Identificar e reduzir os impactos ambientais, com atenção especial para novos projetos;
- » Dar a devida atenção ao meio ambiente durante o desenvolvimento, o planejamento, a construção e a escolha dos locais de implantação de projetos de turismo;
- » Prestar atenção à conservação de áreas protegidas e espécies ameaçadas de extinção;
- » Dar valor às paisagens notáveis típicas, sempre que possível;
- » Praticar a conservação de energia;
- » Reduzir e reciclar o lixo;
- » Praticar a gestão de água doce utilizada;
- » Verificar e reduzir as emissões de poluentes do ar;
- » Monitorar, controlar e reduzir os níveis de ruído;
- » Controlar e reduzir o uso de produtos nocivos ao meio ambiente, como amianto, clorofluorcarbonos (CFCs), pesticidas, materiais tóxicos, inflamáveis, infecciosos, corrosivos ou explosivos;
- » Respeitar e promover os objetos e sítios históricos e religiosos;
- » Respeitar as populações locais, incluindo sua história e cultura, suas tradições e seu desenvolvimento futuro;
- » Levar em conta as limitações ambientais em todos os desenvolvimentos de destinos turísticos.

Fonte: OMT, 2003.

No Quadro 5.3, apresentamos uma síntese com as principais organizações supranacionais, os documentos já produzidos e os seus papéis na promoção do turismo sustentável.

Quadro 5.3 – Principais organizações e documentos de referência do turismo sustentável

Organização	Documento	Papel
OMT	Carta do Turismo Sustentável (Lanzarote – Ilhas Canárias – Espanha, 1995)	Elaboram os documentos e garantem sua aplicação
	Código Mundial de Ética do Turismo	
ONU	Declaração dos Direitos Humanos	
WTTC	"Diretrizes Ambientais" do Conselho Mundial de Viagens e de Turismo (Green Globe, 1996)	
OIT	Convenções sobre os direitos dos trabalhadores e regulamentação básica das relações de trabalho	
Unesco	Proteção do patrimônio e da cultura	
Unicef	Proteção à criança	
OMC	Negociação do comércio internacional	Asseguram melhor distribuição da renda turística para os países pobres
Banco Mundial	Programas de ajustamento estrutural	
FMI	Empréstimos de investimento	

Outros exemplos são os instrumentos indicados para organizações e empresas turísticas exercerem seu papel na busca do desenvolvimento do turismo sustentável: os rótulos ecológicos (ecoetiqueta); os selos ou prêmios de qualidade ambiental (o Selo Verde, dado a estabelecimentos turísticos – hotéis, *resorts*, pousadas, clubes de férias etc.); os Sistemas de Gestão Ambiental – SGA (Normas ISO – International Standard Organization; Emas – *Eco Management and Audit Scheme*, em português Scea – Sistema Comunitário de Ecogestão e Auditoria; a Norma 15.401 da Associação Brasileira de Normas Técnicas (ABNT) para meios de hospedagem; a elaboração de códigos de conduta e guias de boas práticas em turismo; a aplicação de técnicas de planejamento ambiental do turismo (análise de indicadores e *benchmarking*).

O setor de hospitalidade é o que mais tem se utilizado desses instrumentos. Esse é o caso de grandes redes hoteleiras internacionais, como: TUI (Touristik Union International), da Alemanha; Hotelplan, da Suíça; Accor, da França; Thomas Cook, da Inglaterra.

Ao lado das organizações públicas e privadas, ONGs vêm atuando em diversos países, particularmente naqueles em desenvolvimento, procurando implementar medidas para contribuir no desenvolvimento sustentável do turismo. São elas: WWF, The Ecotourism Society, The Centre for Responsible Tourism, Tourism Concern, Association Internationale d'Experts Scientifiques en Tourisme, entre outras. No Brasil, podemos citar algumas associações de âmbito regional, tais como Bioma, WWF-Brasil, Instituto EcoBrasil e Associação Brasileira de Indústria de Hotéis (ABIH).

Finalizando, ainda dentro de uma aproximação do conceito de *turismo sustentável* e de práticas mais sustentáveis na atividade turística, identificamos um leque de formas alternativas de turismo que têm se afirmado em oposição às práticas predominantes, surgindo com as mais diversas denominações, como *turismo solidário*, *turismo comunitário*, *turismo responsável* e *turismo justo*. O conceito de *turismo solidário* difundido pela Union Nationale des Associations de Tourisme (Unat), uma ONG sediada na França, resume essa perspectiva:

> o turismo solidário agrupa todas as formas de turismo alternativo que colocam no centro da viagem a pessoa e a relação humana e que se inscrevem numa lógica de desenvolvimento dos territórios. Os fundamentos desse tipo de turismo são: o envolvimento das populações locais nas diferentes fases do projeto turístico; o respeito pela pessoa, pelas culturas e pela natureza; e uma distribuição mais justa dos recursos gerados. (Unat, 2005, p. 72, tradução nossa)

Entretanto, dentro do leque de formas alternativas de turismo, vamos encontrar, de um lado, as que visam promover o turismo como uma atividade que contribua no combate à pobreza e que promova a inclusão social, principalmente nos países e regiões mais pobres do globo – um exemplo é o chamado *Pro Poor Tourism*, cuja tradução significa "Turismo Pró-Pobres" (Mitchell; Ashley, 2007).

De outro lado, há as formas de turismo denominadas *comunitárias*, que se caracterizam por atividades e serviços ofertados aos turistas pelas próprias comunidades locais (agricultores, pescadores, indígenas, quilombolas e outras). Elas buscam contribuir para a conservação e o desenvolvimento de base local, trazendo benefícios a toda a comunidade. No Brasil, essa modalidade vem crescendo e recebe a denominação de *Turismo de Base Comunitária* (TBC) (Coriolano, 2006; Bartholo; Bursztyn; Sansolo, 2009).

> **Para saber mais**
>
> **Indicadores de sustentabilidade no turismo**
>
> A apresentação periódica de relatórios ambientais é um dos instrumentos que as empresas (organizações) têm ao alcance para comunicar às partes interessadas seus objetivos, suas práticas e seu desempenho ambiental. Estes podem assumir a forma de boletins e/ou publicações anuais (ou com outra periodicidade), bem como a publicação de relatórios detalhados sobre as ações das empresas para o meio ambiente. Em comparação com outros setores, as empresas turísticas ainda recorrem muito pouco a esses instrumentos, e existem apenas alguns casos de cadeias hoteleiras internacionais que publicam relatórios ambientais. A elaboração desses materiais visa informar o público sobre o comportamento da organização; é recomendada a utilização de indicadores ambientais que dizem respeito a dados como poluição do ar, níveis de ruído, geração de resíduos (lixo) e consumo de matérias-primas, água e energia. Um dos primeiros operadores a demonstrar essa preocupação foi a Touristik Union International (TUI), que envia anualmente listas de verificação ou de controle ambiental a hotéis, centros turísticos e outras entidades com quem estabelece contratos.
>
> Fonte: Elaborado com base em Tui, 2014.

Síntese

Neste capítulo, enfocamos os impactos negativos e positivos resultantes da apropriação do território pelo turismo e abordamos os conceitos de *Capacidade de Carga Turística* (CCT) e as características dos impactos econômicos, socioculturais e ambientais provocados pelo turismo nos lugares onde essa atividade se desenvolve. Além disso, focalizamos a questão do desenvolvimento sustentável do turismo e a definição de *turismo sustentável*, apresentando uma síntese de algumas iniciativas e boas práticas em âmbito mundial de organizações públicas, privadas e ONGs para promover a sustentabilidade turística.

Questões para revisão

1. Sobre turismo e meio ambiente, assinale a alternativa incorreta:
    a) O meio ambiente pode ser considerado a matéria-prima do turismo.
    b) A partir dos anos de 1950, com o ápice nas décadas de 1970 e 1980, expandiu-se o chamado *turismo de massa*, provocando em muitos lugares a degradação do meio ambiente.
    c) O turismo só gera impactos positivos, principalmente no meio ambiente.
    d) Turismo sustentável é aquele que deve ser economicamente viável, mas não deve destruir os recursos naturais e culturais dos quais dependerá no futuro.
    e) Conforme a OMT, a Agenda 21 para o turismo é um plano de ação compreensivo que deve ser adotado em âmbito global, nacional e local.

2. Cite os principais fatores aos quais estão relacionados os impactos do turismo em dado território.

3. Considere nos itens a seguir aqueles referentes aos recursos naturais deteriorados e/ou ameaçados de degradação pelo uso turístico dos lugares.

I. sobre-exploração dos recursos locais como energia, alimentos e matérias-primas.

II. "efeito demonstração", que costuma se manifestar sobretudo quando o turismo se desenvolve em regiões com níveis sociais e econômicos mais baixos do que as de origem dos turistas.

III. degradação do solo, erosão de dunas e praias, destruição de hábitats naturais e degradação das paisagens.

IV. ameaças de degradação de áreas naturais mais vulneráveis, incluindo parques e sítios do patrimônio mundial.

V. contaminação e poluição da água e geração de resíduos e lixo.

Quais das alternativas apresentam impactos ambientais diretos relacionados ao turismo?

a) I, II e III.
b) I, III, IV e V.
c) II e III.
d) II e IV.
e) III e IV.

4. Desde a década de 1990, o ecoturismo tem sido em muitos lugares uma alternativa viável para o desenvolvimento sustentável da atividade turística. Em relação à exploração do turismo de forma sustentável, escolha a alternativa correta:

a) Para promover o desenvolvimento sustentável do turismo, são necessários o envolvimento e a consciência de todos os atores sociais (turistas, Poder Público, empresários e trabalhadores do setor, ONGs e populações locais) com relação à preservação do meio ambiente.

b) O ecoturismo se fundamenta no desenvolvimento acelerado do turismo sem provocar qualquer dano ao meio ambiente.

c) O ecoturismo é um exemplo de prática de gestão insustentável do meio ambiente.

d) O crescimento do ecoturismo resulta no aumento da degradação das áreas verdes e da exploração dos recursos naturais.

5. Cite quatro diretrizes ambientais do Conselho Mundial de Viagens e Turismo.

Questões para reflexão

1. Qual é o significado da frase "O turismo está destruindo os lugares que são a razão de sua própria existência"?

2. Em sua opinião, a sustentabilidade do turismo é uma realidade ou uma utopia? Justifique sua resposta.

3. Pesquise quais iniciativas de desenvolvimento do turismo sustentável foram efetivamente implantadas em âmbito mundial e relate os principais resultados alcançados.

4. Analise quais são os maiores entraves ao desenvolvimento sustentável do turismo em países emergentes como o Brasil e redija um texto dissertativo de 10 linhas a respeito.

5. Pesquise e selecione, na sua região, um lugar que possa ser considerado turístico e escreva um texto listando as principais diretrizes da Agenda 21 para as viagens e o turismo, as quais devem ser colocadas em prática de modo a assegurar o desenvolvimento sustentável do turismo nesse lugar.

6
Regiões turísticas do mundo

Conteúdos do capítulo

» Processo de globalização do turismo.
» Crescimento dos fluxos turísticos em escala mundial.
» Formação do sistema turístico mundial e seu funcionamento.
» Espaços turísticos que comandam o sistema turístico mundial.
» Espaços turísticos periféricos no sistema turístico mundial.
» Regiões turísticas do mundo.
» Espaços turísticos situados na periferia do sistema turístico mundial.
» Modelos de espaços turísticos que estão inseridos no sistema turístico mundial.

Após o estudo deste capítulo, você será capaz de:

1. conhecer os principais fatores que determinaram a globalização do turismo;
2. entender como estão distribuídos os maiores fluxos do turismo mundial;
3. compreender como está organizado e como funciona o sistema turístico mundial;
4. distinguir quais são as grandes regiões turísticas do mundo;
5. reconhecer quais são os espaços turísticos situados no centro e na periferia do sistema turístico mundial.

6.1 A globalização dos fluxos e dos espaços turísticos

Desde o advento do *Grand Tour* no século XVIII – itinerários percorridos por todo o continente europeu através de longas viagens feitas por jovens aristocratas –, o turismo não parou de se expandir em direção a outras regiões do planeta. Após dois séculos de crescimento, a atividade se globalizou. Diversos fatores convergem para a globalização do turismo ou, dito de outro modo, para a mundialização turística (Violier, 2003; Équipe MIT, 2005). Um deles se refere à difusão espacial, ou geográfica, do turismo ao longo dos dois últimos séculos – foi por meio dessa divulgação que o turismo chegou às regiões mais remotas do planeta, como Antártica, Groenlândia e montanhas do Himalaia. Nesse sentido, essa propagação tem sido uma das formas de criação de novos lugares turísticos por todo o mundo (Violier, 2003; Équipe MIT, 2005).

Outro fator se refere à estratégia de promoção (*marketing* turístico) sobre a qual o turismo se fundamenta e que tem como um dos propósitos captar novos clientes mediante a divulgação de novos destinos, sempre oferecendo aos turistas a opção de conhecê-los. Em outras palavras, essa iniciativa significa revelar ao mercado mundial do turismo aquelas regiões ainda desconhecidas ou escondidas.

Um terceiro fator diz respeito à abertura de um país ao turismo, que, do ponto de vista sociocultural, significa para seus habitantes uma forma de enfrentamento com o mundo exterior. Por último, outro fator importante são as transferências de riquezas e os fluxos financeiros gerados pelo turismo, que podem constituir um vetor de integração dos países receptores à economia global (Violier, 2003).

O crescimento dos fluxos turísticos mundiais desde a década de 1950 é um dos indicadores que nos ajudam a entender melhor como se deu o processo de globalização do turismo. De fato, apesar de ainda ser uma prática restrita a uma minoria de indivíduos em relação ao total da população mundial, o turismo continua crescendo a cada ano. Nos últimos 60 anos, o número de chegadas de turistas internacionais aumentou de forma extraordinária: passou de 25 milhões em 1950 para quase 700 milhões em 2000, alcançando 1,035 bilhão em 2012 (OMT, 2014b).

Segundo a publicação da Organização Mundial do Turismo (OMT) intitulada "Turismo, Horizonte 2030" (na versão original, Tourism Towards 2030), que apresenta as perspectivas de crescimento da atividade em longo prazo, o número de chegadas de turistas internacionais deverá aumentar em média 3,3% ao ano entre 2010 e 2030, atingindo 1,8 bilhão até 2030 (OMT, 2014a). Na Tabela 6.1 é possível perceber a evolução do número de chegadas entre 1950 e 2012.

Tabela 6.1 – Número de chegadas do turismo internacional – 1950-2012

Ano	1950	1960	1970	1980	1990	2000	2010	2012
Número de turistas internacionais, em milhões	25	69	166	296	426,5	698,8	880	1.035

Fonte: OMT, 2014.

Analisando esses dados, constatamos que os fluxos do turismo internacional representam hoje quase 15% das 7 bilhões de pessoas que compõem a população mundial. Além desse crescimento, devemos considerar o turismo interno ou doméstico, isto é, aquele praticado dentro de cada país, de acordo com estimativas da OMT, alcançou entre 5 e 6 bilhões de viagens em 2012 no âmbito mundial (OMT, 2014a).

Evidentemente, é preciso avaliar esse alto crescimento em termos mundiais, especialmente do turismo internacional. Um primeiro ponto que devemos observar diz respeito aos principais centros emissores, pois estes estão localizados no Hemisfério Norte, onde 53% dos turistas internacionais são da Europa e 10,5% da América do Norte. O restante do mundo fica com apenas 36,5% do total, distribuído da seguinte maneira: 20% Ásia-Pacífico, 6% Médio Oriente, 5,4% América Latina e 5,1% África (OMT, 2014a).

O número de chegadas de turistas internacionais no mundo (visitantes que permanecem ao menos uma noite no destino) excedeu o limite de 1 bilhão pela primeira vez em 2012, superando os 995 milhões no ano anterior. A Tabela 6.2 mostra o crescimento do turismo de 2000 a 2012 por região no mundo, de acordo com a OMT (2014a).

Tabela 6.2 – Chegada de turistas internacionais por região/mundo (em milhões)

Região/Ano	2000	2005	2010	2011	2012
Mundo	677	807	949	995	1.035
Europa	388	448,9	485,5	516,4	534,2
Ásia e Pacífico	110,1	153,6	205,1	218,2	233,6
África	26,2	34,8	49,9	49,4	52,4
Oriente Médio	24,1	36,3	58,2	54,9	52
Américas	128,2	133,3	150,4	156	163,1

Fonte: OMT, 2014a.

Um segundo ponto a destacarmos é que os espaços que mais recebem turistas estão localizados também no Norte (Europa e América do Norte). Do mesmo modo, os maiores fluxos turísticos são orientados do Norte para o Norte (N ↔ N) e ocorrem principalmente entre os países desenvolvidos ou países ricos, conforme mostra a Figura 6.1, que pode ser observada no Apêndice desta obra.

Nesse contexto, se o turismo é um fenômeno global, além de constituir uma prática social, trata-se de um setor econômico concentrado, sobretudo, nos países desenvolvidos – apesar de também estar se expandindo em alguns países em desenvolvimento. Notamos ainda que a grande maioria dos turistas viaja dentro do próprio país.

Um terceiro ponto diz respeito às deficiências na caracterização dos fluxos turísticos. As definições adotadas pelos organismos oficiais são muito genéricas, associando muitas vezes tais fluxos a outros tipos de viagens. Assim, qualquer deslocamento que não se enquadra na categoria "imigração" (viajante com um visto de trabalho) é tido como *turismo*. Não estamos nos referindo aqui às viagens de negócios, aquelas por razões médicas ou motivação religiosa, visitas à família ou residência no exterior para estudar. Como vimos no Capítulo 1 deste livro, essas formas de viagem são consideradas turísticas conforme a classificação da OMT (2001).

Um quarto ponto a ser observado está associado às "chegadas de turistas internacionais". Conforme a OMT (2001), essa expressão cobre o número de vezes que um visitante chega a um determinado país, não se referindo ao número de pessoas. Portanto, um mesmo viajante internacional pode ser registrado como visitante todas as vezes que ultrapassar as fronteiras entre dois países durante sua viagem. Os resultados das chegadas de turistas internacionais também são sobrevalorizados no caso dos cruzeiros internacionais.

Um último ponto, como observa Dehoorne, Saffache e Tartar (2008), relaciona-se ao fato de que não podemos esquecer que por trás dos visitantes internacionais também se escondem muitos potenciais imigrantes que não têm outra alternativa senão recorrer à desculpa do turismo para deixar a terra natal. Em geral, esses "falsos turistas" vão tentar a sorte no país visitado – muitos até mesmo trabalham em atividades ligadas ao turismo.

Todavia, não obstante as deficiências apontadas, devemos ressaltar que os resultados não diminuem a importância crescente das práticas de turismo em todo o mundo. Como proposto pela Équipe MIT (2005), o atual sistema turístico mundial pode ser caracterizado como "de massa, diversificado e globalizado". Com efeito, graças ao avanço dos transportes, à redução do custo destes e ao desenvolvimento de empresas e organizações turísticas em todo o mundo, milhões de pessoas podem ter acesso aos lugares criados para repousar, lugares criados para se divertir ou lugares criados para jogar (Équipe MIT, 2002).

Muitos desses lugares são considerados os "novos territórios turísticos" (Knafou, 1996), cujas características funcionais dependem dos fluxos turísticos internacionais e estão sob influências vindas de várias partes do mundo, notadamente dos centros do turismo mundial situados nos países do Hemisfério Norte. Essa situação de dependência dos novos territórios turísticos em relação aos centros do turismo mundial é uma das consequências do processo de globalização do turismo.

6.1.1 A distribuição espacial do sistema turístico mundial

Na realidade, o processo de globalização do turismo criou e alimenta um sistema turístico mundial cuja organização é caracterizada por uma hierarquia entre os espaços turísticos (Cazes; Courade, 2004). Em outras palavras, o sistema turístico mundial é composto por espaços turísticos com diferentes níveis de importância e abrange aqueles localizados sobretudo no Hemisfério Norte, envolve os espalhados pelo Hemisfério Sul e alcança os situados nas regiões polares, como a Antártica. A seguir, apresentamos uma síntese do funcionamento do sistema turístico mundial.

1. Uma das funções desse sistema é manter os centros urbanos, em especial algumas cidades dos países ricos do Norte, como centros dominantes do turismo mundial. As características do sistema são:
   - Grandes centros turísticos: A maior parte dos fluxos de turistas internacionais é direcionada para as grandes cidades europeias e metrópoles americanas, e, em menor volume, para metrópoles asiáticas (Tóquio); são as cidades globais com os fluxos turísticos no sentido Norte-Norte.
   - Há o efeito da proximidade com relação à demanda que viaja dentro do mesmo grupo de países. Esses fluxos vão para cidades próximas às principais cidades europeias: 54% dos turistas europeus viajam dentro do próprio continente (Équipe MIT, 2005).
   - Há forte influência das imagens transmitidas pela mídia turística globalizada, com ênfase no patrimônio cultural referendado pela Unesco (Organização das Nações Unidas para a Educação) (sítios do patrimônio mundial).
   - A organização dos deslocamentos turísticos e a recepção de turistas são realizadas por grandes empresas do setor instaladas nos principais centros turísticos em nível

mundial, as quais também organizam o turismo em escala mundial (redes hoteleiras internacionais, grandes operadoras turísticas etc.).
- Os lugares anexos: Turismo de eventos e de negócios (congressos, feiras internacionais etc.) e a procura por parques de diversão perto das cidades globais (Disney Paris; Disney Tóquio).

2. Algumas centenas de quilômetros mais ao Sul estão os espaços litorâneos e os de montanha. Grande parcela deles localiza-se no Hemisfério Norte: Côte d'Azur (França); Costa Brava (Espanha); Alpes (Suíça, França e Itália); e Flórida, Califórnia (EUA).
   - Proximidade relativa para os turistas do norte da Europa e norte da América; fluxos concentrados em alguns períodos do ano (sazonalidade); principal atrativo é o natural (sol, mar de água quente e neve); ampla infraestrutura e equipamentos urbanos (praias, marinas, segundas residências e hotéis).
   - Forte concentração de empresas turísticas (redes hoteleiras, empresas de cruzeiros marítimos etc.) e imagem-marca dos lugares (modelo Riviera Francesa, Tyrol) consolidada pela mídia turística, associada à importância cultural das regiões do Mar Mediterrâneo e dos Alpes; festivais nas cidades com função turística cultural (Veneza, na Itália; Cannes, na França) e os lugares do *jet set* internacional (procurados por turistas abastados e por celebridades) e que integram roteiros do turismo globalizado: Nice (França), Mônaco (Principado de Mônaco), Miami (EUA) e Davos (Suíça).

3. Também no Hemisfério Norte situam-se os espaços litorâneos de países em desenvolvimento com as estações turísticas

integradas, as quais, em sua maioria, estão isoladas do resto do território desses países – espaços criados *ex nihilo* (a partir do nada): Tunísia, Marrocos, Tailândia e Caribe (Cancun/México). São os espaços turísticos periféricos conectados aos centros dominantes do turismo mundial:

- Os fluxos vindos do Norte são predominantes.
- A maior parte dos visitantes é de classe média, vinda dos países do Norte (Ilhas do Caribe).
- Forte ação dos operadores turísticos, governos nacionais e promotores locais.
- Alguns fluxos se estendem a lugares escolhidos para atender a turistas com alto poder aquisitivo (Dubai).

4. Os operadores turísticos, com a ajuda dos turistas do Norte, estendem o sistema para o resto do mundo por meio de pequenos fluxos na direção Norte-Sul, para alguns pontos localizados em faixas não contínuas de território:

- As cidades de peregrinação globalizadas como extensão das correspondentes religiões e obrigações religiosas – Roma (Itália), Jerusalém (Israel), Meca (Arábia Saudita), Lurdes (França) e Fátima (Portugal) – e os lugares com forte atração cultural (por exemplo, Bénarès, na Índia).
- Monumentos em lugares e/ou regiões que há pouco mais de duas décadas eram ainda isolados ou, em alguns casos, geopoliticamente fechados, como: Grande Muralha (China), Angkor Wat (Camboja), São Petersburgo e Moscou (Rússia). A exibição desses lugares para o turismo mundial é papel dos governos, dos operadores do turismo global e da Unesco (lugares inscritos na Lista do Patrimônio Mundial).
- Rotas nas regiões selvagens ou de difícil acesso: safáris (Quênia), *trekking* (Nepal) e outros espaços de turismo de

> aventura. A exibição desses sítios originais para o turismo também é feita por meio da Unesco.
> » Expansão do ecoturismo: Ilhas Galápagos (Equador), Costa Rica, Amazônia (Brasil).

Fonte: Elaborado com base em Équipe MIT, 2002, 2005; Cazes; Courade, 2004; Lozato-Giotart, 2008; Brunel, 2009.

É importante destacarmos que o sistema turístico mundial está em permanente transformação, visto que induz, em todas as escalas, os espaços turísticos à concorrência (competitividade entre os destinos) a partir de ações comandadas pelos centros dominantes do turismo global situados nos países do Norte. Outro ponto a ressaltar é que esse sistema se caracteriza pela variação da demanda de turistas e de suas representações mentais (imagens), assim como pela acessibilidade cada vez mais facilitada (*low cost* = transporte a baixo custo, em particular o aéreo). Isso explica a transformação em grande escala de espaços turísticos, regiões e lugares para atender à demanda mundial e, ao mesmo tempo, colocar-se na melhor posição no ambiente de competitividade que caracteriza o turismo globalizado.

Por conseguinte, o sistema turístico mundial tem modificado profundamente os espaços regionais e locais estabelecidos por todo o mundo e que são especializados na recepção de turistas, especialmente internacionais. Essa estrutura se apoia em um conjunto de espaços turísticos organizados em redes para expandir a sua influência sobre o resto do mundo e, dessa forma, poder alimentar os fluxos que o fazem funcionar.

A seguir, apresentamos uma síntese de como é formado, em âmbito mundial, esse conjunto de espaços turísticos organizados em redes e especializados na recepção de turistas internacionais. São lugares com infraestruturas de transporte padronizadas no mundo todo, tais como aeroportos, portos, rodovias etc.

a. Incluem-se tanto os antigos espaços turísticos nos países desenvolvidos quanto os "novos territórios turísticos" (espaços turísticos nos países em desenvolvimento ou menos avançados em termos econômicos).
   » Língua internacional (inglês).
b. O modelo de cidade-museu mundial.
   » Dispõe de atrativos como museus, teatros, festivais culturais, monumentos histórico-culturais e tradições locais (exemplo: o Vale do Loire, conhecido como *Jardim da França* graças a seus castelos, vinhedos e outras paisagens culturais).
   » Importância das representações mentais (imagem dos lugares) construídas e vendidas.
c. Os modelos globalizados baseados no turismo de sol e praia: o modelo dos 3S (*Sea, Sand and Sun*), a "balnearização" do mundo.
   » Os *resorts* de luxo internacionalizados com selo local, os enclaves turísticos.
   » As estâncias balneárias do turismo de massas.
   » Os clubes de férias isolados (do tipo Clube Med).
   » A urbanização turística – turismo de segunda residência.
d. Os modelos globalizados de estações de esqui – turismo de montanha e neve.
   » Antigas estações internacionalizadas: Davos (Suíça), Chamonix (França).
   » As estações integradas de turismo de massas, tais como Les Menuires e Valleys Ski (França).

> Os não lugares ou estações globais, com o selo local (Tyrol, nos Alpes austríacos).

> Os modelos de turismo do tipo urbano (turismo em cidades) e a "disneylandização" do planeta (Disney Paris, Disney Tóquio): a crescente procura pelo turismo de eventos, negócios, congressos, feiras internacionais etc. e a visitação a parques de diversão próximos às cidades e metrópoles globais.

Fonte: Elaborado com base em Knafou, 1996; Lozato-Giotart, 2008; Brunel, 2011, 2009; Gauchon, 2003.

Nesses espaços turísticos organizados em redes e especializados na recepção de turistas internacionais, há um constante impasse entre aderir à padronização ou buscar a originalidade, a autenticidade. Essa situação decorre principalmente da propaganda veiculada pelos operadores turísticos e promotores territoriais do turismo em todo o mundo, que impõe forte competição entre os destinos turísticos, obrigando-os a se adaptarem continuamente à demanda, espontânea ou criada. Isso porque os espaços (lugares) turísticos também alimentam a globalização do turismo.

Nesse contexto, torna-se necessário que os lugares se diferenciem uns dos outros, buscando-se um melhor posicionamento no mercado turístico globalizado ou reforçando o *status* já conquistado mediante a melhoria ou a readequação da oferta turística e da imagem.

A seguir, apresentamos algumas características desses espaços turísticos organizados em redes que servem como base de apoio e, ao mesmo tempo, constituem vetores do sistema turístico mundial.

1. Há um número cada vez maior de espaços turísticos sendo usados como bases de apoio e também como vetores da globalização cultural, tanto nos polos quanto nos lugares adjacentes:
    » Por meio da difusão da língua, estilos de vida, difusão de hábitos (efeito vitrine: efeitos do turismo sobre a sociedade local), mesmo que sejam lugares praticamente isolados.
    » O turismo com abordagem hedonista (palavra formada a partir do grego, *edonê*, que significa "prazer"), difundido em muitos países em desenvolvimento, e da transmissão de costumes ocidentais.
2. Espaços turísticos que atraem fluxos de produtos e mercadorias de todo o mundo (tecnologia etc.) ou abrem para o mundo os produtos produzidos com recursos locais:
    » O turismo se torna meio de difusão da cultura culinária e de comidas étnicas para o mundo: restaurantes típicos, turismo gastronômico.
    » Para alguns países, servir como base de apoio para o turismo globalizado significa integrar-se economicamente com o mundo (moeda, empregos etc.).
3. Espaços turísticos que são pontos de apoio para intercâmbio de viajantes:
    » Instalação de turistas estrangeiros aposentados (exemplo: Marrocos).
    » Locais de entrada de imigrantes, em geral ilegais, do Sul para o Norte (exemplo: Mar Mediterrâneo).
4. Espaços turísticos que servem como base de apoio ao transporte aéreo e/ou marítimo:
    » São, em geral, comandados por empresas multinacionais (operadoras de turismo, companhias aéreas, empresas de cruzeiros).

> » Alimentam e/ou reforçam um dos principais vetores que contribuem para a globalização do turismo: os meios de transporte.
> 5. Espaços turísticos que são pontos de apoio e vetores de fluxos financeiros globalizados.
> Há ainda os lugares turísticos que são também utilizados para guardar dinheiro de fonte legal e/ou ilegal (os chamados *paraísos fiscais*)

Fonte: Elaborado com base em Knafou, 1996; Lozato-Giotart, 2008; Brunel, 2011, 2009; Équipe MIT, 2005; Gauchon, 2003.

Em síntese, na análise do processo de expansão do turismo em escala mundial, podemos apontar principalmente os seguintes aspectos:

» Apesar da diversificação e da expansão ocorridas nas últimas cinco décadas, os maiores fluxos turísticos mantêm-se relativamente estáveis no que se refere à sua concentração geográfica.

» Os espaços turísticos com maior participação na emissão e na recepção dos fluxos turísticos em escala mundial estão localizados no Hemisfério Norte (Europa, América do Norte e Ásia-Pacífico).

» Os maiores fluxos do turismo mundial são essencialmente os fluxos Norte-Norte. Por sua vez, os fluxos emissores menores vão em direção – tanto para o Norte quanto para o Sul – dos principais espaços emissores (Europa e Estados Unidos). Parte crescente dos fluxos de turistas exploradores (aventureiros) se dirige às margens do planeta, ou seja, a regiões como Groelândia e Antártica.

» Verificamos, não obstante o crescimento do número de turistas internacionais viajando pelo mundo, que 80% dos fluxos turísticos permanecem confinados em sua área regional de origem – os europeus, por exemplo, viajam dentro da própria Europa (Lozato-Giotart, 2008).

» Na justificativa da viagem turística, quase sempre é possível ver que há influência das imagens dos espaços turísticos combinadas com os atrativos naturais e culturais (paisagens). O turismo de sol e praia, o de neve e montanha, em cidades – ou urbano – (arte, história, congressos, negócios etc.) e o de cruzeiros são as formas mais praticadas na esmagadora maioria dos centros turísticos receptores em escala mundial (Équipe MIT, 2005; Lozato-Giotart, 2008).

Em suma, apesar da recente explosão do turismo no que se refere aos fluxos mundiais, a distribuição espacial ainda é uma realidade marcada por profundas desigualdades. Os países desenvolvidos concentram a maioria dos fluxos emissores e receptores do turismo mundial. Nesse contexto, o desenvolvimento socioeconômico desigual Norte-Sul é também combinado com o nível de desenvolvimento do turismo. Os benefícios da globalização turística ainda estão muito longe de serem realmente compartilhados entre países ricos e pobres.

6.2 Regiões de turismo no mundo

Com a globalização do turismo, muitos lugares estão se conectando ao sistema turístico mundial. Países que antes eram inacessíveis ou pouco visitados, por serem muito caros ou fechados em termos geopolíticos, estão sendo integrados aos fluxos turísticos mundiais. Além disso, como afirma Brunel (2009, p. 2), "os turistas de hoje não são mais apenas os ricos brancos ocidentais, mas pertencentes a países emergentes, cujas classes média e rica: chinês, russo, brasileiro, indiano, coreano... estão ansiosas para descobrir o mundo".

Da mesma forma, a maior acessibilidade a destinos longínquos, por meio da redução dos custos de transportes aéreos e da introdução de aviões de grande capacidade e longo curso, deve continuar a impulsionar o crescimento dos fluxos turísticos mundiais, aumentando também a concorrência entre destinos e entre operadores turísticos. Nesse contexto, a tendência é viajar cada vez mais e cada vez mais longe e para qualquer região ou país do mundo, desde que não haja guerras ou agitações sociais constantes.

Todavia, a despeito da mundialização dos fluxos turísticos, a atividade turística em si mesma continua concentrada em algumas regiões do planeta. Uma leitura mais atenta nos mostra que, dentre os espaços emissores e os espaços receptores do turismo mundial, a distribuição dos fluxos turísticos configura uma organização espacial formada principalmente por três grandes regiões ou bacias turísticas (Cazes, 1989, 1992; Dehoorne; Saffache; Tartar, 2008). Estas, por sua vez, têm ligações com as regiões adjacentes e com uma rede de espaços turísticos distribuídos por todo o mundo. Em ordem de importância, as três bacias turísticas são:

1. **Bacia euromediterrânea**: Está centrada no Mar Mediterrâneo e constitui a primeira região de turismo do mundo com mais de 350 milhões de turistas internacionais (OMT, 2014a).
2. **Bacia da Ásia Oriental-Pacífico**: Organizada em torno das margens do mar do Sul da China, abrange também a Tailândia e a Indonésia, é destino sobretudo de turistas vindos da Ásia e da Oceania.

3. **Bacia da América do Norte/Caribe:** Espaço organizado em torno do "Mediterrâneo americano", recebe fluxos especialmente de turistas estadunidenses e canadenses.

A bacia euromediterrânea é a primeira região turística do mundo no que se refere à recepção de turistas. Ela concentra a maior parte dos turismos internacional e interno. O centro da região de turismo mais antiga do mundo gira em torno das margens do Mar Mediterrâneo, na Europa, e abrange desde a Espanha até a Turquia. Estende-se também ao longo da costa norte-africana e alcança Marrocos, Tunísia e Egito. Um espaço secundário se desenha ao norte da área central da região, incluindo o restante do território francês e indo para o norte e o leste da Europa, envolvendo países como Holanda, Noruega, Polônia e alguns lugares privilegiados da Rússia e da Ucrânia.

No centro da bacia euromediterrânea, vamos encontrar espaços muito procurados por turistas do mundo inteiro, notadamente para práticas ligadas ao turismo de sol e praia e ao de cruzeiro: na costa da Itália, a Riviera italiana, a Toscana, o Mar Adriático e as ilhas da Grécia; na costa da Espanha, a Costa Brava, a Costa Blanca, a Costa do Sol e as ilhas Baleares; na costa da França, a Côte d'Azur e o litoral do Languedoc-Roussillon; no Arco Atlântico Europeu, a costa Sul da Grã-Bretanha e o País Basco espanhol; no litoral submediterrâneo, o Algarve na costa de Portugal e Agadir, na costa do Marrocos; no arco costeiro tunisiano, diversos lugares entre a ilha Djerba e Sidi Bou Said, na Tunísia, e a Riviera de Antalya, no Sul da Turquia.

Contígua à região do Mar Mediterrâneo está localizada a área continental da Europa, que também recebe milhões de turistas. As principais cidades são altos lugares do turismo cultural, como é o caso de Veneza, Paris, Budapeste, Praga, Viena, Madrid, Cracóvia, Moscou, entre outras. Muitas delas são também espaços receptores de primeira ordem no conjunto do turismo internacional, em particular do turismo de negócios e eventos, como Paris, Londres, Milão, Genebra, Berlim e Barcelona. Não podemos deixar de mencionar Bruxelas, Amsterdam, Lisboa, as cidades dos países do norte da Europa (Dinamarca, Noruega, Finlândia, Suécia) e do Leste europeu (Ucrânia, Letônia, Lituânia, Estônia e outras).

Em resumo, são muitas as cidades europeias que integram a rede de turismo urbano estabelecida no continente europeu. Aliás, é importante ressaltarmos aqui que o turismo urbano, ou melhor, as práticas turísticas que acontecem nas cidades representam um dos mercados emergentes nessa região (Duhamel; Knafou, 2007). Além disso, a variedade de suas paisagens culturais constitui forte atrativo representado pelo patrimônio histórico, cultural e gastronômico e por outros aspectos ligados à agricultura regional, como a vitivinicultura. Por último, mas de grande importância, estão os fluxos de turistas atraídos pelo turismo de montanha e neve, sobretudo no inverno, para práticas de esqui, caminhadas e montanhismo nas regiões dos Alpes (Suíça, França, Áustria e Itália) e dos Pirineus (França e Espanha).

A segunda região turística do mundo a receber mais turistas é a bacia da Ásia Oriental-Pacífico. Com um número de visitantes internacionais que alcançou cerca de 230 milhões em 2012 (OMT, 2014a), ela continua a se estruturar, pois os fluxos e a atividade turística como um todo têm apresentado um crescimento acima da média mundial nas duas últimas décadas. Trata-se de uma região emissora e também receptora de grandes fluxos turísticos. China, Japão e Coreia do Sul são os principais países da região, tanto no que se refere aos fluxos emissores quanto aos receptores do turismo internacional, notadamente em relação à Europa e à América do Norte. Todavia, esses três países, juntamente com Austrália e Nova Zelândia, são também os maiores emissores de turistas para a própria região da Ásia-Pacífico, ou seja, para os destinos asiáticos próximos.

A maioria dos destinos dessa região está localizada no sudeste da Ásia, tais como Tailândia, Malásia, Indonésia, Singapura, Filipinas, Camboja e Vietnam. Os lugares turísticos mais procurados são aqueles que permitem as práticas relacionadas ao turismo de balneário modelo 4S (*Sea, Sand, Sun and Sex*), notadamente nas ilhas do Pacífico Sul (Havaí, Fiji, Samoa, Polinésia Francesa e outras).

Todavia, muito da atratividade turística da Ásia Oriental-Pacífico está em seu patrimônio cultural (edificações, monumentos, sítios religiosos etc.), na gastronomia e na diversidade de paisagens naturais e culturais. Infelizmente, o turismo sexual, uma manifestação negativa do turismo globalizado, é difundido em alguns países do sudeste asiático.

No nordeste da Ásia, alguns países desenvolveram o turismo por meio de uma imagem veiculada em campanhas comerciais internacionais ou eventos esportivos: Copa do Mundo de Futebol na Coreia do Sul e no Japão (2002), Jogos Olímpicos de Seul (1988) e de Pequim (2008) e Shanghai World Expo (2010). Evidentemente, esses países são também centros para o turismo de negócios (Tóquio e Kyoto, no Japão; Seul, na Coreia do Sul) e o cultural (Beijing, Shanghai e Guangzhou, na China).

Na terceira posição está a bacia da América do Norte/Caribe. Algumas décadas atrás, o espaço regional que abrange o Mar do Caribe se posicionava como a segunda maior bacia de turismo em escala mundial. Entretanto, desde a última década, esse espaço vem recebendo um número menor de turistas internacionais em comparação com a região da Ásia Oriental-Pacífico. Ainda assim, em razão do papel dos Estados Unidos, segundo lugar no *ranking* da OMT em 2012 (OMT, 2014a) na recepção de turistas internacionais, os fluxos turísticos se mantêm em crescimento.

Os Estados Unidos também são o maior emissor de turistas internacionais para a própria região, participando com 90% das chegadas de viajantes no Canadá e com 85% no México. Semelhantemente, os fluxos emitidos por México e Canadá convergem principalmente para este país norte-americano (OMT, 2014a).

Flórida e Califórnia atraem os principais fluxos do turismo balneário de caráter nacional. Por sua vez, México (Cancun, Acapulco) e os territórios insulares situados na região do Caribe (Bahamas, Porto Rico, República Dominicana, Cuba, Jamaica, Antilhas Francesas etc.) constituem uma opção de turismo internacional para práticas de turismo balneário. Estados Unidos, Canadá e alguns países europeus (França, Espanha e Inglaterra, em particular) são os principais emissores de turistas para a região.

Na realidade, Caribe é um grande balneário turístico (modelo *all inclusive*), com forte presença do turismo de cruzeiros, especialmente de novembro a abril, quando as condições climáticas são bastante desfavoráveis sobretudo na região do Mar Mediterrâneo. Os espaços turísticos caribenhos são organizados na forma de enclaves turísticos, com grandes complexos hoteleiros e equipamentos de lazer localizados à beira-mar. Os investimentos são feitos por grandes grupos europeus (por exemplo, o grupo espanhol Meliá, em Cuba) ou estadunidenses (por exemplo, o grupo Radisson, na ilha de Saint-Martin).

Ainda com relação à bacia da América do Norte/Caribe, também se constituem em importantes espaços receptores de turistas as regiões de Quebec e Montreal, no Canadá, e Colorado (Grand Canyon), New Orleans e Washington (turismo cultural), nos Estados Unidos. Cabe citar também lugares com patrimônio cultural localizados no México (Cozumel, Chichen Itza, Teotihuacan e Oaxaca) e o patrimônio natural situado na Costa Rica (vulcões). Entretanto, sobretudo Nova Iorque, Califórnia (Los Angeles e Las Vegas) e Orlando (Disneylândia), na Flórida, são os que atraem os maiores fluxos turísticos internacionais para a região, em especial para práticas turísticas ligadas à diversão e aos jogos, bem como ao turismo de negócios e compras (*shoppings*). Há também o turismo de montanha e neve em algumas regiões da América do Norte, com estações de esqui muito frequentadas, especialmente nos Estados Unidos (Salt Lake City, Aspen e outras).

Por último, ainda com relação aos espaços receptores que recebem grandes fluxos turísticos na América do Norte, devemos nos referir aos parques naturais e às áreas protegidas. Nos Estados Unidos em particular, são 58 parques, com destaque para Yellowstone, Yosemite e Great Smoky Mountains; no Canadá, são 44 parques (Parks Canadá, 2014).

Ao lado das três grandes regiões ou bacias turísticas apresentadas, podemos localizar no mapa do turismo mundial territórios organizados em redes, os quais estão situados entre as escalas regional e mundial. São territórios descontínuos que se situam nas periferias do centro do sistema turístico mundial, alguns dos quais constituem destinos turísticos seletos, em virtude de serem considerados lugares exóticos ou únicos do ponto de vista turístico.

É importante destacarmos aqui que a maioria dos "novos territórios" do turismo global está localizada nos países em desenvolvimento ou países do Sul, sendo destinada principalmente para o turismo de sol e praia, que segue o modelo dos 3S (*Sea, Sand and Sun*). Na verdade, o modelo 3S foi desenvolvido durante os anos de 1950 e 1960 como prática turística de massa em alguns países da região do Mediterrâneo (Espanha e Marrocos, principalmente). Desde então, vem contribuindo para estruturar toda a esfera comercial do turismo em âmbito mundial em torno dos recursos turísticos *sol, mar* e *praia*, promovendo o fenômeno da "balnearização" ou "litoralização" do mundo.

Nos países em desenvolvimento ou países do Sul, o crescimento do turismo de sol e praia tornou-se tão importante que praticamente excluiu – ou subordinou à sua lógica – todas as outras formas de turismo. Essa hegemonia do modelo 3S nos espaços turísticos que, dentro do sistema turístico mundial, são periféricos aos espaços centrais, caracterizou diversos países nas diferentes regiões geográficas do planeta. De fato, o referido modelo, que orientou o desenvolvimento do turismo no Marrocos, foi seguido na Tunísia, Senegal, Costa do Marfim, Malásia, Indonésia, Tailândia, Taiwan, Egito, Emirados Árabes, Venezuela, Colômbia, Brasil e países da América Central (estes últimos, fascinados pelo modelo mexicano do tipo Cancun).

Em outras regiões, como África, também vem se adotando o modelo 3S. Quênia, por exemplo, adaptou desde o início dos anos de 1970 as instalações turísticas para uma demanda à beira-mar que cresce rapidamente, notadamente de europeus. Do mesmo modo, a zona costeira de outros países africanos é muito mais procurada do que os parques de vida selvagem no interior do continente.

Há diversos outros exemplos que poderíamos dar aqui, mas o que realmente importa observar é a tendência em nível global para o estabelecimento de novas infraestruturas e equipamentos turísticos adaptados ao modelo de implantação territorial dominante (do tipo 3S – *Sea, Sand and Sun* –; em alguns lugares já é o tipo 4S – *Sea, Sand, Sun and Sex*), retransmitido pelos atores que comandam a esfera comercial do turismo em escala mundial (redes hoteleiras, operadoras turísticas, companhias de transporte e prestadores de serviços turísticos). É o que vamos ver no próximo capítulo, no qual nos concentraremos no caso do Brasil e suas regiões turísticas.

Estudo de caso

O turismo na região do Caribe

O Caribe é uma região formada por inúmeras ilhas, ilhotas e arquipélagos, cujo nome vem do mar que liga seus países e territórios: Mar do Caribe, também conhecido como *Mar das Caraíbas* ou ainda *Mar das Antilhas*. O Mar do Caribe faz parte do Oceano Atlântico, abrange uma área de 2.754.000 km² e estende-se 2.415 km de Leste a Oeste. A região do Caribe se situa entre a América do Sul e a América do Norte e a leste da América Central, da qual faz parte. Fica inteiramente no Hemisfério Norte e seu clima é tropical.

O nome *Caribe* é derivado do termo *Carib*, que representava as etnias ameríndias dominantes na região antes que os europeus ali aportassem no final do século XV. Após a descoberta das Índias e com a chegada de Cristóvão Colombo à América em 1492, o termo latino *Antilhas* foi atribuído às ilhas situadas na região. Hoje, o Caribe inclui 22 territórios insulares e faz fronteira com 12 estados continentais. Os principais países ou ilhas fronteiriços do Mar do Caribe são: México, Honduras, Nicarágua e Costa Rica (a Oeste); Panamá, Colômbia e Venezuela (ao Sul); as Pequenas Antilhas – Granada, Martinica, Guadalupe etc. (a Leste); e as Grandes Antilhas – Porto Rico, Hispaniola, Jamaica e Cuba (ao Norte). A Noroeste, comunica-se com o Golfo do México por meio do Canal de Yucatán e com o Oceano Atlântico por meio das ilhas Pequenas Antilhas. O Mar do Caribe também se comunica artificialmente com o Oceano Pacífico pelo Canal do Panamá.

A passagem *Windward* – o nome dado à zona situada entre Cuba e Haiti – é uma rota marítima importante entre os Estados Unidos e o Canal do Panamá. O turismo na região é uma "aposta muitas vezes paga". A bacia do Caribe é, em nível mundial, um dos destinos turísticos que mais atrai viajantes do Hemisfério Norte, sobretudo norte-americanos e europeus, que vêm em busca do exotismo tropical. Duas razões para essa atração: uma série de fatores relacionados às condições naturais (clima quente o ano todo, costas baixas e arenosas etc.) e a proximidade com o grande espaço emissor de turistas da América do Norte (Estados Unidos e Canadá), dois países com alta renda *per capita*.

As desvantagens do desenvolvimento do turismo na região são múltiplas, como é caso do turismo de cruzeiro e do turismo de sol e praia, em que se destacam os enclaves turísticos (complexos turísticos isolados) e que acabam por ter um efeito negativo sobre o desenvolvimento futuro da própria atividade turística.

Síntese

Neste capítulo, abordamos as grandes regiões turísticas do mundo, analisando o processo de globalização do turismo e o crescimento dos fluxos turísticos em escala mundial. Apresentamos uma caracterização do sistema turístico mundial e seu funcionamento, destacando os espaços turísticos centrais e os espaços turísticos periféricos que compõem o sistema turístico mundial e caracterizando as regiões turísticas do mundo.

Questões para revisão

1. Com relação aos fatores que caracterizam a globalização do turismo, assinale a alternativa incorreta:
    a) O crescimento nas últimas décadas dos fluxos turísticos em escala mundial é um dos indicadores da globalização do turismo.
    b) Os principais centros emissores de turistas internacionais estão localizados no Hemisfério Norte.

c) Além do crescimento do turismo internacional, devemos considerar o turismo interno como um dos indicadores da globalização do turismo.
d) O turismo, apesar de globalizado, continua a ser uma prática restrita às camadas mais ricas da população mundial.
e) O atual sistema turístico mundial pode ser caracterizado como de massa, diversificado e globalizado.

2. Na análise do processo de expansão do turismo em escala mundial, é correto afirmar:
   I. Apesar da diversificação e da expansão nas últimas cinco décadas, os maiores fluxos do turismo mundial mantêm-se relativamente estáveis no que se refere à sua concentração geográfica.
   II. Os espaços turísticos com maior participação na emissão e na recepção dos fluxos turísticos mundiais estão localizados no Hemisfério Norte.
   III. Os maiores fluxos do turismo mundial são basicamente os fluxos Norte-Norte.
   IV. O ecoturismo, o turismo rural e o turismo de aventura são as modalidades mais praticadas na maioria dos grandes polos receptores de turismo em escala mundial.

   Entre as alternativas a seguir, assinale a correta:
   a) I e II.
   b) I, II e III.
   c) II, III e IV.
   d) I, III e IV.

3. As principais características do sistema turístico mundial são:
   I. A maior parte dos fluxos de turistas internacionais é direcionada para as grandes cidades europeias e metrópoles americanas e em menor volume para as asiáticas (Tóquio);

são as cidades globais com os fluxos turísticos no sentido Norte-Norte.

II. Há o efeito da proximidade com relação à demanda que viaja dentro do mesmo grupo de países. Esses fluxos são para cidades próximas às principais cidades europeias: 54% dos turistas europeus viajam dentro do próprio continente.

III. Há forte influência das imagens transmitidas pela mídia turística globalizada, com ênfase no patrimônio cultural referendado pela Unesco.

IV. A organização dos deslocamentos turísticos e a recepção de turistas em escala mundial são realizadas por grandes empresas de turismo (operadoras e agências de viagens) instaladas nos principais centros turísticos em nível mundial.

V. A crescente procura pelos lugares de turismo de eventos e de negócios e a visitação em parques de diversão próximos às cidades e às metrópoles globais.

Entre as alternativas a seguir, assinale a correta:

a) I, II e III.
b) I, II, III, IV e V.
c) II, III e IV.
d) I, III e IV.

4. Mencione quais são os modelos de lugares turísticos globalizados baseados no turismo de sol e praia.

5. Que região turística tem apresentado um crescimento acima da média mundial nas duas últimas décadas?

Questões para reflexão

1. Comente a frase: "A globalização do turismo é reflexo da globalização econômica".

2. Reflita e comente por que há fortes desigualdades na distribuição dos fluxos turísticos no mundo.

3. Em que medida podemos falar de uma mundialização turística?

4. Aponte quais são as principais características do sistema turístico mundial.

5. Caracterize o modelo de implantação territorial do turismo dominante em escala mundial.

7
Regiões turísticas do Brasil

Conteúdos do capítulo

» Evolução das políticas públicas de turismo no Brasil.
» Programas e planos governamentais de desenvolvimento do turismo no Brasil.
» Crescimento dos fluxos do turismo internacional para o Brasil.
» Importância do turismo doméstico no Brasil.
» Principais regiões de turismo no Brasil.
» Principais fluxos turísticos no Brasil.
» Tipos de espaços turísticos encontrados no Brasil.

Após o estudo deste capítulo, você será capaz de:

1. entender como vem ocorrendo o desenvolvimento do turismo no Brasil;
2. conhecer as ações governamentais de fomento ao desenvolvimento do turismo no Brasil;
3. localizar os principais fluxos turísticos no território brasileiro;
4. compreender como está organizado e como funciona o turismo no Brasil;
5. localizar quais são os destinos indutores do desenvolvimento regional do turismo no Brasil;
6. identificar os espaços de concentração do turismo no território brasileiro.

7.1 Desenvolvimento do turismo no Brasil: atores e políticas

Como vimos no Capítulo 6, o atual sistema turístico pode ser caracterizado como de massa, diversificado e globalizado (Équipe MIT, 2005). Com a globalização, novos lugares, países e regiões são integrados ao sistema turístico mundial, processo que tem contribuído para a emergência de territórios turísticos cuja participação na recepção dos fluxos do turismo internacional vem aumentando, ao mesmo tempo em que também vem crescendo o turismo doméstico.

Esse é caso do Brasil, país emergente no cenário atual da globalização em geral e do turismo em particular. De fato, desde o início dos anos de 1990, o país tem se esforçado para se inserir no sistema turístico mundial por meio da implementação de políticas públicas e da atração de investimentos públicos e privados. Uma das características desse processo foi a adequação dos territórios litorâneos ao uso turístico massificado voltado à prática do turismo de sol e praia, seguindo o modelo 3S (*Sea, Sand and Sun*) – e mesmo o do tipo 4S (*Sea, Sand, Sun and Sex*).

Contextualizando a história recente do turismo no Brasil, podemos dizer que a atividade turística conheceu forte expansão no período econômico e político após os anos de 1980, com a redemocratização do país. Todavia, é importante frisarmos que antes desse período já existiam algumas ações governamentais visando impulsionar o desenvolvimento da atividade turística, como a criação da então Empresa Brasileira de Turismo (Embratur), em 1966, hoje Instituto Brasileiro de Turismo. Com essa instituição, o turismo ganhou certo impulso, em especial durante o *milagre econômico*, denominação dada à época de excepcional crescimento econômico verificado no país entre 1969 e 1973, no período do regime militar.

Durante essa fase, foram feitas campanhas para divulgar o Brasil no exterior. O objetivo era difundir a imagem de um país com belas praias, de clima quente e com sol o ano inteiro, habitado por um povo hospitaleiro, de caráter alegre e festivo, representado sobretudo pelo carnaval e pelo futebol. Na verdade, o que se passava era a construção de uma imagem estereotipada do Brasil. Muito pouco se fazia para promover o desenvolvimento da atividade turística tendo como base uma oferta de serviços com qualidade, de forma planejada e com infraestrutura adequada.

Com a crise econômica, principalmente na década de 1980, o turismo no Brasil se estagnou. No início de 1990, o governo federal definiu uma nova política nacional de turismo, ao lado de outras iniciativas que tinham o objetivo de criar uma nova dinâmica para o desenvolvimento do setor. Para tanto, foi reformulada a Embratur (1991), que passou a ser denominada *Instituto Brasileiro de Turismo*. Assim, principalmente a partir do começo da década de 1990, passou-se a atribuir maior importância ao turismo no Brasil. A atividade passou, então, a ser considerada um vetor de desenvolvimento regional e um instrumento para ajudar a minimizar as desigualdades regionais do país (Cruz, 2000).

Após a abertura comercial e a execução de reformas macroeconômicas iniciadas no Governo Collor (1990-1992), o Brasil passou a atrair investimentos estrangeiros em diversos setores, incluindo os de turismo e de hotelaria. Com a aceleração do processo de privatizações desencadeado na década de 1990, o Estado passou a intervir menos na economia nacional. Nesse contexto de desregulamentação econômica, o governo federal buscou estabelecer maior dinâmica ao setor de viagem e turismo, especialmente mediante a diminuição de exigências para a entrada de turistas estrangeiros e a criação de voos sub-regionais dentro do Brasil e outros para países vizinhos (Argentina, Uruguai e Paraguai, em particular). A intenção era suprir os lugares no território brasileiro que não eram cobertos pelas grandes companhias aéreas internacionais, assim como estimular os turistas estrangeiros a viajarem mais pelo Brasil.

Outra medida importante foi o incentivo à redução do custo das passagens aéreas domésticas. Segundo dados da Embratur, entre 1995 e 2000 o mercado doméstico de viagens aéreas no Brasil cresceu 70% – passou de 16,8 milhões de desembarques para 28,5 milhões (Silveira, 2002b). Nessa época, a Organização Mundial do Turismo (OMT) já buscava difundir os fluxos do turismo internacional em direção a outros lugares do mundo – além dos países do Norte – em particular aqueles vistos como portadores de grande vocação turística, como o Brasil. Seguindo as orientações da OMT, o governo brasileiro passou a implementar ações de planejamento do turismo e a investir na construção de infraestruturas de apoio turístico e na atração de investimentos estrangeiros na oferta de serviços e equipamentos turísticos, em especial no setor hoteleiro (Cruz, 2000; Silveira, 2002b).

Um das primeiras providências foi o Programa Nacional de Municipalização do Turismo (PNMT), implementado entre os anos de 1996 e 1999 pelo Embratur, que adaptou à realidade brasileira a metodologia elaborada pela OMT. Fundamentado nos princípios da descentralização, da sustentabilidade, das parcerias, da mobilização e da capacitação, o PNMT era estabelecido e desenvolvido nos municípios sob a forma de oficinas divididas em três fases: conscientização, capacitação e planejamento (Silveira, 2002b).

A partir de 1998, além do PNMT, o desenvolvimento do turismo no Brasil ficou baseado, sobretudo, na criação dos programas regionais de desenvolvimento do turismo, em especial o Programa de Desenvolvimento Turístico do Nordeste (Prodetur/NE) e o

Programa de Desenvolvimento do Ecoturismo na Amazônia e no Pantanal Mato-grossense (Proecotur) (Silveira, 1997; Silveira, 2002b). O Prodetur/Sul, para a Região Sul, e o Prodetur/SE, para a Região Sudeste, também foram implantados. No entanto, nessas duas regiões foram feitas somente algumas obras com recursos do programa e de modo muito localizado, privilegiando-se destinos turísticos já consolidados internacionalmente, como Foz do Iguaçu, São Paulo e Rio de Janeiro (Silveira, 2002b).

Em compensação, a Região Nordeste recebeu altos investimentos do governo federal, dos quais uma parcela veio de empréstimos feitos no Banco Interamericano de Desenvolvimento (BID). De modo geral, os recursos do Prodetur/NE foram aplicados na construção e na melhoria de infraestruturas de apoio e urbano-regionais (aeroportos, rodovias, saneamento básico, eletrificação, reformas urbanas etc.); os recursos privados, por sua vez, foram destinados à implantação de equipamentos turísticos e de lazer (hotéis, *resorts*, parques temáticos, condomínios de segunda residência etc.), visando tornar competitivos os lugares "turistificados" no mercado globalizado do turismo de sol e praia (Coriolano, 1998). Um exemplo ilustrativo foi o avanço das redes hoteleiras internacionais no Brasil, sobretudo a partir dos anos de 1990, que contribuiu para a inserção do país no mercado global do turismo por meio da adoção de padrões internacionais de prestação de serviços (Prosérpio, 2007).

De fato, a concretização dos investimentos no setor do turismo no Brasil se deu em grande parte com a ampliação do parque hoteleiro já existente e com a instalação de novos complexos hoteleiros dos tipos *resort* e *flat*. As iniciativas provieram tanto de redes nacionais quanto internacionais de hotelaria, entre as quais podemos destacar: as francesas Accor e Club Mediterranée; a norte-americana Best Western e Bass Hotels & Resorts Inc. (proprietária da marca Holiday Inn); a espanhola Sol Meliá; a mexicana Posadas; e outras constituídas por capital de acionistas de vários países.

Estudo de caso

As maiores redes hoteleiras no Brasil

Uma pesquisa elaborada pela empresa de consultoria imobiliária Jones Lang Lasalle Hotels, publicada sob o título "Hotelaria em números Brasil 2013", lista as 50 maiores redes hoteleiras do Brasil e faz uma análise do setor no país. Os hotéis e *flats* de cadeias nacionais somam 377 unidades e contam com 55.947 quartos. Os hotéis, *resorts* e *flats* de cadeias internacionais somam 423, e contam com 74.822 quartos. Os hotéis independentes com até 20 quartos são 3.502 e contam com 38.699 quartos, e os hotéis independentes com mais de 20 quartos somam 5.379 e têm 295 mil quartos. O total nacional de hotéis e *flats* é 9.681, que somam um total 464.477 quartos.

Na Tabela 7.1 listamos as 20 maiores redes hoteleiras no Brasil em 2013.

Tabela 7.1 – As 20 maiores redes hoteleiras no Brasil em 2013

Marca/Rede	Número de quartos	Número de hotéis
1. Accor	30.260	181
2. Choice	9.446	62
3. Louvre Hotels	6.737	38
4. Blue Tree	4.838	24
5. Nacional Inn	4.593	41
6. Transamerica	4.447	22
7. Windsor	3.010	12
8. Wyndham	2.860	15

(continua)

(Tabela 7.1 - conclusão)

Marca/Rede	Número de quartos	Número de hotéis
9. IHG	2.803	12
10. Bourbon	2.791	12
11. Slaviero	2.740	21
12. Othon	2.450	15
13. Starwood	2.158	8
14. Carlson	2.060	9
15. Vila Galé	2.055	6
16. Intercity	1.916	14
17. Best Western	1.767	17
18. Estanplaza	1.733	12
19. Bristol Hotelaria	1.660	13
20. Pestana	1.566	9

Fonte: Panrotas, 2011.

Em 2003, foi criado o Ministério do Turismo e o Embratur passou a cuidar apenas de operações de *marketing* no exterior para captação de fluxos turísticos internacionais. Após a criação desse ministério, foi implementado o Plano Nacional do Turismo (PNT), que estabeleceu diretrizes, metas e programas para o desenvolvimento da atividade turística no Brasil no período entre 2003 e 2007 (Brasil, 2003).

De acordo com o PNT, o turismo assumiu, desde então, importante papel como atividade econômica capaz de gerar progresso econômico e desenvolvimento social para o país. O incentivo à atração dos fluxos do turismo internacional continuou a ser um dos pilares do PNT; entretanto, o estímulo ao crescimento do turismo doméstico também passou a ser priorizado na nova fase desse plano (Brasil, 2003).

Em 2007, o PNT foi reformulado, constituindo-se em um novo documento, o Plano Nacional de Turismo 2007-2010. Com a nova versão, a expectativa do governo era, além de continuar a desenvolver o turismo internacional no Brasil, promover o incremento e o fortalecimento do turismo doméstico a fim de transformar o turismo no Brasil em um vetor de crescimento econômico e em uma atividade indutora de inclusão social (Brasil, 2007). As metas estipuladas para o PNT 2007-2010 foram as seguintes (Brasil, 2007):

» promover a realização de 217 milhões de viagens no mercado interno;
» criar 1,7 milhão de novos empregos e ocupações;
» estruturar 65 destinos turísticos com padrão de qualidade internacional;
» gerar 7,7 bilhões de dólares em divisas.

Para alcançar essas metas, o plano foi estruturado em oito macroprogramas: Informação e Estudos Turísticos; Planejamento e Gestão; Logística de Transportes; Regionalização do Turismo; Fomento à Iniciativa Privada; Infraestrutura Pública; Qualificação dos Equipamentos e Serviços Turísticos; Promoção e Apoio à Comercialização (Brasil, 2007).

Com base no potencial turístico de cada uma das cinco macrorregiões do Brasil (qualidade do patrimônio natural e cultural, localização, acessibilidade, mobilização dos atores públicos e privados locais e infraestrutura receptiva já existente), foram identificados no território nacional 65 destinos indutores de desenvolvimento regional do turismo. Esses destinos e as respectivas macrorregiões são representados no "Mapa de Regionalização do Turismo no Brasil" (Brasil, 2013c), que serve de base para o denominado *Programa de Regionalização do Turismo – Roteiros do Brasil*. O mapa apresentado na Figura 7.1 traz, de forma simplificada, os 65 destinos indutores do turismo e as respectivas macrorregiões.

Figura 7.1 – Destinos indutores do turismo nas macrorregiões do Brasil

Macrorregião Centro-Oeste	Macrorregião Sul	Macrorregião Sudeste	Macrorregião Nordeste	Macrorregião Norte

DF: Brasília
GO: Alto Paraíso
   Caldas Novas
   Goiânia
   Pirenópolis
MS: Bonito
   Campo Grande
   Corumbá
MT: Cáceres
   Cuiabá
	PR: Curitiba
	   Foz do Iguaçu
	   Paranaguá
	RS: Bento Gonçalves
	   Gramado
	   Porto Alegre
	SC: Baln. Camboriú
	   Florianópolis
	   São Joaquim
		ES: Vitória
		MG: Belo Horizonte
		   Diamantina
		   Ouro Preto
		   Tiradentes
		RJ: Angra dos Reis
		   Armação de Búzios
		   Parati
		   Petrópolis
		   Rio de Janeiro
		SP: São Paulo
		   Ilhabela
			AL: Maceió
			   Maragogi
			BA: Lençóis
			   Maraú
			   Mata de São João
			   Porto Seguro
			   Salvador
			CE: Aracati
			   Fortaleza
			   Jijoca de Jericoacoara
			   Nova Olinda
			MA: Barreirinhas
			   São Luís
			PB: João Pessoa
			PE: Fernando de Noronha
			   Ipojuca
			   Recife
			PI: Parnaíba
			   São Raimundo Nonato
			   Teresina
			RN: Natal
			   Tibaú do Sul
			SE: Aracaju
				AC: Rio Branco
				AM: Barcelos
				   Manaus
				   Parintins
				AP: Macapá
				PA: Belém
				   Santarém
				RO: Porto Velho
				RR: Boa Vista
				TO: Mateiros
				   Palmas

Fonte: Elaborado com base em Brasil, 2007.

O Programa de Regionalização do Turismo (PRT) tem como meta o desenvolvimento turístico em escala regional e vem sendo implementado desde 2004. É um dos programas estratégicos do PNT, pois define as regiões turísticas do Brasil para fins de planejamento e gestão. O PRT tem o "objetivo de estruturar, ampliar, diversificar e qualificar a oferta turística brasileira, promovendo a inserção competitiva do produto turístico no mercado internacional e aumentando o consumo do mesmo no mercado nacional" (Brasil, 2007).

A partir de 2010, o governo deu continuidade às políticas públicas de turismo no Brasil por meio do lançamento do PNT 2011-2014, cujas principais metas foram: ampliar a infraestrutura turística; desenvolver ações de qualificação de mão de obra para o turismo; implementar programas de inclusão de idosos, jovens e deficientes no turismo; investir na consolidação dos 65 destinos indutores do desenvolvimento regional do turismo; incrementar a parceria com outros ministérios com vistas à preparação para a Copa do Mundo de 2014 e as Olimpíadas de 2016 (Brasil, 2013a).

Após duas décadas de implementação da Política Nacional de Turismo e de investimentos da iniciativa privada, é possível dizer que vem ocorrendo crescimento da atividade turística no Brasil, sobretudo no turismo doméstico, apesar de muitas ações e programas propostos pelos governos ao longo desse período terem ficado só no papel.

Quanto ao turismo internacional, o Brasil ainda sofre com a falta de competitividade do setor de viagem e turismo, conforme aponta o relatório publicado pelo Fórum Econômico Mundial (*World Economic Forum*), que mostra por que alguns países atraem tantos visitantes e outros, não (Blanke; Chiesa, 2013). De modo geral, os resultados mais expressivos do crescimento do turismo no Brasil podem ser observados principalmente no que se refere ao aumento dos fluxos turísticos internacionais e domésticos, na participação da atividade na composição total do PIB do país e na geração de empregos para a população. A Tabela 7.2 apresenta a série histórica de chegadas de turistas internacionais no mundo e no Brasil no período entre 2000 e 2012.

Tabela 7.2 - Chegadas de turistas internacionais: mundo e Brasil - 2000-2012

Ano	Turistas (milhões de chegadas)			
	Mundo		Brasil	
	2.440,9	Variação anual (%)	Total	Variação anual (%)
2000	689,2	-	5,3	-
2001	688,5	(0,10)	4,8	(10,16)
2002	708,9	2,96	3,8	(20,70)
2003	696,6	(1,74)	4,1	9,19
2004	765,5	9,89	4,8	15,99
2005	801,6	4,72	5,4	11,76
2006	842,0	5,04	5,0	(6,68)
2007	897,8	6,63	5,0	-
2008	916,6	2,09	5,1	2,00
2009	882,1	(3,76)	4,8	(5,88)
2010	950,1	7,71	5,2	8,33
2011	996,0	4,83	5,4	3,85
2012	1.035,5	3,97	5,7	5,56

Fonte: Elaborado com base em Brasil, 2013e.

A maior parte dos turistas estrangeiros que visitaram o Brasil entre 2000 e 2012 é originária de países vizinhos, principalmente da Argentina, Paraguai, Uruguai e Chile. No entanto, o Brasil também recebeu um número expressivo de turistas vindos da Europa, principalmente da Alemanha, Itália, Espanha, Portugal e França, e da América do Norte, sobretudo dos Estados Unidos (Análise..., 2013).

No que se refere às receitas geradas pelo turismo internacional no Brasil, embora tenham aumentado nos últimos anos, o número de turistas brasileiros que viajam para o exterior também cresceu, provocando um balanço negativo quando comparadas as receitas do turismo internacional com as despesas dos brasileiros fora do país. Em 2012, a receita cambial turística foi de US$ 6,645 bilhões e a despesa cambial turística foi de US$ 22,233 bilhões, ou seja, um saldo negativo de US$ 15,588 bilhões. A situação tem se mantido desde 2003 e se deve ao fato de os brasileiros aproveitarem a valorização do real para viajar e realizar maiores gastos no exterior (Análise..., 2014).

Entretanto, é importante ressaltarmos que, apesar de ser estratégico para o equilíbrio das contas externas, o turismo no Brasil registra as maiores contribuições no mercado doméstico: o consumo interno se mostra quase dez vezes superior ao de viagens ao exterior. Em relação ao mercado internacional, a geração de divisas por conta da atividade turística ainda está bem aquém dos padrões médios mundiais.

A *performance* referente ao crescimento da atividade turística no Brasil se deve em grande parte ao turismo doméstico. Segundo o Ministério do Turismo, nos últimos anos essa categoria turística ganhou força e importância na economia brasileira. O número de pessoas que realizaram pelo menos uma viagem dentro do território nacional saltou de 49,7 milhões em 2007 para cerca de 58,9 milhões em 2011 (Brasil, 2013e). Esse crescimento é decorrente de vários fatores, entre os quais destacamos: aumento da renda média e do consumo das famílias brasileiras; maior oferta de destinos e atrações turísticas associadas ao lazer e à diversão (parques temáticos, parques aquáticos, condomínios de hospedagem, hotéis, *resorts* etc.) e menor custo das passagens aéreas, facilitando as viagens para lugares turísticos distantes dos principais centros emissores de turistas do país, considerando que o Brasil apresenta dimensões continentais.

Por fim, cabe destacarmos a segmentação do turismo como um dos aspectos que tem contribuído para o crescimento da atividade turística no Brasil. Além do turismo de sol e praia – em razão das características climáticas e à extensão da zona costeira predominante no Brasil –, outros segmentos para os quais a demanda vem aumentando desde meados da década de 1990 incluem ecoturismo, turismo de aventura, turismo rural, turismo religioso, turismo gastronômico e, principalmente, turismo de negócios e eventos (Brasil, 2011).

7.2 Regiões de turismo e espaços turísticos no Brasil

No Capítulo 6, vimos que no atual cenário da globalização surgem novas regiões e novos lugares turísticos no mundo todo, notadamente nos países que se situam na periferia do sistema turístico mundial. Esse é caso do Brasil, país emergente que tenta conquistar uma melhor posição no *ranking* do turismo global e onde se observam esforços por parte do governo para implementar uma política de turismo de abrangência nacional, particularmente por meio da execução dos planos e programas.

Nesse contexto, se, por um lado, a atual distribuição espacial da atividade turística no território brasileiro está subordinada às ações da iniciativa privada (redes hoteleiras, promotores imobiliários, empresas de transporte turístico, empreendedores locais etc.), por outro, ela está também a reboque das ações do Poder Público. De fato, especialmente a partir da década de 1990, regiões e lugares turísticos têm sido criados no Brasil por meio de forte participação do governo brasileiro, por razões que objetivam, sobretudo: a exploração do potencial turístico regional mediante a implantação de infraestruturas de apoio e o incentivo à construção de novos complexos e/ou estações turísticas; a ampliação do mercado turístico internacional e doméstico; a promoção e o *marketing* turístico dos lugares; o planejamento e o desenvolvimento regional do turismo (Silveira, 2002b).

Todavia, apesar dos esforços empreendidos pelos governos nas duas últimas décadas, a atividade permanece fortemente concentrada em algumas partes do território brasileiro, a começar pela distribuição dos fluxos turísticos, que está diretamente relacionada com a disposição da rede de transportes, em particular do transporte aéreo. As ligações aéreas domésticas, por exemplo, representam não só um importante meio de interconexão entre os lugares turísticos no território brasileiro, mas também o braço, em escala nacional, da conectividade do país com os fluxos turísticos internacionais.

No Brasil, o transporte aéreo apresenta grande concentração dos fluxos de passageiros em algumas cidades. Um estudo feito pelo Instituto Brasileiro de Geografia e Estatística (IBGE) em 2010 mostra que, do total das conexões aéreas identificadas no território brasileiro, 50% do tráfego de passageiros se concentrava em somente 24 pares de ligações (IBGE, 2013).

A ligação aérea de São Paulo com as seis outras metrópoles mais populosas do país (Rio de Janeiro, Brasília, Porto Alegre, Salvador, Belo Horizonte e Curitiba) é responsável por mais de 25% do total de passageiros transportados, observando-se maior movimentação entre São Paulo e Rio de Janeiro. O mapa apresentado na Figura 7.2, que pode ser verificada no Apêndice ao final deste livro, identifica as ligações aéreas (fluxos de passageiros) no transporte aéreo no Brasil no ano de 2010.

Essa centralização constitui, por sua vez, um indicador da convergência dos fluxos turísticos que ocorrem por ligações aéreas. Nesse caso, esses fluxos se concentram em determinados espaços do território brasileiro, apresentando fortes contrastes entre os lugares frequentados, tanto por turistas domésticos quanto por estrangeiros.

Os fluxos turísticos interestaduais servem como exemplo dessa força de atração exercida pelas duas maiores metrópoles do país (São Paulo e Rio de Janeiro) e pelas grandes cidades próximas do litoral brasileiro (Salvador, Recife e Fortaleza), na comparação com os fluxos destinados ao interior.

A distribuição espacial dos fluxos turísticos acompanha muito de perto a lógica de organização do território brasileiro como um todo, no qual a rede urbana é comandada pelas metrópoles (as grandes cidades) e por outras cidades-polo (que abrigam mais de 500 mil habitantes), as quais não são apenas importantes espaços emissores de turistas, mas também receptores dos fluxos do turismo doméstico e internacional.

As regiões Sudeste e Sul juntas formam uma grande região turística concentrada. A metrópole de São Paulo, por exemplo, não tem a atratividade representada por mar, praia e sol (como as cidades do litoral do Nordeste) ou pelo patrimônio histórico (como algumas cidades de Minas Gerais), mas é um importante centro turístico, sobretudo do turismo de negócios e eventos, de compras e cultural (museus). A cidade ocupa o primeiro lugar entre os destinos turísticos no Brasil, seguida de Rio de Janeiro e Brasília. Além disso, é passagem quase obrigatória de grande parte dos turistas estrangeiros que visitam o país, mesmo que outras metrópoles sejam servidas por voos diretos vindos do exterior, como Recife e Fortaleza, no Nordeste. Por sua vez, o Rio de Janeiro ocupa o segundo lugar entre os destinos do turismo doméstico e internacional no Brasil, seguido pelo Paraná (Foz do Iguaçu), Rio Grande do Sul e Santa Catarina.

Segundo estudo da Fundação Instituto de Pesquisas Econômicas (Fipe) e do Ministério do Turismo realizado entre 2010 e 2011, os estados das regiões Sudeste e Sul constituem os principais espaços receptores e emissores de turistas no Brasil. Em número de turistas, São Paulo, Minas Gerais, Rio de Janeiro e Rio Grande do Sul detêm mais de 45% do turismo emissor do país e quase 50% do turismo receptivo. Acrescentando-se Paraná e Santa Catarina, atinge-se cerca de 50% do turismo emissor e 55% do turismo receptivo no Brasil (Brasil, 2012).

O Nordeste, por sua vez, caracteriza-se como a segunda maior região de turismo do Brasil. Todavia, em virtude da predominância das práticas turísticas ligadas ao turismo de sol e praia, constitui-se em grande espaço receptor de turistas domésticos e internacionais, principalmente as grandes cidades (Salvador, Recife, Fortaleza, Maceió, Natal e São Luís) e os vários lugares turísticos localizados na orla costeira (Porto Seguro, Ilhéus, Costa do Sauípe, Jericoacoara, Porto de Galinhas e outros).

No caso das regiões Norte e Centro-Oeste, destacam-se Manaus e Belém, Campo Grande e Cuiabá como principais centros receptores de turismo, com parte dos fluxos turísticos ligados ao ecoturismo (no Pantanal e na Floresta Amazônica). Além do bioma cerrado, da Floresta Amazônica e do Pantanal, é possível encontrar nessas regiões um significativo patrimônio cultural, representado sobretudo pela arquitetura contemporânea da capital federal e por cidades históricas como a Goiás Velha (antiga capital do Estado de Goiás).

Entretanto, apesar do potencial turístico dessas duas regiões – como o ecoturismo, por exemplo – elas ainda não atraem expressivos fluxos turísticos internacionais e até mesmo domésticos. Isso pode ser explicado, de um lado, pela menor oferta de serviços (em particular, os meios de hospedagem) e de infraestruturas de apoio ao turismo, e, de outro, pela maior dificuldade de acesso (elevado custo do transporte aéreo em função da distância e menor número de ligações aéreas), o que torna essa parte do país mais difícil de integrar excursões turísticas organizadas. A grande exceção é Brasília, que, pela sua condição de capital federal, coloca-se como a terceira cidade no Brasil tanto na recepção como na emissão de turistas.

Além dos fluxos turísticos, outra questão determinante na distribuição espacial do turismo no território brasileiro diz respeito à oferta de equipamentos, serviços e infraestruturas de apoio ao turismo, que estão concentradas em determinadas áreas da orla litorânea. Essa concentração decorre do processo histórico de ocupação do território brasileiro, que aconteceu a partir da sua zona costeira, bem como em razão da grande concentração de recursos paisagísticos, em particular aqueles representados pelas paisagens à beira-mar.

Em decorrência disso, o litoral brasileiro aglutina a maior parte do turismo de massa, caracterizado principalmente pelo fenômeno da segunda residência e pela expansão de hotéis, *resorts*, apart-hotéis e pousadas. Nesse sentido, a "turistificação" dos lugares na zona costeira do Brasil segue o modelo globalizado de "balnearização", no qual, ao lado do fenômeno da segunda residência (loteamentos e condomínios), tem-se a implantação dos complexos hoteleiros (*resorts* e clubes de férias fechados do tipo Clube Med).

Na realidade, essa "turistificação" da orla litorânea do país é marcada pelo processo de urbanização turística. Na Região Sudeste, por exemplo, ao longo de grande parte do litoral se estende uma faixa de urbanização turística. Somente alguns espaços mais isolados permanecem alheios a esse processo, seja por condicionantes físico-naturais, seja pela distância dos grandes centros emissores de turistas.

A Região Sul, por sua vez, tornada acessível em praticamente toda a extensão pela rede de rodovias pavimentadas implementada nas últimas décadas, assume significado especial como espaço de atração dos fluxos de turismo gerados não apenas na própria região, mas também em outras regiões do país e no exterior. É o caso de Santa Catarina, que se destaca por ter sua zona costeira frequentada por visitantes vindos de vários estados do Brasil, assim como por visitantes provenientes de outros países, como Argentina e Paraguai.

Na Região Nordeste, o fenômeno da segunda residência tem se mesclado com outros tipos de ocupação e uso do solo litorâneo, caracterizados como *imobiliário-turísticos*. Com a implementação do Prodetur/NE, municípios da orla foram interligados por uma rede de investimentos, tanto em infraestrutura de transportes (viária e aeroportuária) como em equipamentos e serviços (hotelaria, lazer e entretenimento) (Coriolano; Silva, 2005). Esses investimentos provocaram uma valorização imobiliária do espaço não apenas nas capitais, mas também nos municípios próximos, sobretudo aqueles privilegiados por recursos paisagísticos costeiros (paisagens de beira-mar, clima quente o ano todo etc.).

Para saber mais

O turismo imobiliário no Brasil

Na zona costeira do Brasil, em particular na Região Nordeste, a urbanização turística ocorrida nas últimas duas décadas vem gerando novos arranjos territoriais e configurações urbanas denominados por alguns estudiosos de *imobiliário-turísticos*. A expansão do imobiliário turístico, por sua vez, originou o chamado *turismo imobiliário*. Este pode ser entendido como uma nova forma que o mercado imobiliário encontra para reestruturar-se sem depender diretamente do financiamento público nem das especificidades da economia local, isto é, da renda local. Essa modalidade de produção turístico-imobiliária está relacionada com a segmentação dos espaços para práticas sociais de lazer, ócio, descanso, alimentação etc. e com a possibilidade de investimento de novos capitais, advindos principalmente de investidores externos. Assim, cresce na Região Nordeste o número de *resorts*, *flats*, pousadas e condomínios fechados, entre outros, voltados exclusivamente para um público "não local", principalmente europeus, mas também das regiões Sul-Sudeste do Brasil. Conforme Ferreira (2009), nos estados de Pernambuco, Bahia, Ceará e Rio Grande do Norte, uma média de 30% dos lançamentos imobiliários dos últimos anos têm se voltado não apenas para um novo público, mas, sobretudo, para a criação e ocupação de novos espaços turísticos, reconfigurando o tecido socioespacial das grandes cidades litorâneas e dos municípios adjacentes.

Fonte: Elaborado com base em Coriolano; Silva, 2005; Ferreira, 2009; Cavalcanti; Leal, 2010.

Todavia, em que pese o fato de a maioria da demanda, tanto de turistas estrangeiros quanto domésticos, optar pelos destinos de sol e praia localizados na zona costeira do país, o "Brasil urbano" e o "Brasil interior" têm atraído cada vez mais pessoas. São espaços urbanos, rurais e naturais para os quais a demanda turística vem aumentando em função das atuais tendências que se verificam nas práticas turísticas e de lazer nas sociedades contemporâneas.

No que se refere aos espaços urbanos, verifica-se nas últimas décadas a expansão do turismo em cidades das regiões Sul, Sudeste e Nordeste. Nessas regiões, a atividade turística tem se expandido graças ao aumento das viagens motivadas por negócios e eventos (congressos, seminários, feiras, exposições, diversão, festivais etc.). Em especial, os eventos atraem grande número de pessoas (eventos esportivos, religiosos, musicais e culturais), originando fluxos turísticos na própria região e entre as regiões.

Com referência aos espaços rurais e naturais, também nas últimas décadas vêm aumentando o turismo rural, o ecoturismo, o turismo de aventura e o cultural – os quais têm se constituído numa atividade de importância crescente em localidades de todas as regiões brasileiras, em particular naquelas onde há abundância de recursos naturais e culturais (Brasil, 2011).

Nesse contexto, cabe mencionarmos o forte apelo dos promotores públicos para o desenvolvimento do ecoturismo, fundamentado nas inegáveis potencialidades paisagísticas do Brasil. Com efeito, o país dispõe de muitos espaços que se apresentam cobertos por paisagens de florestas e outros tipos de vegetação ainda preservados. Essas paisagens naturais são formadas pelos seguinte biomas: Amazônia, Mata Atlântica, Caatinga, Cerrado, Pantanal e Pampa, conforme mostra a Figura 7.3.

Figura 7.3 – Biomas do Brasil

Fonte: AB'Saber, 2003.

Para finalizar, vale destacarmos os lugares localizados nas diferentes regiões do Brasil, cuja atratividade turística é representada por seu patrimônio natural e/ou cultural. Muitos compõem a lista de bens naturais e culturais tombados em âmbito nacional (níveis federal, estadual ou municipal) e internacional, como os declarados patrimônio mundial pela Unesco. Atualmente, o país conta com 18 bens nessa condição, pelo seu excepcional e universal valor para a cultura da humanidade.

Em suma, o patrimônio brasileiro é formado tanto pelo patrimônio material (cidades e locais históricos, monumentos naturais, parques nacionais, ilhas oceânicas, e outros) quanto imaterial (práticas religiosas e festividades). Entre os lugares turísticos no Brasil que integram o conjunto do Patrimônio Cultural da Humanidade estão: o Parque Nacional do Iguaçu (PR); os centros históricos de São Luís (MA) e Teresina (PI); os centros históricos de Olinda (PE) e de Salvador (BA); a cidade de Brasília (Distrito Federal); e as cidades de Ouro Preto e Congonhas (MG) (Iphan, 2014).

Além dos lugares já inscritos, há ainda outros também localizados no território brasileiro que foram indicados recentemente pelo Instituto do Patrimônio Histórico e Artístico Nacional (Iphan) para constar na lista do Patrimônio Mundial da Unesco, conforme mostra a Figura 7.4, que pode ser verificada no Apêndice desta obra.

Estudo de caso

Ranking do Brasil no setor de viagem e turismo – 2013

O Relatório do Índice de Competitividade em Viagens e Turismo (Travel & Tourism Competitiveness Index) divulgado pelo Fórum Econômico Mundial (World Economic Forum) mostra que em 2013 o Brasil aparece na 51ª posição no *ranking* entre 140 países, tendo subido uma colocação em relação ao ano anterior. Mas o desempenho no setor de transporte terrestre e a competitividade de preços ainda deixam a desejar, segundo o documento. Entre os países das Américas, o Brasil ficou em sétimo lugar, atrás de Estados Unidos, Canadá, Barbados, Panamá, México e Costa Rica. O relatório avalia medidas e políticas adotadas por diferentes países e sua eficácia em estimular a indústria de viagem e turismo. O documento destaca que a rede de transporte terrestre brasileira "permanece subdesenvolvida, com a qualidade das estradas, portos e ferrovias exigindo melhorias para se manter em dia com o desenvolvimento econômico do País". O Brasil é listado na 129ª colocação nesse setor. Mas o relatório diz que as preparações para a Copa do Mundo de 2014 e os Jogos Olímpicos de 2016 "oferecem oportunidades para superar o déficit de infraestrutura". Segundo o estudo, o Brasil continua também sofrendo pela falta de competitividade de preços, com elevados impostos sobre passagens e altas taxas aduaneiras. Nesse quesito, o Brasil está em 126º lugar. O documento ainda ressalta que as normas e políticas para o setor de viagem e turismo implementadas pelo Brasil deixam a desejar, o que fez o país ficar na 119ª posição no *ranking* da categoria. Mas o documento vê o Brasil com grande potencial em outros setores, como o de recursos naturais, no qual é listado em primeiro lugar, devido à biodiversidade, aos recursos naturais e ao número de locais considerados patrimônio mundial. O Brasil também se sobressai na classificação "recursos culturais", em que consta em 23º na lista, por conta do elevado número de estádios esportivos em relação ao total de habitantes, de locais que são patrimônio cultural da humanidade e da quantidade de feiras internacionais e eventos. A primeira colocação no *ranking* geral do documento ficou com a Suíça. Em seguida vêm Alemanha, Áustria, Espanha e Inglaterra.

Fonte: Blanke; Chiesa, 2013.

Síntese

Neste capítulo, tecemos algumas considerações sobre a evolução das políticas públicas de turismo no Brasil, fizemos uma breve descrição dos programas e planos governamentais de desenvolvimento do setor e enfocamos o crescimento dos fluxos do turismo internacional para o país. Também abordamos a importância do turismo doméstico, identificamos as principais regiões de turismo e apresentamos as características dos principais fluxos turísticos no Brasil.

Questões para revisão

1. Sobre o desenvolvimento do turismo no Brasil, assinale verdadeiro (V) ou falso (F) nas questões a seguir:
   ( ) O Brasil tem se esforçado para se inserir no sistema turístico mundial por meio da implementação de políticas públicas e da atração de investimentos públicos e privados.
   ( ) Entre as ações governamentais que visam impulsionar o desenvolvimento do turismo no Brasil, merece destaque a criação da Empresa Brasileira de Turismo (Embratur), em 1966, hoje Instituto Brasileiro de Turismo.
   ( ) No Brasil, sobretudo a partir da década de 1990, começou a ser atribuída importância ao turismo, que passou a ser visto como uma das atividades promotoras de desenvolvimento regional no país.
   ( ) O grande crescimento do turismo internacional no Brasil nas últimas décadas faz do país um dos principais destinos do turismo mundial.

2. Marque (V) para verdadeiro e (F) para falso sobre os principais programas de desenvolvimento turístico implantados no Brasil a partir de 1995:
   ( ) Programa de Desenvolvimento Turístico do Nordeste.
   ( ) Programa Nacional de Municipalização do Turismo.

( ) Programa de Desenvolvimento do Turismo no Mercosul.
( ) Programa de Desenvolvimento do Ecoturismo na Amazônia e no Pantanal mato-grossense.
( ) Programa de Regionalização do Turismo.

3. As metas do Plano Nacional de Turismo 2011-2014 são:
   I. ampliar a infraestrutura turística.
   II. desenvolver ações de qualificação de mão de obra para o turismo.
   III. implementar programas de inclusão de idosos, jovens e deficientes no turismo; investir na consolidação dos 65 destinos indutores do desenvolvimento regional do turismo.
   IV. incrementar a parceria com outros ministérios com vistas à preparação para a Copa do Mundo de 2014 e as Olimpíadas de 2016.
   V. aumentar o número de turistas que viajam para fora do Brasil por meio do *marketing* do país no exterior.

   Assinale a alternativa correta:
   a) Apenas as afirmativas I, II, III e IV estão corretas.
   b) Apenas as afirmativas I, II e V estão corretas.
   c) Apenas as afirmativas II, III e IV estão corretas.
   d) Apenas as afirmativas II, IV e V estão corretas.

4. Aponte os principais fatores responsáveis pelo crescimento do turismo doméstico no Brasil.

5. Cite as duas principais regiões turísticas do Brasil.

Questões para reflexão

1. Analise e comente qual é o papel das políticas públicas no desenvolvimento do turismo no Brasil nas duas últimas décadas.

2. Existe grande potencial para o crescimento do turismo no Brasil, mas há problemas a serem resolvidos. Pesquise quais são esses problemas e aponte soluções que podem ser buscadas.

3. Nas duas últimas décadas, a proliferação de condomínios de segunda residência vem criando um novo modelo de urbanização no litoral do Brasil. Pesquise quais são os espaços mais visados para a implantação desses condomínios e explique como se caracteriza esse modelo.

Geopolítica do turismo

Conteúdos do capítulo

- Turismo e questões geopolíticas do mundo contemporâneo.
- Mudança climática global e sua influência no turismo.
- Turismo e geopolítica das crises e dos riscos.
- Principais riscos e crises associados ao turismo.
- Gestão de crises e riscos no setor de viagens e turismo.
- Estudos de caso na gestão de crises e riscos no turismo.

Após o estudo deste capítulo, você será capaz de:

1. compreender em parte a relação existente entre geopolítica e turismo;
2. identificar algumas das principais questões geopolíticas do mundo contemporâneo e sua relação com o turismo;
3. identificar alguns dos principais tipos de riscos e crises e sua influência no turismo;
4. entender o significado da gestão de crises e riscos no setor de viagens e turismo;
5. conhecer ações de organizações públicas e privadas em alguns países na gestão de crises e riscos relacionados com o setor de viagens e turismo.

8.1 Turismo e questões geopolíticas

O turismo está intimamente ligado às questões geopolíticas do mundo contemporâneo. A *geopolítica*[1] pode ser definida como o campo da geografia que estuda as relações de poder que se dão no espaço geográfico, visando compreender e explicar não somente a dimensão política dos territórios, mas também a econômica, a social, a cultural e a ambiental (Montbrial, 2002).

Para saber mais

A geopolítica se ocupa dos problemas praxeológicos (*praxeologia* = estudo da ação humana) que existem entre indivíduos ou grupos políticos, dominantes ou não. Concretamente, isso significa interessar-se por um vasto conjunto de problemas caracterizados por conflitos de várias ordens entre grupos dentro de um país ou entre países: étnicos, comerciais, religiosos, ideológicos, tecnológicos, ambientais, culturais. No vasto cenário de rivalidades, lutas, pressões e atritos, a geopolítica moderna fornece informações para orientar as decisões de atores locais, nacionais e internacionais. Com esse critério, ela está intimamente ligada ao pensamento estratégico – a geoestratégia, que representa um dos aspectos. A geopolítica se coloca, então, claramente no campo das relações poder-território em uma perspectiva claramente

---

[1]. O termo *geopolítica* foi cunhado pelo cientista político sueco Rudolf Kjellén no início do século XX, inspirado na obra de Friedrich Ratzel (geógrafo alemão), *Politische geographie* (*Geografia política*), de 1897. Atualmente, configura-se como um campo de estudos interdisciplinares, um conjunto de temas estudados isoladamente ou em equipe por geógrafos, cientistas políticos e sociólogos, historiadores, juristas, economistas, militares e outros cientistas sociais.

geográfica, na qual a análise trata muito frequentemente dos antagonismos reais ou potenciais.

Fonte: Adaptado de Montbrial, 2002.

Como vimos no Capítulo 1, o turismo é um sistema estruturado por meio de atividades, atores, lugares e instituições (turistas, organizações privadas, promotores territoriais, governos nacionais, instituições supranacionais, ONGs etc.) que determinam a criação e/ou a recriação dos lugares turísticos no mundo inteiro (Knafou, 1996; Équipe MIT, 2002).

Igualmente, como ressaltamos no Capítulo 6, o turismo se caracteriza como uma atividade econômica que está diretamente envolvida com o processo de globalização[ii], constituindo um dos vetores do atual sistema do mundo (Violier, 2003; Équipe MIT, 2005). Portanto, não podemos subestimar seu papel no jogo geopolítico, particularmente no que diz respeito aos conflitos internos e externos aos países e que podem colocar em risco o próprio turismo, conforme procuramos evidenciar neste capítulo.

Dentre as questões de interesse da geopolítica referentes ao turismo estão as relações internacionais, que podem ser definidas como o conjunto de relações e comunicações que os grupos sociais estabelecem por meio das fronteiras. Por sua vez, cada país tem o próprio território, determinado por suas fronteiras, bem como a própria política externa, que condiciona as suas relações com

---

ii. Uma das características da globalização é a formação de blocos econômicos, que foram criados com a finalidade de facilitar o comércio entre países de uma mesma região. Como regra geral, os países-membros adotam redução ou isenção de impostos ou de tarifas alfandegárias e buscam soluções em comum para questões comerciais. Os principais blocos econômicos da atualidade são: União Europeia (UE); Tratado Norte-Americano de Livre Comércio (Nafta); Mercado Comum do Sul (Mercosul); Pacto Andino - Comunidade Andina de Nações; Cooperação Econômica da Ásia e do Pacífico (Apec).

outros países. Essas duas situações podem afetar o movimento de pessoas entre países diferentes.

Como exemplo, podemos citar as medidas adotadas pelos países restringindo o direito de ir e vir das pessoas. No caso do turismo, uma delas é a exigência do visto, ou seja, a permissão de entrada concedida por um país ao cidadão estrangeiro, a qual dá a ele o direito de entrar e circular dentro desse país. De acordo com a Organização Mundial do Turismo (OMT), nos últimos anos muitos países têm facilitado a concessão de visto a turistas, mas as exigências vigentes ainda representam um obstáculo ao crescimento do turismo em nível mundial.

Outro fato importante que condiciona o direito de ir e vir das pessoas e que também tem implicações sobre o turismo é a abertura política dos países. Apesar do fim da Guerra Fria e da queda do Muro de Berlim, que colocou a quase totalidade dos países aberta à "turistificação", há ainda aquelas nações nas quais a circulação de pessoas é extremamente controlada. A Coreia do Norte é um exemplo ilustrativo. O país é regido pelo regime comunista e tem como sistema político uma ditadura autocrática que coloca o partido dirigente no topo da estrutura política, de onde ele pode exercer livremente os poderes legislativo, administrativo e judicial. Assim, o partido na Coreia do Norte não governa só o Estado, mas também comanda as organizações sociais e controla a vida das pessoas – e, evidentemente, dos estrangeiros que visitam o país.

Nessas condições, o ingresso de turistas internacionais é um procedimento um tanto complicado. Além do visto de entrada, os visitantes só podem circular pelo país por meio de viagens autorizadas pela Agência Estatal de Turismo, que pertence ao governo. E mais: os visitantes têm acesso aos lugares apenas por meio de visitas guiadas e são obrigados a serem acompanhados de guias turísticos em todos os deslocamentos. Em outras palavras, o turismo naquele país tem forte controle por parte do Estado, o que explica o fato de ser um destino pouco visitado. Segundo dados da BBC Brasil (País..., 2013), apenas 3,5 mil turistas ocidentais visitam a Coreia do Norte por ano; no entanto, em razão das boas relações que o país mantêm com a China, cerca de 20 mil turistas chineses viajam para lá.

Outra questão geopolítica que pode influir no turismo é o fato de os territórios e as fronteiras não serem sempre permanentes, podendo mudar de acordo com as conjunturas políticas. Se olharmos para o passado, a queda do Muro de Berlim (1989), por exemplo, contribuiu para transformar as relações entre os países europeus e a geopolítica mundial, assim como colaborou para o aumento do turismo nos países do Leste Europeu. De fato, por razões políticas, tanto a demanda quanto a oferta do turismo nessa região tinham adquirido um caráter especial por causa do regime comunista que imperou ali desde 1945 até o final da década de 1980, a partir de quando os países da Europa Oriental iniciaram um processo de reestruturação econômica, no qual o turismo tem sido considerado fundamental.

Do mesmo modo, após a queda do Muro de Berlim, muitos países do Leste Europeu se integraram gradativamente à União Europeia (UE), o que provocou alterações no mapa do turismo na escala regional. Um dos resultados dessa abertura das fronteiras é o aumento contínuo dos fluxos de turistas internacionais para os países ex-comunistas.

A esse respeito, devemos mencionar ainda os diversos instrumentos político-jurídicos que foram instituídos e que têm trazido efeitos sobre os fluxos turísticos, tanto em âmbito regional quanto mundial. Um dos exemplos oriundos da Europa é o Espaço Schengen, onde é permitida a livre circulação de pessoas residentes nos países signatários do Acordo de Schengen.

No caso do turismo, os visitantes vindos de países que não são signatários do acordo precisam apresentar o passaporte e/ou o visto quando exigido. Após a obtenção do visto, os turistas podem viajar para qualquer outro país pertencente ao Espaço Schengen.[iii]

Para saber mais

O espaço e a cooperação de Schengen se assentam no acordo de Schengen de 1985. O espaço de Schengen representa um território no qual a livre circulação das pessoas é garantida. Os Estados signatários do acordo aboliram as fronteiras internas em favor de uma fronteira externa única. Foram adotados procedimentos e regras comuns no espaço Schengen em matéria de vistos para estadas de curta duração, pedidos de asilos e controlos nas fronteiras externas. Em simultâneo, e por forma a garantir a segurança no espaço Schengen, foi estabelecida a cooperação e a coordenação entre os serviços policiais e as autoridades judiciais. A cooperação Schengen foi integrada no direito da União Europeia pelo Tratado de Amsterdã em 1997. No entanto, nem todos os países que cooperam no âmbito do acordo Schengen são membros do espaço Schengen, quer porque não desejam a supressão dos controlos nas fronteiras quer porque ainda não preenchem os requisitos necessários para a aplicação do acordo de Schengen.

Fonte: Europa, 2009.

Outro tema de interesse geopolítico na atualidade é a questão ambiental e sua relação com o turismo. Em escala mundial, entre

---

iii. Não são todos os países pertencentes à União Européia que fazem parte do Acordo de Schengen. No mapa do portal consular do Ministério das relações Exteriores do Brasil, pode-se consultar quais são as exigências para a entrada de estrangeiros no Brasil e as de outros países em relação à entrada de brasileiros: <http://www.portalconsular.mre.gov.br/estrangeiros/perguntas-frequentes-sobre-vistos>.

os vários aspectos tratados pela geopolítica estão as mudanças climáticas, o aquecimento global e o desenvolvimento sustentável. Segundo o documento "Mudanças Climáticas e Turismo: responder aos desafios mundiais", elaborado pela OMT em parceria com o Programa das Nações Unidas para o Meio Ambiente (Pnuma) e com a Organização Meteorológica Mundial (OMM), as mudanças do clima afetarão os destinos turísticos, sua competitividade e sustentabilidade (Brasil, 2008).

Especificamente no caso do aquecimento global, o turismo é responsabilizado pela emissão de gases que causam o efeito estufa. De acordo com o documento já citado, a contribuição do turismo no total das emissões de gases que provocam o efeito estufa já ultrapassa 5%, e, desse percentual, 75% é atribuído ao transporte turístico. Ainda de acordo com a OMT, o crescimento do turismo internacional previsto para as próximas décadas resultará em um aumento de até 150% das emissões de gases do efeito estufa (Brasil, 2008).

Todavia, ao mesmo tempo que o turismo é apontado como responsável, ele é considerado também como vítima do aquecimento global. De acordo com o documento da OMT, com as mudanças do clima ocorrerão vários impactos ambientais negativos indiretos que deverão prejudicar o turismo: elevação do nível do mar; modificação das correntes oceânicas; aceleração do derretimento das camadas de gelo e recuo das áreas de neve e de Permafrost (um tipo de solo congelado formado na região do Ártico); aumento das temperaturas; mudanças nos regimes das chuvas; frequência ou maior intensidade de eventos climáticos extremos – secas, enchentes, ondas de calor e de frio, furacões e tempestades etc. (Brasil, 2008).

Há também os impactos negativos diretos, tais como perda da biodiversidade, degradação estética de paisagens locais (o caso das cidades litorâneas) e alterações na produção agrícola de algumas regiões (o caso dos vinhedos na região mediterrânea europeia). Tais repercussões ambientais poderão, em médio prazo, afastar os turistas. São também mencionados os impactos sobre a saúde e a segurança de viajantes e de populações residentes nas regiões mais quentes do planeta relacionados ao estresse térmico (quando o ganho de calor supera a perda desse calor) e à propagação de doenças tropicais.

O documento também aponta os impactos diretos relacionados às perdas de atrativos turísticos e da própria imagem turística de várias regiões. A esse respeito, são citados os lugares turísticos particularmente vulneráveis, como os recifes de coral, as estações de esqui nas montanhas, as praias situadas nas ilhas oceânicas do Pacífico e os locais de mergulho. Alguns até mesmo correm o risco de desaparecer, como as neves do Monte Kilimanjaro e as Ilhas Maldivas (Brasil, 2008).

Todo esse contexto gerado pelos prováveis impactos que deverão advir das mudanças climáticas e do aquecimento global tem levado alguns países e os organismos que os representam a adotar medidas restritivas à expansão atual do turismo mundial. É o caso, por exemplo, da decisão que o Parlamento Europeu (o órgão legislativo da União Europeia) tomou em julho de 2008, ao fazer a inclusão das atividades da aviação civil no Sistema Europeu de Quotas de Emissão de gases de efeito estufa a partir de 2012 (Gonçalves, 2013).

Ainda não se sabe muito bem até que ponto a decisão do Parlamento Europeu vai contribuir para reduzir as emissões de gases de efeito estufa. Entretanto, já é sabido que ela terá um custo para as viagens de turismo, o que, por sua vez, poderá repercutir na redução da demanda para muitos lugares turísticos, notadamente aqueles destinos em que os deslocamentos são de longa distância, pois são os que necessitam do transporte aéreo, apontado como o principal responsável pelas emissões dos gases.

Estudo de caso

Impacto das novas medidas na luta contra a mudança climática: o setor europeu de aviação e a troca de quotas de emissão de gases de efeito estufa

Em julho de 2008, o Parlamento Europeu votou pela inclusão das atividades da aviação civil, a partir de 2012, ao Sistema Europeu de troca de Quotas de Emissão de gases de efeito estufa (SCEQE). Ao exigir que as companhias aéreas paguem pelos gases que emitem, o sistema poderá custar ao setor aéreo mais de 3 bilhões de euros por ano. Cada empresa terá que comprar direitos de emissão quando exceder a quantidade máxima que lhe foi reservada. Todas as companhias aéreas que efetuam voos que cheguem ou partam de aeroportos da UE, incluindo as transportadoras não europeias, serão consideradas e terão de tolerar, num primeiro momento, 15% de suas quotas de emissão. O custo da inclusão das atividades da aviação civil no SCEQE será provavelmente repassado ao consumidor. A competitividade dos transportes europeus vai sofrer por causa das 2.020 passagens aéreas que podem custar de 5 a 40 euros a mais, dependendo da duração do voo. Evidentemente, essa norma com finalidade ecológica vai influir diretamente sobre a competitividade dos preços do setor do turismo como um todo.

Fonte: Elaborado com base em OCDE, 2010.

Não obstante o turismo ser responsável pelo aquecimento global, especialmente em razão das emissões de gases do transporte aéreo, ele também está ameaçado pelas mudanças climáticas.

Todavia, as previsões sobre os efeitos de tais mudanças ainda estão longe de ser confirmadas e, consequentemente, há muita incerteza de como o turismo será realmente afetado (Holden, 2005).

O que sabemos hoje é que o turismo é extremamente dependente das condições climáticas, como verões quentes e secos e invernos com muita neve. Se essa dependência está ameaçada, a demanda turística certamente cairá, em especial no que se refere às práticas turísticas de sol e praia e de turismo de montanha e neve – aliás, duas das práticas mais difundidas dentro do sistema turístico mundial, como ressaltamos no Capítulo 6.

Em suma, é nesse contexto que se situa a questão da sustentabilidade do turismo. Como já referido no Capítulo 5, organizações supranacionais como OMT, OCDE (Organização para a Cooperação e Desenvolvimento Econômico) e Unesco (Organização das Nações Unidas para a Educação, a Ciência e a Cultura) têm se esforçado no sentido de promover o desenvolvimento do turismo de forma mais responsável e sustentável. Contudo, isso ainda é uma utopia, permanecendo mais como discurso do que como prática efetiva. Muitas das intervenções públicas e privadas em prol do desenvolvimento do turismo ignoram, negam, sublimam ou furtam-se a abordar o que verdadeiramente é o cerne do problema.

8.2 Turismo e geopolítica das crises e riscos

Além das questões abordadas no item anterior, devemos mencionar aqui as crises sociopolíticas e os riscos relacionados à segurança, à saúde e ao transporte como aspectos de natureza geopolítica que têm – ou podem ter – impactos significativos sobre o turismo.

O turismo em si não é uma atividade de risco, assim como poucas crises originam-se dele. Mas os destinos e as atividades turísticas são vulneráveis e reagem a qualquer perturbação do seu sistema e de seu ambiente de funcionamento (Tabarly, 2011). Os deslocamentos turísticos são particularmente sensíveis aos riscos e às situações de crise relacionados com o transporte: acidentes aéreos, naufrágios, acidentes de transporte rodoviário ou eventos ambientais, climáticos e outros (por exemplo, o caso das cinzas do vulcão islandês Eyjafjallajökull, em abril de 2010).

Os deslocamentos turísticos também são vulneráveis a ambientes geopolíticos e sociopolíticos instáveis, que têm impacto sobre as condições de realização das práticas e das atividades turísticas nos próprios lugares do turismo. Podemos mencionar aqui os riscos que colocam em perigo a segurança de viajantes pelo mundo todo e que são representados principalmente por epidemias (doenças), guerras, ataques terroristas e distúrbios políticos, sequestros e roubos.

Os riscos podem ser classificados de acordo com o grau de previsibilidade. Alguns podem parecer relativamente imprevisíveis, pelo menos no tempo: epidemias (por exemplo: H1N1 – 2009-2010; Síndrome Respiratória Aguda Grave/SARS – em 2002-2003); eventos relacionados a desastres naturais, terremotos e *tsunamis* (Izmit, na Turquia, em 1999; Sudeste Asiático, em dezembro de 2004); e eventos climáticos de maior intensidade sobre destinos turísticos (ciclones no Caribe, por exemplo).

Além disso, alguns desses riscos podem ser evitados, antecipados, quando os lugares vulneráveis em todo o território de um país são conhecidos, como é caso daqueles associados aos roubos praticados contra turistas em cidades e outros locais de frequentação turística.

Por sua vez, as crises relacionadas ao terrorismo e à violência política são em grande parte previsíveis em sua probabilidade de acontecer (exceto em situações extremas, como o 11 setembro de 2001, nos Estados Unidos), porém menos previsíveis quanto aos lugares exatos onde ocorrerão. Elas estão relacionadas a regiões de instabilidade geopolítica ou ativismo extremista: atentados no Egito (Luxor, em 1997; Sharm el-Sheikh, em 2005; Dahab, em 2006), na África do Norte (Djerba, na Tunísia, em 2002; Casablanca, no Marrocos, em 2003), na Indonésia (Bali, em 2002 e 2005; os hotéis Marriott e Ritz-Carlton, em Jacarta, em 2009), na Índia (Mumbai, em novembro de 2008, em vários locais, alguns muito turísticos); sequestros e assassinatos na zona do Sahel na África, zonas de pirataria marítima nas quais navios de cruzeiro são alvejados (Golfo da Guiné, na África, no norte-ocidental do Oceano Índico, Mar do Caribe, mar do sul da China e no Golfo de Bengala).

Em situações extremas, é proibida a circulação de turistas em países e até mesmo em regiões inteiras. Foi o caso, por exemplo, de grande parte da região do Sahara-Sahel em 2011, bem como em países como Iraque, Afeganistão e vários outros da África subsaariana.

As fases mais generalizadas de agitação política podem perturbar – ou até mesmo interromper – a atividade turística por determinados períodos, como ocorreu em alguns países do norte da África e do Oriente Médio (Tunísia, Líbia, Egito e Iêmen), em virtude dos conflitos políticos ocorridos muito recentemente (entre o final de 2010 e começo de 2011).

Assim como as revoltas, outras crises políticas e sociais mais esporádicas também podem afetar o funcionamento do turismo nos países emissores (greves no transporte aéreo, por exemplo). Igualmente, podem perturbar por algum tempo o funcionamento das infraestruturas de um país receptor de turistas, obrigando os operadores turísticos a encontrarem soluções para situações diversas (cancelamentos de voos, alojamentos de emergência, repatriação de turistas etc.) em curto prazo.

Nesse contexto, os destinos podem ver a sua imagem se deteriorar cada vez mais, em razão, entre outros fatores, de um clima sociopolítico considerado degradante. Em alguns países, certas situações de riscos individuais para os turistas são permanentes, porém ocultas, e devem ser gerenciadas por profissionais que tenham a capacidade de lidar com cenários difíceis no plano humano, mesmo quando são circunscritas a um local (explosão de bomba em uma estação de trem, por exemplo).

A gestão de crises e riscos constitui, nesse sentido, um conhecimento estratégico necessário para empresas e outras organizações (públicas e privadas) envolvidas com o setor de viagens e turismo. Essas organizações são, ao mesmo tempo, confrontadas com o controle exercido pelos países no acesso aos seus territórios (zonas de fronteira) e com a necessidade dos deslocamentos temporários (que são a essência do turismo) de pessoas entre um país e outro.

Estudo de caso

O impacto das revoltas árabes sobre o turismo

As crises políticas e sociais que afetaram os países árabes na primavera de 2010/2011 contribuíram para deixar o medo cristalizado entre turistas e profissionais do turismo, tanto na Europa como em outros países do mundo. Esses eventos tiveram também um impacto negativo expressivo no setor do turismo no Oriente Médio e norte da África.

Nos meses seguintes à crise, os operadores turísticos dos países europeus praticamente pararam de oferecer viagens para os lugares da região afetada. Pois, quando há previsibilidade dos riscos, a força maior não se aplica, e por isso os operadores devem assumir, com base nos destinos propostos, a responsabilidade com a segurança dos turistas.

Com a crise na Tunísia, as receitas do turismo caíram 40% nos primeiros nove meses de 2011 em comparação com o ano anterior. O país viu baixar o número de turistas estrangeiros para a metade nesse período (–48,5%). Também diminuiu o número de noites dormidas nos hotéis do país, que foram significativamente reduzidas (mais de 43% em 2011).

No Egito, em 2011, a queda na entrada e permanência de turistas atingiu –80% em fevereiro, –60% em março e –35% em abril em relação a 2010. Essa ausência de turistas foi sentida também nos países vizinhos, como Marrocos, apesar de esse país apresentar uma situação mais estável. No entanto, o decréscimo na entrada de turistas ali foi significativamente mais baixo (–5%).

Para tentar reverter o quadro que se desenhou após a crise na Tunísia, o governo passou a promover campanhas publicitárias agressivas visando atrair os turistas de volta ao país. No Egito, optou-se pelas redes sociais como o Facebook, assim como pela veiculação na imprensa diária europeia para tranquilizar os europeus, já que a Europa é o principal espaço emissor de turistas para a região.

A Jordânia, um destino menos importante do que outros da região, recorreu à internet para divulgar pacotes de viagens com preços bem acessíveis, com o objetivo de atingir todo tipo de novos clientes, incluindo famílias com crianças.

Em suma, as revoltas políticas e sociais que ocorreram no norte da África e no Oriente Médio entre 2010 e 2011 minaram seriamente o setor do turismo nos países em causa e nos seus vizinhos. Esses eventos são mais uma demonstração da importância da geopolítica do turismo.

Fonte: Elaborado com base em Zagrebnov, 2011.

Na gestão de crises e riscos, é importante considerar aspectos como a previsibilidade e a prevenção, as quais podem ser conduzidas por uma série de sinais de alerta, começando pelo desencorajamento progressivo dos turistas a viajarem para destinos de risco. Em muitos casos, os avisos vêm de diferentes agências estatais que dispõem da capacidade de emitir informações do exterior fazendo uso de sistemas de vigilância, embaixadas, consulados e organismos públicos vinculados a negócios internacionais.

A imagem de um destino pode se degradar rapidamente se os governos desaconselham viajar ou fazem alertas contra possíveis ameaças em determinado país. Assim, a fim de evitar riscos, os operadores turísticos seguem os conselhos fornecidos por organismos governamentais (ministérios, embaixadas etc.) em alguns países que são emissores de turistas, desaconselhando viajar para certos países ou zonas, de acordo com as situações políticas e sociais locais, riscos de ataques terroristas ou sequestros, riscos para a saúde, roubos e outros (Denécé; Meyer, 2006).

Um exemplo é o Ministério dos Negócios Estrangeiros da França, que disponibiliza em seu *site* na internet alguns "conselhos aos viajantes", chamando a atenção dos turistas franceses sobre os riscos relativos a segurança, transporte e saúde quando estiverem visitando determinados países e/ou lugares no interior, tais como cidades com elevado índice de criminalidade urbana e outros locais considerados perigosos (France Diplomatie, 2014).

Um segundo exemplo é o Canadá, onde o governo disponibiliza na internet um mapa interativo com os destinos mais perigosos do mundo e os lugares mais seguros para viajar (World..., 2014). No *site* da CBCNews canadense, o viajante pode ter acesso a recomendações de viagens estrangeiras e avisos do governo. Em uma observação, o governo canadense avisa que o mapa é apenas para fins ilustrativos e que antes de viajar é aconselhável visitar o *site* de viagem do governo para se obter informações mais atualizadas. As autoridades do Canadá informam, todavia, que os viajantes canadenses são responsáveis pela própria segurança pessoal enquanto estiverem no exterior.

Um terceiro exemplo é a União Europeia (UE), que desenvolve políticas de segurança e defesa por meio do Joint European Union Situation Centre (Sitcen, em português, Centro de Situação Conjunto da União Europeia). Ele acompanha e avalia os acontecimentos internacionais durante 24 horas por dia, com particular atenção para as zonas geopoliticamente problemáticas, o terrorismo e a proliferação de armas de destruição em massa, e presta assessoria e apoio ao secretário-geral da União Europeia, aos representantes especiais e a outros altos funcionários da organização, bem como às operações militares ou de gestão civil de crises conduzidas pelo bloco (União Europeia, 2014c).

Inicialmente, o Sitcen foi criado como uma plataforma para o intercâmbio de informações sensíveis entre vários países da União Europeia (França, Reino Unido, Alemanha, Itália e Espanha, em particular). Todavia, especialmente após os ataques nos Estados Unidos em setembro de 2001, o centro reforçou as suas atividades em matéria de análise no campo do terrorismo (Denécé; Meyer, 2006).

Uma crise tem ainda mais impacto na imagem de um destino e na frequentação turística quando este pode ser substituído por outros. É o caso, por exemplo, dos destinos de sol e praia, que podem ser encontrados nas várias regiões de turismo em escala mundial. Assim, após uma grande crise (ataques terroristas, por exemplo), provavelmente será muito mais difícil trazer de volta os turistas. Isso acontece, inclusive, com lugares que dispõem de atrativos únicos, como um patrimônio cultural excepcional. Esse é o caso do Egito, que, após revoltas políticas e ataques em 1997, 2005, 2006 e, recentemente, 2011, viu o número de turistas no país cair drasticamente.

Outro ponto que merece destaque é a distribuição espacial das situações de crise, que podem apresentar um configuração variada. Uma crise pode atingir diretamente o próprio destino turístico – um desastre natural (o *tsunami* nas ilhas da região da Ásia-Pacífico, em 2004) –, ou indiretamente, como a "maré negra" que afetou permanentemente uma parte da zona costeira no Golfo do México (o acidente com a plataforma de petróleo Deepwater Horizon e suas consequências no ambiente marinho da região, em 2010), além de ataques terroristas que espalham o medo para além dos locais onde ocorrem etc.

A crise também pode vir dos mercados emissores para o destino: o bloqueio dos meios de transporte por uma razão ou outra, por exemplo. Em suma, o destino é sempre o coração das crises, devendo assumir a maior parte de sua gestão. Alguns eventos são multidirecionais, isto é, capazes de atingir ou abranger múltiplas direções, como as consequências dos ataques de 11 de setembro de 2001, que foram sentidas no conjunto da atividade turística no mundo todo e tiveram impactos duradouros, tornando mais rigorosas as condições de viagem (controle nas fronteiras, novas medidas de segurança etc.) (Denécé; Meyer, 2006).

Outras crises são de vizinhança, isto é, quando ocorre em um território que põe sob suspeita o vizinho – como é o caso da região do Sahel, recentemente envolvida em sequestros e assassinatos localizados em uma parte da Nigéria, do Mali e da Mauritânia. Outro exemplo é a insegurança localizada em uma ou algumas áreas de uma cidade turística que pode manchar a imagem da cidade como um todo (bairros com alto índice de criminalidade, locais de assaltos a turistas etc.).

Dentro da lógica da gestão de crises e riscos, as agências públicas e privadas podem contar com o Plano de Continuidade das Atividades – PCA (ou Plano de Recuperação das Atividades – PRA). O PCA visa responder a todo tipo de cenário de catástrofe (terrorismo, epidemia de gripe H1N1, distúrbios sociais etc.), ao definir todos os meios necessários para a reparação e a recuperação das atividades – porém seu uso ainda não é amplamente difundido no setor do turismo (Tabarly, 2011).

Outra ferramenta muito utilizada na gestão de crises e riscos que afetam o turismo é a comunicação. Ela é fundamental, visto que se apresenta como um mecanismo importante na estratégia de prevenção de riscos ao turismo, na medida em que atinge todos os atores do sistema turístico (turistas, *stakeholders* e a mídia turística). A correta utilização da comunicação pode facilitar o gerenciamento de crises e preservar a imagem e a reputação de um destino turístico.

Por outro lado, as crises assumiram outra configuração com o advento das mídias sociais e com a democratização da internet, tornando-se importante para os relacionamentos entre organizações turísticas e turistas. A rede mundial de computadores, aliada às recentes aplicações da telefonia móvel (*smartphones*, GPS etc.) tornou-se instrumento essencial em uma crise e se constitui em fator de antecipação e de compressão do tempo de decisão e de ação.

Algumas empresas de viagens e turismo desenvolveram ferramentas de rastreamento (*tracking*) de seus clientes para poder localizá-los e, assim, garantir a segurança deles ou simplesmente prestar-lhes assistência. Um exemplo é a Avexia, uma empresa do grupo American Express que, em parceria com a Scutum Security First (SSF), empresa especializada na prevenção e gestão do risco em nível internacional, oferece ao viajante e ao seu gestor de viagem instrumentos específicos de análise territorial para medir os riscos aos quais o turista está exposto. Durante o deslocamento, a agência e o visitante são notificados automaticamente por *e-mail* e em tempo real sobre riscos relacionados com acontecimentos políticos e socioeconômicos, de saúde ou naturais, a fim de reagir e para melhor auxiliá-lo em situações críticas.

No setor de viagens de negócios, existem organizações voltadas exclusivamente para a gestão de crises e riscos aos quais os profissionais estão expostos. É o caso da Association Française des Travel Managers (AFTM, em português, Associação Francesa de Gestores de Viagens), entidade criada para atender às empresas e a seus profissionais no que se refere aos riscos à segurança e à saúde pessoal (sequestros, assaltos etc.) e em situações de riscos políticos, catástrofes naturais etc. durante viagens internacionais.

Finalizando, a gestão da crise em um destino turístico é, necessariamente, uma gestão global que envolve muitos atores, não somente as empresas envolvidas na linha de frente da viagem turística (operadores de transportes, operadoras de turismo e agências de viagem), mas também as partes externas interessadas, como organizações governamentais (consulados, embaixadas etc.) e seguradoras, por exemplo. Além disso, engloba também diversos atores nos lugares de destino turístico (hotéis, empresas de transportes e guias turísticos, serviços de recepção de turistas etc.), assim como governos e gestores públicos locais, em particular os setores ligados à segurança.

Estudo de caso

A gestão de crises e riscos nas viagens e turismo

O turismo depende da relativa facilidade com que as fronteiras podem ser cruzadas. Assim, as medidas implantadas em muitos países já afetados ou suscetíveis de serem afetados pelos ataques terroristas têm sido seguidas de difíceis decisões sobre as formalidades a serem aplicadas aos visitantes na chegada ao território. Essas medidas cobrem uma variedade de situações, que vão do rigoroso controle de entradas e saídas, como nos Estados Unidos, a uma abordagem mais flexível, em que não é necessário nenhum visto, como no interior da União Europeia para os residentes dos Estados-membros. Além de problemas de visto, as medidas de segurança têm sido reforçadas em muitos aeroportos, o que aumenta o tempo e o custo da viagem. As novas tecnologias, a começar pelo passaporte com *chip* eletrônico, têm facilitado as formalidades de entrada e saída de fronteiras. O passaporte eletrônico foi exigido em 2006 pelos Estados Unidos para os países que se beneficiam do Programa de Isenção de Vistos (VWP – *Visa Waiver Program*) e tem sido considerado bastante eficaz para responder às novas preocupações em matéria de segurança – a Alemanha, por exemplo, o adota desde 2005. Onde os ataques são temidos, os organismos responsáveis pelo turismo tendem, cada vez mais, a estabelecer planos de intervenção em caso de emergência, de modo a tranquilizar os visitantes e dar-lhes as informações e instruções necessárias. É assim que o grupo Tourism Industry Emergency

Response (TIER), coordenado pelo VisitBritain, foi formado após o surto de febre aftosa na Inglaterra e esteve também envolvido nos atentados em Londres em 2005, colaborando para o retorno à normalidade. A capacidade de resposta dessas estruturas também lhes dá um papel estratégico fundamental para lidar com outras contingências, como uma epidemia de gripe, conforme mostrado pelo grupo TIER, criado na Escócia e mobilizado por ocasião de um episódio de gripe aviária, em 2006. Esses grupos, que também incentivam os meios de comunicação a garantir a imagem do destino, transmitindo a mensagem que desejam aos visitantes, se apoiam no planejamento de cenários, uma abordagem que vem sendo adotada em muitos países para integrar os modos dos tomadores de decisão de avaliar, interna ou externamente ao setor do turismo, e identificar a melhor forma de combater as crises e situações de emergência que resultem diretamente do turismo ou que atinjam os turistas. Essa abordagem marca um retorno à elaboração de políticas de segurança, na medida em que os exercícios são regularmente realizados para garantir que os planos de ação e intervenção venham responder às necessidades. Muitos governos têm destinado recursos financeiros para a capacitação de profissionais no campo da gestão de crises e riscos no turismo, bem como para a aquisição de equipamentos com tecnologia avançada.

Fonte: Elaborado com base em AFTM, 2013.

Síntese

Neste capítulo, focalizamos o papel da geopolítica no turismo com base na abordagem de questões políticas do mundo contemporâneo e em sua relação com atividade turística. Propusemos também um enfoque sobre o turismo e a geopolítica das crises e riscos, procurando evidenciar alguns dos principais riscos associados ao turismo. Apresentamos ainda uma breve discussão sobre a gestão de crises e riscos no setor de viagens e turismo, assim como iniciativas de organizações públicas e privadas de alguns países visando prevenir os efeitos negativos das crises no setor.

Questões para revisão

1. Entre os principais aspectos de interesse da geopolítica do turismo, incluem-se:
   I. as questões relacionadas ao desenvolvimento do turismo internacional no mundo.
   II. as relações internacionais entre os países do mundo e sua influência no turismo.
   III. as medidas tomadas pelos países no que se refere à circulação de estrangeiros dentro de seus territórios.
   IV. a questão ambiental e os efeitos das mudanças climáticas globais no turismo.
   Estão corretas as afirmativas:
   a) I, III e IV.
   b) I, II, III e IV.
   c) I, II e III.
   d) II, III e IV.

2. Quais são os impactos diretos decorrentes das mudanças climáticas globais que poderão afetar o turismo em algumas regiões e/ou países?

3. Qual é a principal função do Sitcen?

4. Entre as crises e os riscos que podem prejudicar os fluxos turísticos para uma região ou país estão:
   I. instabilidade política, guerras e conflitos armados.
   II. acidentes com meios de transporte e eventos climáticos.
   III. pobreza e falta de infraestrutura turística.
   IV. ataques terroristas, sequestros e roubos.
   Estão corretas as afirmativas:
   a) I, III e IV.
   b) I, II, III e IV.
   c) I, II e IV.
   d) II, III e IV.

5. Entre as ferramentas utilizadas atualmente na gestão de crises e riscos que afetam o turismo, a principal é a:
   a) emissão de visto.
   b) diplomacia.
   c) comunicação/internet.
   d) fiscalização nas áreas de fronteiras.

Questões para reflexão

1. Escreva um texto de 10 linhas explanando sobre a importância da geopolítica para a compreensão e explicação das questões do mundo atual que afetam o desenvolvimento do turismo em escala mundial.

2. Analise os papéis e as responsabilidades das autoridades públicas na gestão de crises e riscos no turismo.

3. Analise os papéis e as responsabilidades das organizações e empresas do setor de viagens e turismo na gestão de crises e riscos no turismo.

4. Discuta com seus pares sobre a importância da gestão de crises e riscos no desenvolvimento futuro do turismo.

5. Tomando como estudo de caso o Brasil, pesquise em jornais, revistas e na internet sobre as situações de crises e riscos que podem afetar o desenvolvimento futuro do turismo no país. Em seguida, redija um texto de 10 linhas a respeito do tema proposto.

Para concluir...

De acordo com o exposto nos capítulos deste livro, concluímos que o principal objetivo foi atingido: evidenciar as relações existentes entre geografia e turismo. Nessa perspectiva, abordamos a definição de *turismo*, mostrando que a atividade turística deve ser compreendida como fenômeno cultural, prática social e atividade econômica, cuja dimensão espacial é uma característica fundamental – o deslocamento de pessoas no tempo e no espaço. Assim, explicitamos os conceitos básicos da geografia – *espaço, território, lugar, paisagem* e *região* – e sua aplicação no entendimento do turismo.

Também demonstramos que o turismo é responsável pela criação de diferentes tipos de lugares turísticos e que, por conta de sua complexidade, deve ser analisado como um sistema cuja dinâmica de funcionamento está fundada na ação de diferentes atores sociais – turistas, agentes e operadores de viagens, promotores territoriais públicos e privados –, que se apropriam dos espaços transformando-os em territórios turísticos.

Também apontamos que as paisagens estão na origem das diferentes percepções dos lugares turísticos e que as práticas turísticas são induzidas por meio da formação de imagens, as quais revelam, em grande medida, como se dá o processo de "turistificação" dos territórios em diferentes países e nas diversas regiões do globo. Nesse sentido, procuramos ressaltar que a criação dos lugares pelo e para o turismo resulta da influência de determinados fatores espaciais ou geográficos, como a mobilidade espacial – uma condição intrínseca à realização das práticas turísticas.

Argumentamos, ainda, que o processo de "turistificação" dos territórios não é resultado simplesmente de uma "vocação turística" dos lugares; ao contrário, há uma série de outros fatores – proximidade dos grandes espaços emissores, meios de transporte, infraestrutura e serviços de apoio, *marketing* etc. – que determinam a atratividade turística de um lugar ou região, com destaque, evidentemente, para o patrimônio cultural e ambiental, os recursos paisagísticos, a história, o clima etc.

Outro ponto destacado foi a cartografia aplicada ao turismo por meio do uso do mapa como forma de representação dos lugares turísticos. Mostramos que o mapa tem o poder simbólico e real de representar cartograficamente atrativos, instalações e equipamentos etc. disponíveis nos lugares de acordo com os tipos e gostos dos turistas que se quer atrair. Além disso, demonstramos que o mapa e as novas tecnologias de mapeamento – Sistemas de Informação Geográfica (SIG) – auxiliam no planejamento territorial do turismo, na determinação de zonas turísticas e na implantação de modelos de zoneamento de uso e ocupação do território pelo turismo, com vistas ao seu desenvolvimento ordenado e sustentável.

Abordamos a questão da apropriação do território pelo turismo e os impactos decorrentes – econômicos, socioculturais e ambientais e destacamos a sustentabilidade do turismo, que surge com a apropriação da noção de *desenvolvimento sustentável* por determinados atores do sistema de turismo. Apesar das recomendações de organismos internacionais – OMT, WTTC, Unesco, governos, empresas do setor turístico e ONGs –, ainda há dificuldades para a apropriação um turismo mais solidário, sustentável e alternativo, como o ecoturismo e o turismo comunitário, por exemplo.

Vimos que o processo de globalização do turismo produz e alimenta um sistema turístico cuja organização é caracterizada pela hierarquia em escala mundial entre os espaços "turistificados". Estes, apesar de estarem concentrados em algumas regiões – as bacias turísticas –, vão se expandindo para todas as regiões do planeta por meio do crescimento dos fluxos de turistas e da ação dos atores do sistema turístico mundial. Destacamos que a maioria dos "novos territórios" do turismo globalizado está localizada nos países em desenvolvimento ou em países do Sul. Esses novos territórios turísticos são criados principalmente para atender à procura pelo turismo de sol e praia e seguem o modelo de implantação territorial dos 3S (*Sea, Sand and Sun*).

Neste ponto, observamos que o Brasil, país emergente no contexto do turismo globalizado, vem tendo, por intermédio da ação do Estado (políticas públicas) e de agentes privados (redes hoteleiras, operadores turísticos, promotores territoriais etc.), um crescimento dos fluxos turísticos, sobretudo do turismo doméstico e de atividades ligadas ao turismo. Esse fenômeno é notório especialmente em algumas regiões nas quais foram implantadas infraestruturas de apoio – transportes – e para as quais foram atraídos investimentos estrangeiros na oferta de serviços e equipamentos turísticos, em especial no setor hoteleiro. Todavia, foi destacado que, malgrado planos de desenvolvimento postos em prática, o setor ainda se apresenta pouco desenvolvido em comparação com os principais países receptores dos fluxos turísticos em nível mundial, assim como se verifica que a atividade está concentrada em algumas regiões.

Por fim, demonstramos que se deve prestar mais atenção à geopolítica do turismo em escala mundial para entender os desdobramentos do desenvolvimento da atividade, especialmente em relação às crises e aos riscos que afetam ou podem afetar o turismo no contexto do jogo geopolítico e das relações internacionais, particularmente com relação à questão ambiental em escala global, ao terrorismo e às questões de segurança dos turistas.

Referências

AB'SABER, A. N. Os domínios de natureza no Brasil: potencialidades paisagísticas. São Paulo: Ateliê Editorial, 2003.

ACERENZA, M. A. Administração do turismo: conceituação e organização. Tradução de Graciela R. Hendges. Bauru: Edusc, 2002. v. 1.

AFTM – Association Française des Travel Managers. Guide pratique sûreté: sécurité des voyageurs. Paris: AFTM, 2013.

ALMEIDA, R. D. Do desenho ao mapa: iniciação cartográfica na escola. São Paulo: Contexto, 2001.

ALTHOFF, F. R. Políticas de preservação do patrimônio edificado catarinense: a gestão do patrimônio urbano de Joinville. 208 f. Dissertação (Mestrado em Urbanismo) – Programa de Pós-Graduação em Urbanismo, História e Arquitetura da Cidade, Universidade Federal de Santa Catarina, Florianópolis, 2008.

AMIROU, R. Imaginaire touristique et sociabilité du voyage. Paris: PUF, 1995.

ANÁLISE do mercado de turismo no Brasil. 2013. Disponível em: <http://pt.slideshare.net/hering_ri/anlise-do-mercado-de-turismo-no-brasil>. Acesso em: 12 out. 2014.

APTA – American Public Transportation Association. Disponível em: <http://www.apta.com/Pages/default.aspx>. Acesso em: 12 nov. 2013.

ARROIO, A.; RÉGNIER, K. O novo mundo do trabalho: oportunidades e desafios para o presente. Boletim [do] Senac, São Paulo, v. 27, n. 2, maio/ago. 2001. Disponível em: <http://www.senac.br/BTS/272/boltec272d.htm>. Acesso em: 5 jan. 2014.

AUGÉ, M. Não lugares: introdução a uma antropologia da supermodernidade. Campinas: Papyrus, 2007.

BAHL, M. Viagens e roteiros turísticos. Curitiba: Protexto, 2004.

BAILLY, A.; SCARIATI, R. Voyage en géographie. Paris: Anthropos, 1999.

BARTHOLO, R.; BURSZTYN, I.; SANSOLO, D. G. (Org.). Turismo de base comunitária: diversidade de olhares e experiências brasileiras. Rio de Janeiro: Letra e Imagem, 2009.

BENI, M. C. Análise estrutural do turismo. São Paulo: Senac, 1997.

BERQUE, A. Paisagem-marca, Paisagem-matriz: elementos da problemática para uma geografia cultural. In: CORREA, R.; ROSENDAHL, Z. (Org.). Paisagem, tempo e cultura. Rio de Janeiro: Eduerj, 1998. p. 84-91.

BERTIN, J. Sémiologie graphique: les diagrammes, les réseaux, les cartes. 4. ed. Paris: Editions de l'Ehess, 2005.

BERTRAND, G. Le paysage entre la Nature et la Société. Revue géographique des Pyrénées et du SudOuest, Toulose, v. 49, n. 49, p. 238-258, 1978.

BLANKE, J.; CHIESA, T. (Ed.). The Travel and Tourism Competitiveness: Reducing Barriers to Economic Growth and Job Creation – Report 2013. World Economic Forum, 2013. Disponível em: <http://www3.weforum.org/docs/WEF_TT_Competitiveness_Report_2013.pdf>. Acesso em: 20 dez. 2013.

BOO, E. Ecotourism: the Potentials and Pitfalls. Washington: WWF, 1990. v. 1.

BOULLÓN, R. Las actividades turísticas y recreacionales. México: Trillas, 1985.

_____. Planejamento do espaço turístico. Bauru: Edusc, 2002.

BOYER, M. A história do turismo de massa. Bauru: Edusc, 2003.

BRASIL. Constituição (1988). Diário Oficial da União, Brasília, DF, 5 out. 1988. Disponível em: <http://www.planalto.gov.br/ccivil_03/constituicao/Constituicao.htm>. Acesso em: 14 nov. 2014.

BRASIL. Câmara dos Deputados. Comissão de Turismo e Desporto. Mudanças climáticas: o turismo em busca da ecoeficiência. Brasília: Edições Câmara, 2008. (Série Ação Parlamentar; n. 377). Disponível em: <www2.camara.leg.br/atividade-legislativa/.../ctur/.../mudancas-climaticas>. Acesso em: 9 ago. 2014.

BRASIL. Ministério do Meio Ambiente. Instituto Chico Mendes de Conservação da Biodiversidade. Unidades de conservação federais, RPPNs, centros especializados e coordenações regionais. out. 2014. Disponível em: <http://www.icmbio.gov.br/portal/images/stories/servicos/geoprocessamento/DCOL/MapaUCSOut2014.pdf>. Acesso em: 15 dez. 2014.

BRASIL. Ministério do Turismo. Mais turismo, mais desenvolvimento: indicadores. Brasília, maio 2013a. Disponível em: <http://www.turismo.gov.br/export/sites/default/turismo/noticias/todas_noticias/Noticias_download/Cartilha_Mais_Turismo_mais_desenvolvimento_2013.pdf>. Acesso em: 30 jun. 2014.

_____. Mapa do turismo brasileiro 2013. Brasília, 2013b. Disponível em: <http://www.turismo.gov.br/export/sites/default/turismo/noticias/todas_noticias/Noticias_download/mapa_da_regionalizacao_novo_2013.pdf>. Acesso em: 25 jan. 2014.

BRASIL. Ministério do Turismo. Plano Nacional de Turismo 2007-2010. Brasília, 2007. Disponível em: <http://www.turismo.gov.br/export/sites/default/turismo/o_ministerio/publicacoes/downloads_publicacoes/plano_nacional_turismo_2007_2010.pdf>. Acesso em: 30 jun. 2014.

_____. Turismo no Brasil 2011-2014. Brasília, 2011. Disponível em: <http://www.turismo.gov.br/export/sites/default/turismo/o_ministerio/publicacoes/downloads_publicacoes/Turismo_no_Brasil_2011_-_2014_sem_margem_corte.pdf>. Acesso em: 27 ago. 2014.

_____. Plano Nacional de Turismo 2013-2016: o turismo fazendo muito mais pelo Brasil. Brasília,

2013c. Disponível em: <http://www.turismo.gov.br/turismo/o_ministerio/plano_nacional/ebook/index.html#p=>. Acesso em: 30 jun. 2014.

BRASIL. Ministério do Turismo. Plano Nacional do Turismo 2003-2007: diretrizes, metas e programas. Brasília, 2003. Disponível em: <http://www.turismo.gov.br/export/sites/default/turismo/o_ministerio/publicacoes/downloads_publicacoes/plano_nacional_turismo_2003_2007.pdf>. Acesso em: 30 jun. 2014.

_____. Segmentação do turismo: marcos conceituais. Brasília, 2006. Disponível em: <http://www.turismo.gov.br/export/sites/default/turismo/o_ministerio/publicacoes/downloads_publicacoes/Marcos_Conceituais.pdf>. Acesso em: 30 jun. 2014.

BRASIL. Ministério do Turismo. Fundação Instituto de Pesquisas Econômicas. Caracterização e dimensionamento do turismo doméstico no Brasil – 2010/2011. Relatório Executivo: principais resultados selecionados. São Paulo, set. 2012. Disponível em: <http://www.dadosefatos.turismo.gov.br/export/sites/default/dadosefatos/demanda_turistica/downloads_demanda/Demanda_domxstica_-_2012_-_Relatxrio_Executivo.pdf>. Acesso em: 27 ago. 2014.

BRASIL. Ministério do Turismo. Secretaria Nacional de Políticas de Turismo. Anuário estatístico de turismo: 2013. Volume 40. Ano base 2012. Brasília, 2013d. Disponível em: <http://www.dadosefatos.turismo.gov.br/export/sites/default/dadosefatos/anuario/downloads_anuario/Anuario_Estatistico_de_Turismo_-_2013_-_Ano_base_2012_-_Versao_dez.pdf>. Acesso em: 31 jul. 2014.

BRITANNICA – Escola Online. Latitude e longitude. Disponível em: <http://escola.britannica.com.br/assembly/134723/As-linhas-de-latitude-e-longitude-formam-um-padrao-de>. Acesso em: 1º mar. 2014.

BRUNEL, S. Quand le tourisme disneylandise la planète. 15 jun. 2011. Disponível em:

<http://www.scienceshumaines.com/quand-le-tourisme-disneylandise-la-planete_fr_14452.html>. Acesso em: 8 jan. 2014.

_____. Turismo e mundialização: rumo a uma disneylandização universal? Mercator – Revista de Geografia da UFC, Fortaleza, v. 8, n. 15, 2009. Disponível em: <http://www.mercator.ufc.br/index.php/mercator/article/viewArticle/273>. Acesso em: 30 jun. 2014.

BUTLER, R. W. Seasonality in Tourism: Issues and Implications. In: BAUM, T.; LUNTORP, S. (Ed.). Seasonality in Tourism. Oxford: Pergamonm Press, 2001. p. 4-21.

BUTLER, R. W. The Concept of a Tourist Area Cycle of Evolution: Implications for Management of Resources. Canadian Geographer, v. 24, n. 1, 1980. Disponível em: <http://aaronluman.com/articles/CycleOfEvolution.pdf>. Acesso em: 27 ago. 2014.

CARNEIRO, R. J. B. Sinalização turística: diretórios e sistemas nacionais e internacionais. 200 f. Dissertação (Mestrado em Ciências da Comunicação) – Programa de Pós-Graduação em Ciências da Comunicação, Universidade de São Paulo, São Paulo, 2001.

CARTOGRAPHIE. Larousse. Disponível em: <http://www.larousse.fr/encyclopedie/divers/cartographie/31124>. Acesso em: 25 out. 2013.

CASTRO, N. A. R. de. O lugar do turismo na ciência geográfica: contribuições teórico-metodológicas à ação educativa. 311 f. Tese (Doutorado em Ciências) – Programa de Pós-Graduação em Geografia, Universidade de São Paulo, São Paulo, 2006.

CAVACO, C.; SIMÕES, J. M. Turismos de nicho: uma introdução. In: SIMÕES, J. M.; FERREIRA, C. C. (Ed.). Turismos de nicho: motivações, produtos, territórios. Lisboa: Centro de Estudos Geográficos, 2009. p. 15-39.

CAVALCANTI, M. S.; LEAL, S. M. R. De praias desertas a paraísos turísticos: a ação do capital imobiliário no Litoral Sul da Região Metropolitana do Recife.

In: SEMINÁRIO NACIONAL GOVERNANÇA URBANA E DESENVOLVIMENTO METROPOLITANO, 2010, Natal. Anais... Natal: Universidade Federal do Rio Grande do Norte, 2010. Disponível em: <http://www.cchla.ufrn.br/seminariogovernanca/cdrom/ST10_Marilia.pdf>. Acesso em: 12 out. 2014.

CAZES, G. Fondements pour une géographie du tourisme et des loisirs. Paris: Bréal, 1992.

____. Les littoraux en proie au tourisme : elements de réflexion. Revista Herodote, Paris, p. 144-164, 1999.

CAZES, G. Les nouvelles colonies de vacances: le tourisme international à conquete du tiers monde. Paris: L'Harmattan, Col. Tourisme et Societés, 1989.

____. Turismo e subdesenvolvimento: tendências recentes. In: RODRIGUES, A. Turismo e geografia: reflexões teóricas e enfoques regionais. São Paulo: Hucitec, 1996. p. 77-85.

CAZES, G.; COURADE, G. Les masques du tourisme. Revue tiers-monde, v. 45, n. 178, abr./jun. 2004. Disponível em: <http://www.persee.fr/web/revues/home/prescript/article/tiers_1293-8882_2004_num_45_178_5464>. Acesso em: 30 jun. 2014.

CHRISTOFOLETTI, A. Perspectivas da geografia. São Paulo: Difel, 1982.

COHEN, E. The Study of Touristic Images of Native People: Mitigating the Stereotype of a Stereotype. In: PEARCE, D.; BUTLER, R. (Ed.). Tourism Research: Critiques and Challengers. London: Routledge, 1993. p. 36-69.

CONCEIÇÃO, C. Promoção turística e (re)construção social da realidade. Revista Sociologia - Problemas e Práticas, n. 28, p. 67-89, 1998. Disponível em: <http://sociologiapp.iscte.pt/pdfs/12/125.pdf>. Acesso em: 30 jun. 2014.

CONCEIÇÃO, R. S. da; COSTA, V. C. da. Cartografia e geoprocessamento. Rio de Janeiro: Fundação Cecierj, 2011.

CONSEIL DE L'EUROPE. La convention européenne du paysage. In: CONFERENCE DU CONSEIL DE L'EUROPE SUR LA CONVENTION EUROPEENNE DU PAYSAGE, 7., 2013, Strasbourg. Disponível em: <http://www.coe.int/t/dg4/cultureheritage/heritage/landscape/ReunionConf/7eConference/CEP-CDCPP-2013-12AddReport_fr.pdf>. Acesso em: 27 ago. 2014.

COOPER, C. et al. Turismo: princípios e prática. Porto Alegre: Bookman, 2001.

CORIOLANO, L. N. Do local ao global: o turismo litorâneo cearense. Campinas: Papirus, 1998.

CORIOLANO, L. N. Reflexões sobre o turismo comunitário. Revista de Estudos Turísticos, n. 20, ago. 2006. Disponível em: <http://www.etur.com.br/conteudocompleto.asp?idconteudo=11164>. Acesso em: 22 nov. 2013.

CORIOLANO, L. N.; SILVA, S. C. B. de M. Turismo e geografia: abordagens críticas. Fortaleza: Ed. da Uece, 2005.

COURTEAU, R. La pollution de la Méditerranée: état et perspectives à l'horizon 2030. Sénat – un site au service des citoyens, Paris, n. 652, 2010-2011. Disponível em: <http://www.senat.fr/rap/r10-652/r10-652_mono.html>. Acesso em: 5 mar. 2014.

CRICK, M. Representaciones del turismo internacional en las ciencias sociales: sol, sexo, paisajes, ahorros y servilismos. In: JURDAO, F. Los mitos del turismo. Madrid: Endymion, 1992. p. 341-403.

CRUZ, R. de C. A. Política de turismo e território. São Paulo: Contexto, 2000.

CUNHA, L. Economia e política do turismo. Alfragide: McGraw Hill, 1997.

CURY, I. (Org.). Cartas patrimoniais. Rio de Janeiro: Iphan/MEC, 2004.

DEBARBIEUX, B. Representations. Revue en ligne Hypergéo, 2004.

DEBARBIEUX, B.; BIAGGIO, C. D.; PETITE, M. Spatialités et territorialités du tourisme: dialectique du flux et de l'ancrage dans les

Alpes. Civilisations – Revue internationale d'antthropologie et de sciences humaines, n. 57, p. 75-89, 2008. Disponível em: <http://civilisations.revues.org/1085>. Acesso em: 4 nov. 2013.

DEHOORNE, O. Géopolitique du tourisme. Paris: Armand Colin, 2008.

DEHOORNE, O.; SAFFACHE, P.; TARTAR, C. Le tourisme international dans le monde: logiques des flux et confins de la touristicité. Études caribéennes, v. 9-10, abr./ago. 2008. Disponível em: <http://etudescaribeennes.revues.org/882>. Acesso em: 10 jan. 2014.

DELISLE, M.-A.; JOLIN, L. Un autre tourisme est-il possible? Québec: Presses de l'Université du Québec, 2007.

DENÉCÉ, E.; MEYER, S. Tourisme et terrorisme: des vacances de rêve aux voyages à risque. Paris: Ellipses, 2006.

DÉRY, S. Le paysage comme ressource. VertigO – la revue électronique en sciences de l'environnement, 2012. Disponível em: <http://vertigo.revues.org/11569>. Acesso em: 8 nov. 2013.

DEWAILLY, J.-M. Tourisme et geographie, entre peregrinite et chaos? Paris: L'Harmattan, 2006.

DEWAILLY, J.-M.; FLAMENT, E. Le tourisme. Paris: Sedes, 2000.

DOXEY, G. V. A Causation Theory of Visitor-resident Irritants: Methodology and Research Influence. In: Proceedings of the Travel Research Associates, San Diego, 1975, p. 195-198.

DUHAMEL, P.; KNAFOU, R. Mondes urbains du tourisme. Paris: Belin, 2007.

DUHAMEL, P.; STOCK, M. Le tourisme: acteurs, lieux et enjeux. Paris: Belin, 2003.

DUMAZEDIER, J. Sociologia empírica do lazer. Tradução de Silvia Mazza e J. Guinsburg. São Paulo: Perspectiva/Sesc, 1999.

DWYER, L.; FORSYTH, P. Impacts and Benefits of MICE Tourism: a Framework for Analysis. Tourism Economics, London, v. 3, n. 1, p. 21-38, 1997.

ECHTNER, C. The Content of Third World Tourism Marketing: an Approach. International Journal of Tourism Research, v. 4, p. 413-434, 2002.

ECHTNER, C.; PRASAD, P. The Context of Third World Tourism Marketing. Annals of Tourism Research, v. 30, n. 3, p. 660-682, 2003. Disponível em: <http://www.google.com.br/url?sa=t&rct=j&q=&esrc=s&frm=1&source=web&cd=1&ved=0CB8QFjAA&url=http%3A%2F%2Fwww.researchgate.net%2Fpublication%2F222658221_The_context_of_third_world_tourism_marketing%2Ffile%2F5046351f9561750184.pdf&ei=5x3oU7q2J4ubyAT-4LIBg&usg=AFQjCNGtJTG2veuZ3_i6bPTy54CJF5iUkQ&sig2=tKS-EpQ02PEJWOAQ_SIs3Q>. Acesso em: 9 ago. 2014.

ECHTNER, C.; RITCHIE, J. R. The Meaning and Measurement of Destination Image. The Journal of Tourism Studies, v. 14, n. 1, p. 37-48, maio 2003. Disponível em: <http://www-public.jcu.edu.au/learningskills/idc/groups/public/documents/journal_article/jcudev_012855.pdf>. Acesso em: 9 ago. 2014.

ELIAS, N.; SCOTSON, J. L. Os estabelecidos e os outsiders: sociologia das relações de poder a partir de uma pequena comunidade. Tradução de Vera Ribeiro. Rio de Janeiro: Zahar, 2000.

ÉQUIPE MIT. Tourismes 1. Lieux comuns, Belin, Coll. Paris: Mappemonde, 2002.

_____. Tourismes 2: moments de lieux. Paris: Belin, 2005.

ESTADÃO. Mapa das relações de visto com o Brasil. Estadão.com.br, 26 ago. 2009. Disponível em: <http://www.estadao.com.br/especiais/mapa-das-relacoes-de-visto-com-o-brasil,69281.htm>. Acesso em: 5 jan. 2014.

EUROPA – Sínteses da legislação da UE. O espaço e a cooperação Schengen. Europa, 3 ago. 2009. Disponível em: <http://europa.eu/legislation_summaries/justice_freedom_security/free_movement_of_persons_asylum_immigration/l33020_pt.htm>. Acesso em: 1º ago. 2014.

EUSÉBIO, M. C. Avaliação do impacto económico do turismo a nível regional: o caso da Região Centro de Portugal. 606 f. Tese (Doutorado em Turismo) – Departamento de Economia, Gestão e Engenharia Industrial, Universidade de Aveiro, Aveiro, 2006.

FENNELL, D. A. Ecoturismo: uma introdução. São Paulo: Contexto, 2002.

FERREIRA, L. S. Planejamento e ordenamento territorial do turismo na região Metropolitana de Natal-RN. 175 f. Dissertação (Mestrado em Educação) – Programa de Pós-Graduação em Geografia, Universidade Federal do Rio Grande do Norte, Natal, 2009.

FIORI, S. R. Cartografia e as dimensões do lazer e turismo: o potencial dos tipos de representação cartográfica. Revista Brasileira de Cartografia, Brasília, n. 62/3, out. 2010. Disponível em: <http://www.lsie.unb.br/rbc/index.php/rbc/article/view/252>. Acesso em: 9 ago. 2014.

FONT, J. N. Paisaje y turismo. Revista Estudios Turísticos, Madrid, v. 1, n. 103, p. 25-40, 1989.

FRANCE DIPLOMATIE. Disponível em: <http://www.diplomatie.gouv.fr/en>. Acesso em: 1º ago. 2014.

FREITAS, C. R de. Tourism Climatology: Evaluating Environmental Information for Decision Making and Business Planning in the Recreation and Tourism Sector. International Journal of Biometeorology, Auckland, New Zealand, n. 48, p. 45-54, set. 2003. Disponível em: <http://link.springer.com/article/10.1007%2Fs00484-003-0177-z>. Acesso em: 30 jun. 2014.

GARROD, B. Exploring Perception, a Photo-based Analysis. Annals of Tourism Research, v. 35, n. 2, p. 381-401, abr. 2008. Disponível em: <http://www.sciencedirect.com/science/article/pii/S0160738307001363>. Acesso em: 30 jun. 2014.

GAUCHON, C. Tourismes 1: Lieux communs. Revue de géographie alpine, v. 91, n. 1, p. 105-106, 2003.

Disponível em: <http://www.persee.fr/web/revues/home/prescript/article/rga_0035-1121_2003_num_91_1_2235_t1_0105_0000_3>. Acesso em: 27 ago. 2014.

GFK – PRESS RELEASES. Two-Thirds of Nations Experience Reputation Decline in 2012 Nation Brands Index. 2012. Disponível em: <http://www.gfk.com/news-and-events/press-room/press-releases/pages/two-thirds-of-nations-experience-reputation-decline-in-2012-nation-brands-index.aspx>. Acesso em: 30 jun. 2014.

GONÇALVES, V. K. A inclusão da aviação no esquema europeu do comércio de carbono. Ambiente & Sociedade, São Paulo, v. 16, n. 3, jul./set. 2013. Disponível em: <http://www.scielo.br/scielo.php?pid=S1414-753X2013000300006&script=sci_arttext>. Acesso em: 18 nov. 2014.

GOOGLE MAPS. Disponível em: <https://maps.google.com.br/maps?hl=pt-BR&tab=wl>. Acesso em: 25 jun. 2014.

GPS VISUALIZER. Disponível em: <http://www.gpsvisualizer.com>. Acesso em: 25 jun. 2014.

GRAVARI-BARBAS, M. (Org.). Habiter le patrimoine: enjeux, approches, vécu. Rennes: PUR, 2005.

GREEN GLOBE. A Worldwide Environmental Program for the Travel and Tourism Industry. Ithaca, NY: World Travwel & Tourism Council; Cornell University, 1996.

GRENIER, A. A. Le tourisme de croisière. Téoros [En ligne], Québec, v. 27, n. 2, p. 36-48, 2008. Disponível em: <http://teoros.revues.org/135>. Acesso em: 20 dez. 2013.

HALL, C. M. Planejamento turístico: processos, políticas e práticas. São Paulo: Contexto, 2001.

HALL, C. M.; LEW, A. A. (Org.). Sustainable Tourism: a Geographical Perspective. London; New York: Longman, 1997.

HOLDEN, J. An Introduction to Physical Geography and the

Environment. London: Prentice Hall, 2005.

HONEY, M. (Ed.). Ecotourism and Certification: Setting Standards in Practice. Washington, DC: Island Press, 2002. Disponível em: <http://www.grida.no/climate/ipcc/aviation/069.htm>. Acesso em: 25 jan. 2014.

IATA – Internacional Air Transport Association. Disponível em: <http://www.iata.org/Pages/default.aspx>. Acesso em: 25 nov. 2013.

IBGE – Instituto Brasileiro de Geografia e Estatística. Atlas Nacional do Brasil. Rio de Janeiro: IBGE, 2000.

_____. Atlas Nacional do Brasil: Milton Santos. Rio de Janeiro, 2010. Disponível em: <http://biblioteca.ibge.gov.br/index.php/biblioteca-catalogo?view=detalhesid=247603>. Acesso em: 27 ago. 2014.

IBGE – Instituto Brasileiro de Geografia e Estatística. Coordenação de Geografia. Ligações aéreas – 2010: redes e fluxos do território. Rio de Janeiro: IBGE, 2013.

INGOLD, T. Jornada ao longo de um caminho de vida: mapas, descobridor-caminho e navegação. Revista Religião e Sociedade, v. 25, n. 1, jul. 2005. Disponível em: <http://pt.scribd.com/doc/65123879/Tim-Ingold-Religiao-e-Soc-2005>. Acesso em: 30 jun. 2014.

IOANNIDES, D.; DEBBAGE, K. Economic Geography and Tourism. New York/London: Routledge, 1997.

IPHAN – Instituto do Patrimônio Histórico e Artístico Nacional. Cartas Patrimoniais. 3. ed. Rio de Janeiro: Iphan, 2000.

_____. Patrimônio mundial. Disponível em: <http://portal.iphan.gov.br/portal/montarPaginaSecao.do?id=17155&retorno=paginaIphan>. Acesso em: 9 ago. 2014.

_____. Portaria n. 127, de 30 de abril de 2009. Diário Oficial da União, Brasília, 5 maio 2009. Disponível em: <http://portal.iphan.gov.br/portal/

baixaFcdAnexo.do?id=1236>. Acesso em: 14 nov. 2014.

IPHAN – Instituto do Patrimônio Histórico e Artístico Nacional. Departamento Nacional de Trânsito. Instituto Brasileiro de Turismo. Guia brasileiro de sinalização turística. Disponível em: <http://portal.iphan.gov.br/files/Guia_Embratur/conteudo/principal.html>. Acesso em: 15 dez. 2013.

JENKINS, O. Photography and Travel Brochures: the Circle of Representation. Tourism Geographies, London, Taylor & Francis Ltda., v. 5, n. 3, p. 305-328, nov. 2003.

JURDAO, F. Los mitos del turismo. Madri: Endymion, 1992.

KNAFOU, R. Turismo e território: por uma abordagem científica do turismo. In: RODRIGUES, A. B. Turismo e Geografia. São Paulo: Hucitec, 1996. p. 62-74.

KNAFOU, R. Une approche géographique du tourisme. Espace Géographique, n. 3, p. 193-204, 1997.

KNAFOU, R.; CAZES, G. Le tourisme. In: BAILLY, A.; FERRAS, R.; PUMAIN, D. L'Encyclopédie de la Géographie. Paris: Económica, 1992. p. 827-844.

KNAFOU, R.; STOCK, M. Tourisme. In: LÉVY, J.; LUSSAULT, M. Dictionnaire de la Géographie et de l'espace des societies. Paris: Belin, 2003. p. 931-934.

KRIPPENDORF, J. Sociologia do turismo: para uma nova compreensão do lazer e das viagens. Rio de Janeiro: Civilização Brasileira, 1989.

KURHADE, S. Methodological Framework for Evaluation of Tourism Carrying Capacity of Eco Sensitive Region. International. Journal of Innovative Research in Science, Engineering and Technology, Malaysia, v. 2, n. 3, mar. 2013.

LANCI DA SILVA, M. da G. A imagem da cidade turística: promoção de paisagens e de identidades culturais. São Paulo: Arquitextos, 2004. Disponível em: <http://www.vitruvius.com.br/revistas/read/arquitextos/

05.053/543/>. Acesso em: 31 jul. 2014.

LATITUDE e longitude. Britannica Escola Online. Disponível em: <http://escola.britannica.com.br/assembly/134723/As-linhas-de-latitude-e-longitude-formam-um-padrao-de>. Acesso em: 1º mar. 2014.

LAW, C. M. Urban Tourism: Atracting Visitors to Large Cities. London: Massell, 1993.

____. Urban Tourism: the Visitor Economy and the Growth of Large Cities. London: Continuum, 2000.

LAZZAROTTI, O. Tourisme et patrimoine: ad augusta per angustia. Annales de Géographie, Paris, v. 112, n. 629, p. 91-110, 2003. Disponível em: <http://en.youscribe.com/catalogue/press-and-journals/art-music-and-cinema/architecture-and-design/tourisme-et-patrimoine-ad-augusta-per-angustia-tourism-and-1079432>. Acesso em: 30 jun. 2014.

LE BRAZIDEC, N. Une approche géographique du tourisme intérieur dans un pays émergent: l'exemple du Brésil. Confins – Revista Franco-Brasileira de Geografia, Belo Horizonte, n. 10, 2010. Disponível em: <http://confins.revues.org/6714>. Acesso em: 5 jan. 2014.

LECOLLE, L. Etat des lieux du tourisme sur le littoral du Languedoc-Roussillon. mai 2008. Disponível em: <http://www.pole-lagunes.org/ftp/Etat_des_lieux_tourisme_LR.pdf>. Acesso em: 15 jan. 2014.

LEIPER, N. Tourism Management. Collingwood: Tafe Publications, 1995.

LÉVY, J. Os novos espaços da mobilidade. GEOgraphia, v. 3, n. 6, p. 7-17, 2001. Disponível em: <http://www.uff.br/geographia/ojs/index.php/geographia/article/viewFile/62/60>. Acesso em: 19 nov. 2014.

LEW, A. A. A Framework of Tourist Attraction Research. Annals of Tourism Research, Oxford, England, v. 14, p. 553-575, 1987. Disponível em: <http://www.

sciencedirect.com/science/
journal/01607383/43>. Acesso
em: 9 ago. 2014.

LINDBERG, K.; HAWKINS, D.
Ecoturismo: um guia para planejamento e gestão. São Paulo:
Senac, 1999.

LONDON.GOV.UK. Transport
for London. Disponível em:
<https://www.london.gov.uk/
priorities/transport/working-partnership/transport-for-london>. Acesso em: 1º ago.
2014.

LONGLEY, P. A. et al. Sistemas e ciência da informação geográfica.
Porto Alegre: Bookman, 2012.

LOZATO-GIOTART, J.-P. Géographie
du tourisme: de l'espace consommé à l'espace maîtrisé. 2. ed.
Paris: Pearson, 2008.

LOZATO-GIOTART, J.-P.; BALFET, M.
Management du tourisme, les
acteurs, les produits et les stratégies. Paris: Pearson, 2004.

MACCANNELL, D. The Tourist: a
New Theory of the Leisure Class.
New York: Schocken Books, 1989.

MARTINELLI, M. Curso de cartografia temática. São Paulo:
Contexto, 1991.

_____. Mapas da geografia e cartografia temática. São Paulo:
Contexto, 2003.

MATHIESON, A.; WALL, G. Tourism:
Economic, Physical and Social
Impacts. New York: Longman
Scientific e Technical, 1991.

MENESES, U. T. B. A paisagem como
fato cultural. In: YÁZIGI, E.
(Org.). Turismo e paisagem. São
Paulo: Contexto, 2002. p. 29-64.

MENEZES, P.; FERNANDES, M.
Cartografia turística: novos
conceitos e antigas concepções
ou antigos conceitos e novas
concepções. In: CONGRESSO
BRASILEIRO DE CARTOGRAFIA,
21., 2003, Belo Horizonte. Anais...
Belo Horizonte, 2003.

MIOSSEC, J.-M. L'image touristique
comme introduction à la géographie du tourisme. Annales
de géographie, Paris, v. 58,
n. 473, p. 55-70, 1977.

MITCHELL, J.; ASHLEY, C. Can
Tourism Offer Pro-poor
Pathways to Prosperity?

Examining Evidence on the Impact of Tourism on Poverty. London: ODI Briefing Paper, 2007.

MOLINA, S.; RODRIGUEZ, S. Planejamento integral do turismo: um enfoque para a América Latina. Tradução de Carlos Valero. Bauru: Edusc, 2001.

MONTBRIAL, T. L'action et le système du monde. Paris: PUF, 2002.

OCDE – Organização para a Cooperação e Desenvolvimento Econômico. Les tendances et politiques du tourisme de l'OCDE 2010. Bruxelas, 2010.

OLIVEIRA, I. A linguagem dos mapas: utilizando a cartografia para comunicar. Revista Uniciência, Goiás, v. 10, n. 1-2, p. 3-19, 2004. Disponível em: <http://observatoriogeogoias.iesa.ufg.br/uploads/215/original_OLIVEIRA__Ivanilton_Jose_linguagem_dos_mapas.pdf>. Acesso em: 30 jun. 2014.

OMT – Organização Mundial do Turismo. Desarrollo turístico sostenible: guía para administraciones locales. 2. ed. Madrid: Organización Mundial del Turismo, 1999.

_____. Destaques do turismo. Disponível em: <http://www2.unwto.org/es>. Acesso em: 9 ago. 2014a.

_____. Guia de desenvolvimento do turismo sustentável. São Paulo: Bookman, 2003.

OMT – Organização Mundial do Turismo. Introdução ao turismo. Tradução de Dolores Martins Rodriguez Corner. São Paulo: Roca, 2001.

_____. Lo que todo gestor turístico debe saber: guia prática para el desarrollo y uso de indicadores de turismo sostenible. Madrid: OMT, 1995.

_____. O código mundial de ética do turismo. Disponível em: <http://ethics.unwto.org/sites/all/files/docpdf/portugal.pdf>. Acesso em: 9 ago. 2014b.

PAGE, S. J. Transporte e turismo. In: LEW, A.; HALL, C. M.; WILLIAMS, A. (Org.). Compêndio de turismo. Lisboa: Instituto Piaget, 2007. p. 489-500.

_____. Transportes e turismo. Porto Alegre: Bookman, 2001.

PAÍS enigmático, Coreia do Norte atrai 3,5 mil ocidentais por ano. BBC Brasil, 15 abr. 2013. Disponível em: <http://www.bbc.co.uk/portuguese/noticias/2013/04/130412_coreia_turismo_fl>. Acesso em: 5 jan. 2014.

PALHARES, G. L. Transportes turísticos. 2. ed. São Paulo: Aleph, 2002.

PANROTAS. Conheça as maiores administradoras hoteleiras do país. 21 set. 2011. Disponível em: <http://www.panrotas.com.br/noticia-turismo/hotelaria/conheca-as-maiores-administradoras-hoteleiras-do-pais_71583.html>. Acesso em: 15 jan. 2014.

PARKS CANADA. Disponível em: <http://www.pc.gc.ca/progs/np-pn/recherche-search_e.asp?p=1>. Acesso em: 27 maio 2014.

PEARCE, D. G. Geografia do turismo: fluxos e regiões no mercado de viagens. Tradução de Saulo Krieger. São Paulo: Aleph, 2003.

PESQUISA da FGV, Sebrae e Ministério do Turismo revela melhora no setor. FGV Notícias, 2013. Disponível em: <http://fgvnoticias.fgv.br/pt-br/noticia/pesquisa-da-fgv-sebrae-e-ministerio-do-turismo-revela-melhora-no-setor>. Acesso em: 31 jul. 2014.

PETROCCHI, M. Gestão de polos turísticos. São Paulo: Futura, 2001.

PIRES, P. dos S. Paisagem litorânea de Santa Catarina como recurso turístico. In: YÁZIGI, E.; CARLOS, A. F. A.; CRUZ, R. de C. (Org.). Turismo: espaço, paisagem e cultura. 3. ed. São Paulo: Hucitec, 2002. p. 161-177.

PITTE, J. R. Histoire du paysage français. Paris: Fayard, 1983.

PROSÉRPIO, R. O avanço das redes hoteleiras internacionais no Brasil. São Paulo: Aleph, 2007.

RODRIGUES, A. B. Turismo e espaço: rumo a um conhecimento transdisciplinar. São Paulo: Hucitec, 1997.

RODRIGUES, A. B. Turismo e territorialidades plurais-lógicas excludentes ou solidariedade organizacional. In: LEMOS, A. I. G. de; ARROYO, M.; SILVEIRA, M. L. América Latina: cidade, campo e turismo. São Paulo: Clacso, 2006. p. 297-315.

ROSA, R. Cartografia básica. Uberlândia: Instituto de Geografia/Laboratório de Geoprocessamento, Universidade Federal de Uberlândia, 2004. 72 p. Apostila.

ROSSETTI, E. K. et al. Sistema just in time: conceitos imprescindíveis. Revista Qualit@s, João Pessoa, v. 7, n. 2, 2008. Disponível em: <http://revista.uepb.edu.br/index.php/qualitas/article/viewFile/268/232>. Acesso em: 5 mar. 2014.

RUSCHMANN, D. Turismo e planejamento sustentável. São Paulo: Papirus, 1997.

SANTOS, M. A natureza do espaço: técnica e tempo, razão e emoção. São Paulo: Edusp, 2002. (Coleção Milton Santos. v. 1).

_____. Metamorfoses do espaço habitado. São Paulo: Hucitec, 1988.

SCHÉOU, B. Du tourisme durable au tourisme équitable: quelle éthique pour le tourisme de demain? Bruxelle: Éditions De Boek Université, 2009.

SCIENCESPO - Atelier de cartographie. La Graphique, Jacques Bertin 2000. Disponível em: <http://cartographie.sciences-po.fr/fr/la_graphique_jacques_bertin2>. Acesso em: 15 dez. 2013.

SILVA, J. A. A investigação científica e o turismo. Revista Turismo e Desenvolvimento, Aveiro, n. 1, p. 9-14, jan. 2004. Disponível em: <http://dialnet.unirioja.es/servlet/articulo?codigo=3442156>. Acesso em: 30 jun. 2014.

SILVA, J. A. S. Turismo, crescimento e desenvolvimento: uma análise urbano-regional baseada em cluster. 480 f. Tese (Doutorado em Ciências da Comunicação) - Escola de Comunicação de Artes, Universidade de São Paulo, São Paulo, 2004.

SILVEIRA, M. A. T. da. Impactos do turismo no território. Curitiba, 2002a. Disponível em: <http://www.scribd.com/doc/167757180/Impactos-do-Turismo-no-Territorio>. Acesso em: 5 dez. 2013.

_____. Planejamento territorial e dinâmica local: bases para o turismo sustentável. In: RODRIGUES, A. B. (Org.). Turismo e desenvolvimento local. São Paulo: Hucitec, 1997. p. 87-98.

_____. Turismo e espaço urbano: uma abordagem de Curitiba. In: CORIOLANO, L. N.; VASCONCELOS, F. P. Da cidade ao campo: a prática turística. Fortaleza: Uece, 1999. p. 60-81.

SILVEIRA, M. A. T. da. Turismo, políticas de ordenamento territorial e desenvolvimento: um foco no Estado do Paraná no contexto regional. 279 f. Tese (Doutorado em Geografia Humana) – Programa de Pós-Graduação em Geografia, Universidade de São Paulo, São Paulo, 2002b.

STOCK, M. (Coord.). L'hypothèse de l'habiter poly-topique: pratiquer les lieux géographiques dans les sociétés à individus mobiles. Espacestemps.net – Revue indisciplinaire de sciences sociales, fev. 2006. Disponível em: <http://www.espacestemps.net/en/articles/lrsquohypothese-de-lrsquohabiter-poly-topique-pratiquer-les-lieux-geographiques-dans-les-societes-a-individus-mobiles-en>. Acesso em: 5 set. 2013.

STOCK, M. (Coord.). Le tourisme, acteurs, lieux et enjeux. Paris: Belin, 2003.

STOCK, M. Les sociétés à individus mobiles: vers un nouveau mode d'habiter? Espacestemps.net, mai 2005. Disponível em: <http://www.espacestemps.net/en/articles/les-societes-a-individus-mobiles-vers-un-nouveau-mode-drsquohabiter-en>. Acesso em: 30 jul. 2014.

STOCK, M.; DUHAMEL, P. A Practiced-based Approach to the Conceptualisation of Geographical Mobility. Belgeo, Bruxelas, n. 1-2, p. 59-68, 2005. Disponível em: <http://infoscience.epfl.ch/record/113469/files/2005_belgeo_preprint.pdf>. Acesso em: 30 jun. 2014.

SWARBROOKE, J. Turismo sustentável: conceitos e impacto ambiental. São Paulo: Aleph, 2000.

TABARLY, S. Les entreprises du voyage et du tourisme confrontées à la gestion des crises et des risques. Géo confluences, fev. 2011. Disponível em: <http://geoconfluences.ens-lyon.fr/doc/typespace/tourisme/TourViv.htm>. Acesso em: 10 jan. 2014.

TUI – Touristik Union International. Disponível em: <https://www.tui-group.com/en/sustainability/sust_management>. Acesso em: 9 ago. 2014.

TURISMO sexual, um flagelo que parece não ter mais fim. Globo.com, 2 jun. 2007. Disponível em: <http://g1.globo.com/Noticias/Mundo/0,,AA1554901-5602,00-TURISMO+SEXUAL+UM+FLAGELO+QUE+PARECE+NAO+TER+MAIS+FIM.html>. Acesso em: 28 ago. 2014.

UNAT – Union Nationale des Associations de Tourisme et de Plein Air. 2014. Disponível em: <http://www.unat.asso.fr>. Acesso em: 15 nov. 2013.

_____. Tourisme solidaire: des voyages vers l'essentiel. Paris: Unat, 2005.

UNESCO – Organização das Nações Unidas para a Educação, a Ciência e a Cultura. O patrimônio: legado do passado ao futuro. Brasília, 2013. Disponível em: <http://www.unesco.org/new/pt/brasilia/culture/world-heritage/heritage-legacy-from-past-to-the-future>. Acesso em: 9 ago. 2014.

UNIÃO EUROPEIA. A história da União Europeia. Disponível em: <http://europa.eu/about-eu/eu-history/index_pt.htm>. Acesso em: 17 nov. 2014a.

_____. Países. Disponível em: <http://europa.eu/about-eu/countries/index_pt.htm>. Acesso em: 17 nov. 2014b.

UNIÃO EUROPEIA. Conselho da União Europeia. Orientações para a proteção consular dos cidadãos da EU em países terceiros. Disponível em: <http://register.consilium.europa.eu/doc/srv?l=PT&f=ST%20

15613%202010%20INIT>. Acesso em: 19 nov. 2014c.

UNIDADES de Conservação Brasileiras. Megartigos, 2014. Disponível em: <http://www.megaartigos.com.br/natureza/meio-ambiente/unidades-de-conservacao-brasileiras>. Acesso em: 8 ago. 2014.

URRY, J. O olhar do turista: lazer e viagens nas sociedades contemporâneas. 3. ed. São Paulo: Studio Nobel, 2001.

_____. Sociologie des mobilités: une nouvelle frontière pour la sociologie. Paris: Armand Colin, 2005.

VALENZUELA RUBIO, J. M. Los turismos de interior: el retorno à la tradición viajera. Madrid: Ed. de la Universidad Autónoma de Madrid, 1997.

VANHOVE, N. Le processus irréversible de la mondialisation: n'y-a-t'il que des gagnants dans le domaine du tourisme? Deuxième Sommet du Tourisme, Bruxelas, 4-6 dez. 2000.

VERA REBOLLO, J. F. et al. (Coord.). Análisis Territorial del Turismo. Barcelona: Ariel, 1997.

VIAJARETUDODEBOM. Disponível em: <http://viajaretudodebom.wordpress.com>. Acesso em: 30 jun. 2014.

VIOLIER, P. Tourisme et mondialisation: enjeux et problématiques. Géoéconomie, l'Université de Liège, n. 25, p. 45-62, 2003.

WACKERMANN, G. Tourisme et transport. Paris: Sedes, 1995.

WALL, G. The Tourism Industry and its Adaptability and Vulnerability to Climate. In: AMELUNG B.; BLAZEJCZYK, K.; MATZARAKIS, A. (Ed.). Climate change and tourism: assessment and coping strategies. Maastricht: Warsaw; Freiburg, 2007. p. 5-19.

WEAVER, D.; LAWTON, L. Tourism Management. Australia: John Wiley & Sons, 2002.

WILLIAMS, A.; SHAW, G. Tourism and environment: sustainability and economic restructuring. In: HALL, C. M.; LEW, A. Sustainable Tourism: a Geographical Perspective. New York/London: Longman, 1997. p. 122-169.

WILLIANS, S. Tourism Geography. London: Routledge, 1998.

WONG, P. P. Impactes Ambientais do Turismo. In: LEW, A.; HALL, C. M.; WILLIAMS, A. (Org.). Compêndio de turismo. Lisboa: Instituto Piaget, 2007. p. 501-513.

WORLD Travel Map: Dangerous Destinations and Safer Spots. CBCNEWS.CA, 3 fev. 2014. Disponível em: <http://www.cbc.ca/news2/interactives/travel-warnings>. Acesso em: 15 jan. 2014.

WTTC – World Travel & Tourism Council et al. Industry as a Partner for Sustainable Development: Tourism. Unep, 2002. Disponível em: <http://www.unep.fr/shared/publications/pdf/WEBx0012xPA-Industry Tourism.pdf>. Acesso em: 19 ago. 2014.

_____. Agenda 21 for the Travel e Tourism Industry: Towards Environmentally Sustainable Development Progress – Report n. 1. Londres, 1998.

YÁZIGI, E. A importância da paisagem. In: YÁZIGI, E. (Org.). Turismo e paisagem. São Paulo: Contexto, 2002. p. 11-27.

ZAGREBNOV, E. Les touristes très attendus dans les pays arabes. Le Figaro, 7 jun. 2011. Disponível em: <http://www.lefigaro.fr/conjoncture/2011/06/03/04016-20110603ARTFIG00526-les-touristes-tres-attendus-dans-les-pays-arabes.php>. Acesso em: 2 dez. 2013.

Respostas

Capítulo 1
Questões para revisão

1. c

2. d

3. c

4. Localização (distância dos espaços emissores), condições de acessibilidade (meios de transporte), nível de atratividade (recursos naturais e/ou culturais, imagem do lugar etc.), capacidade de recepção (equipamentos, serviços turísticos etc.) e organização espacial (função urbana e/ou rural do território, ordenamento urbano e regional etc.).

5. Os turistas, a região geradora de viagens, a região de rotas de trânsito, a região de destino de turistas e a "indústria turística".

Capítulo 2
Questões para revisão

1. a

2. Paisagem-sítio = Cataratas do Iguaçu; Paisagem-peregrinação = Caminho da Luz em Minas Gerais/Espírito Santo; Paisagem-desafio = Trilhas na Serra do Mar no Paraná.

3. e

4. a

5. Uma paisagem atrai o visitante tanto pelos atributos subjetivos (encantamento, exotismo etc.) quanto pelos objetivos (beleza cênica, excepcionalidade etc.).

Capítulo 3
Questões para revisão

1. A mobilidade turística é caracterizada por um desejo crescente da sociedade de se mover, especialmente para fins de lazer, repouso e diversão, em diferentes escalas de espaço e tempo.

2. c

3. a

4. a

5. A imagem turística tem o poder não só de evocar e antecipar a viagem, mas também de construir o lugar no imaginário do turista.

Capítulo 4
Questões para revisão

1. O valor do mapa mental está no fato de ele ser formado com base em experiências das pessoas (turistas) que, ao relatarem uma viagem, estão fazendo uma síntese dos lugares por onde passaram, as distâncias percorridas, os roteiros e suas paisagens e outras impressões.

2. A finalidade da cartografia é reunir e analisar dados das diversas regiões da Terra e representar graficamente em escala reduzida os elementos da configuração que possam ser claramente visíveis em um mapa.

3. b

4. d

5. V, F, V, V.

Capítulo 5
Questões para revisão

1. c

2. Os impactos do turismo estão relacionados aos seguintes fatores: número de chegadas de turistas; localização e distribuição espacial da oferta turística; estrutura da economia e da sociedade locais; tipos de práticas turísticas e atividades associadas; fragilidade ambiental do lugar turístico.

3. b

4. a

5. 1 – identificar e reduzir os impactos ambientais, com atenção especial para novos projetos; 2 – praticar a conservação de energia; 3 – reduzir e reciclar o lixo; 4 – praticar a gestão da água doce utilizada.

Capítulo 6
Questões para revisão

1. d

2. b

3. b

4. Os *resorts* de luxo internacionalizados com selo local, os enclaves turísticos; as estâncias balneárias do turismo de massas; os clubes de férias isolados (do tipo Clube Med.); a urbanização turística – turismo de segunda residência.

5. É a Bacia da Ásia Oriental-Pacífico, que alcançou um número de visitantes internacionais de cerca de 230 milhões em 2012.

Capítulo 7
Questões para revisão

1. V, V, V, F.

2. V, V, F, V, V.

3. a

4. O crescimento do turismo doméstico no Brasil é decorrente de vários fatores, entre os quais se destacam: aumento da renda média e do consumo das famílias brasileiras; maior oferta de destinos e atrações turísticas associadas ao lazer e à diversão (parques temáticos, parques aquáticos, condomínios de hospedagem, hotéis, *resorts* etc.); menor custo das passagens aéreas, facilitando as viagens para lugares turísticos distantes dos principais centros emissores de turistas do país.

5. Região Sudeste/Sul e Região Nordeste.

Capítulo 8
Questões para revisão

1. b

2. Perda da biodiversidade; degradação estética de paisagens locais (caso das cidades litorâneas); alterações na produção

agrícola de algumas regiões (caso dos vinhedos na região mediterrânea europeia), que poderão, em médio prazo, afastar os turistas.

3. A principal função do Sitcen é acompanhar e avaliar os acontecimentos internacionais, com particular destaque para as zonas geopoliticamente sensíveis, o terrorismo e a proliferação de armas de destruição em massa.

4. c

5. c

Relações	de proporcionalidade de ordem de diferença	por variações	proporcionais ordenadas diferenciadas

O SISTEMA GRÁFICO consiste em:

Tipos de implantação
Ponto · Linha — Zona ⌒

Alterações visuais
Forma   Tamanho   Cor   Valor   Granulação   Orientação

Propriedades das variáveis visuais
proporcional
ordenada   que representam
seletiva
associativa
dissociativa

proporção Q
ordem O   dos dados
diferença ≠

	PONTOS	LINHAS	ZONAS	PROPRIEDADES		SIGNIFICÂNCIA
XY 2 Dimensões de um plano						Proporção: Q
Z Tamanho						Ordem: O
Valor						Associação: |||
						Dissociação: ⋈
As variáveis de separação das imagens						Seleção: ⋈
Granulação						
Cor						
Orientação						
Forma						

Estes são os nomes que você irá especificar no mapa-base, sempre no estilo normal e na horizontal:
- Os nomes dos oceanos/mares mais importantes: cor azul (em maiúsculas) Ex:
- Os nomes dos rios mais importantes: cor azul (em minúsculas) Ex:
- Os nomes dos países: em preto (letra maiúscula), eventualmente enquadrado Ex: BRASIL
- Os nomes das regiões importantes: em preto ou vermelho (maiúscula) Ex:
- Os nomes de cidades e lugares no mapa: em preto (letra maiúscula/minúscula) Ex: Rio de Janeiro

Muitas vezes essas figuras cobrem todo o mapa-base. Elas são usadas para representar uma área ou uma superfície, um espaço (um país, um espaço turístico ou industrial etc., sempre desenhadas com o uso de cores). As figuras sempre são mostradas na forma de um retângulo na legenda.
Exemplo: ▇ o mar

São em forma geométrica e localizam um lugar específico no espaço: cidades, portos, minas, indústrias, parques, aeroportos etc. *Grosso modo*, você pode combiná-las:
Exemplo: uma cidade: ●
Outras figuras pontuais: △ ▽ ◇ ☆ □

Como regra geral, são utilizadas para indicar interfaces, rotas, limites de fronteiras, eixos de transporte e fluxos de todos os tipos (migratórios, turísticos e outros).

(continua)

(Quadro 4.3 - continuação)

Exemplos:

As setas são usadas para representar fluxos de pessoas, e as linhas, para corredores de transportes (rodovias, por exemplo) de simples ou duplo sentido. As linhas pontilhadas frequentemente servem para identificar interfaces e/ou obras projetadas (por exemplo, projeto de construção de um futuro corredor de transporte – rodovia).

Elas têm um significado, sendo sempre melhor usar cores evocativas e, na maioria das vezes, consideradas convencionais:

    para o mar e vias navegáveis: azul
    para a floresta: verde
    para a indústria: vermelho

As cores permitem exprimir intensidades e hierarquias entre os fenômenos:

Amarelo Alaranjado Vermelho		Da dinâmica negativa para a dinâmica positiva +
Verde Azul Violeta		Da dinâmica negativa para a dinâmica positiva +

Fluxos da menor para a de maior importância	Via de transporte da menor para a de maior importância	Cidades: da menor para a de maior importância

(Quadro 4.3 – conclusão)

Importante:

O mapa é uma forma de comunicação, portanto, deve ser de fácil entendimento por parte do leitor.

Dependendo da questão, faça uma lista sobre o projeto com as informações que devem constar no mapa.

Escolha as figuras (símbolos) mais adequadas para representar as informações.

Organize uma legenda com um tamanho visível.

Percepção do mapa: os principais fenômenos/objetos devem aparecer no primeiro lance de vista e devem estar claros e organizados.

O título deve ser posto na parte superior ou na parte inferior da página.

Um mapa deve conter a escala (numérica e/ou gráfica) e a referência de orientação (Rosa dos Ventos).

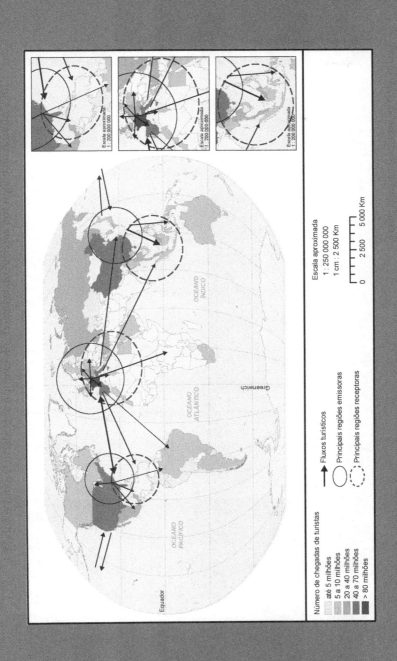

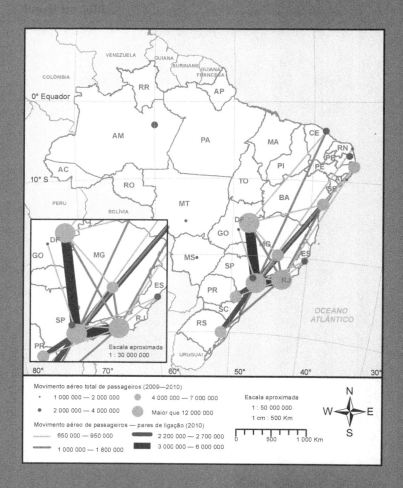

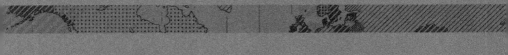

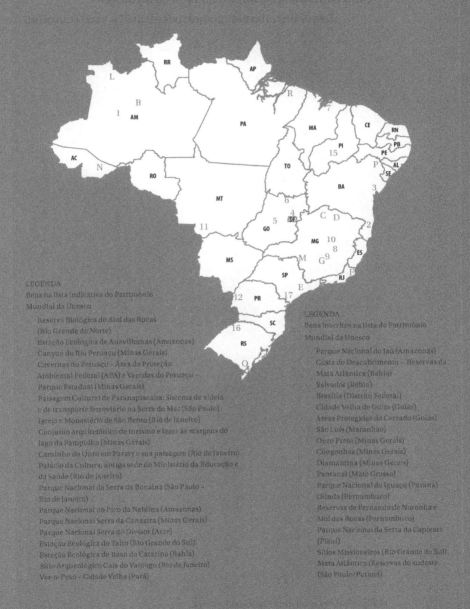

LEGENDA
Bens na lista Indicativa do Patrimônio
Mundial da Unesco

Reserva Biológica do Atol das Rocas
(Rio Grande do Norte)
Estação Ecológica de Anavilhanas (Amazonas)
Canyon do Rio Peruaçu (Minas Gerais)
Cavernas do Peruaçu – Área de Proteção
Ambiental Federal (APA) e Veredas do Peruaçu –
Parque Estadual (Minas Gerais)
Paisagem Cultural de Paranapiacaba: Sistema de aldeia
e de transporte ferroviário na Serra do Mar (São Paulo)
Igreja e Monastério de São Bento (Rio de Janeiro)
Conjunto arquitetônico de turismo e lazer às margens do
lago da Pampulha (Minas Gerais)
Caminho do Ouro em Paraty e sua paisagem (Rio de Janeiro)
Palácio da Cultura, antiga sede do Ministério da Educação e
da Saúde (Rio de Janeiro)
Parque Nacional da Serra da Bocaina (São Paulo –
Rio de Janeiro)
Parque Nacional do Pico da Neblina (Amazonas)
Parque Nacional Serra da Canastra (Minas Gerais)
Parque Nacional Serra do Divisor (Acre)
Estação Ecológica do Taim (Rio Grande do Sul)
Estação Ecológica de Raso da Catarina (Bahia)
Sítio Arqueológico Cais do Valongo (Rio de Janeiro)
Ver-o-Peso – Cidade Velha (Pará)

LEGENDA
Bens inscritos na lista do Patrimônio
Mundial da Unesco

Parque Nacional do Jaú (Amazonas)
Costa do Descobrimento – Reservas da
Mata Atlântica (Bahia)
Salvador (Bahia)
Brasília (Distrito Federal)
Cidade Velha de Goiás (Goiás)
Áreas Protegidas do Cerrado (Goiás)
São Luís (Maranhão)
Ouro Preto (Minas Gerais)
Congonhas (Minas Gerais)
Diamantina (Minas Gerais)
Pantanal (Mato Grosso)
Parque Nacional do Iguaçu (Paraná)
Olinda (Pernambuco)
Reservas de Fernando de Noronha e
Atol das Rocas (Pernambuco)
Parque Nacional da Serra da Capivara
(Piauí)
Sítios Missioneiros (Rio Grande do Sul)
Mata Atlântica (Reservas do sudeste)
(São Paulo/Paraná)

Marcos Aurelio Tarlombani da Silveira é doutor (2002) e mestre (1992) em Geografia Humana pela Universidade de São Paulo (USP) e bacharel e licenciado em Geografia (1988) pela Universidade Federal do Paraná (UFPR). Possui pós-doutorado pelo – Institut de Recherche et d'Études Supérieures du Tourisme (Irest)/Université de Paris 1 – Panthéon-Sorbonne (2011-2012) e desde 1995 atua como professor do curso de graduação em Geografia da UFPR, instituição na qual também faz parte do corpo docente dos cursos de mestrado e doutorado do Programa de Pós-Graduação em Geografia (PPGGEO/UFPR) e do curso de mestrado do Programa de Pós-Graduação em Turismo (PPGTUR/UFPR). É coordenador do grupo de pesquisa Ordenamento Territorial do Turismo (CNPq) e de projetos de extensão em ensino de Geografia (Programa Institucional de Iniciação à Docência – Pibid/Capes/UFPR). É ainda coordenador do Laboratório de Planejamento e Ordenamento Territorial do Turismo Laporte – Departamento de Geografia/UFPR –, no qual participa da realização de estudos e projetos de pesquisa. É autor e coautor de várias publicações na área da geografia aplicada ao turismo.

Os papéis utilizados neste livro, certificados por instituições ambientais competentes, são recicláveis, provenientes de fontes renováveis e, portanto, um meio sustentável e natural de informação e conhecimento.

Impressão: Log&Print Gráfica & Logística S.A.
Abril/2021